BUZZ MARKETING

Les stratégies
du
bouche-à-oreille

Éditions d'Organisation
1, rue Thénard
75240 Paris Cedex 05
Consultez notre site :
www.editions-organisation.com

Pour tout savoir sur le buzz marketing,
consultez le site www.lebuzzmarketing.com

© Éditions d'Organisation, 2002
ISBN : 2-7081-2721-7

Karim B.Stambouli et Éric Briones

BUZZ MARKETING

Les stratégies du bouche-à-oreille

Éditions
d'Organisation

Remerciements

Il est des coutumes qui ne meurent pas, celle des remerciements est de celle-là. Mais nous ne faisons ces remerciements en aucun cas dans un souci de respecter quelques coutumes ou protocoles mais simplement parce que ce modeste ouvrage doit beaucoup à quelques-uns.

Merci à :

Jean-Christophe Hérail et Frédéric Trésal-Mauroz respectivement Président-Directeur général et Directeur général adjoint de Publicis e–brand pour nous avoir soutenu et nous avoir laissé toute la latéralité nécessaire à ce projet.

Jacques-Olivier Barthes, Chercheur à l'université Paris I Panthéon Sorbonne, spécialiste (entre autres) des communautés virtuelles et co-fondateur du premier think tank dédié au marketing et la communication politiques (accessible en ligne www.politease.com).

Stéphanie Aguado, Directrice artistique qui a pris de son temps et s'est investie pour nous procurer les illustrations qui égayent cet ouvrage.

Avant-propos

Qu'il est difficile de se lancer dans la rédaction d'un ouvrage quel qu'il soit ! Surtout quand il s'agit de la première fois et que vos années d'universitaire, de thésard sont déjà loin et ont emporté avec elles votre habitude de l'écriture. Qu'il est difficile aussi de mener cette tâche tout en continuant son activité professionnelle ! Coucher ses idées, ses impressions, son analyse sur papier n'est pas chose aisée. D'autant plus quand vous devez les fusionner avec celles d'un autre, dut-il être le plus proche de vos collègues de travail. Alors pourquoi ce livre me direz-vous ? Ce livre est né d'une demande. Une demande, démarrée il y plus de deux ans, atténuée tout d'abord et qui s'est amplifiée au fur et à mesure que nous échangions sur le sujet. Que ce soit au cours de nos nombreuses conférences, cours, présentations client, simples discussions ou interviews. Les professionnels, responsables marketing, responsables de la communication, consultants, étudiants, chercheurs, journalistes et collègues étaient comme nous intéressés d'en savoir plus. Intéressés par mettre des définitions derrière les mots, les concepts. Intéressés par relier cette matière avec l'existant, avec les fondements de leurs activités professionnelles. Ce livre n'a d'autres buts que de rassembler, décrire, mettre en perspective et analyser un sujet évoqué de plus en plus souvent. En aucune façon il ne prétend révolutionner, réinventer une matière déjà abondante dans la littérature du marketing et de la communication. Il a juste voulu remettre un sujet à l'aune d'une conjoncture sociale particulière, et quelle conjoncture !

Il s'agit de clarifier des enjeux, de proposer des méthodes, de décrire des outils opérationnels. Cet ouvrage ne prétend pas être exhaustif, ni sur ce qui a précédé et donc est déjà écrit et présent dans les livres consacrés au marketing et à la communication, ni sur ce qui compose sa nouveauté… qui le pourrait ! Notre projet repose sur la seule volonté de s'arrêter à un moment jugé propice et de faire le point sur une matière parfois obscure. Ce sujet à travers ses multiples apparitions dans les médias, études ou recherches a porté les appellations de bouche-à-oreille, de marketing viral, d'undercover marketing[1], de buzz… Nous avons choisi la dernière pour plusieurs raisons. Tout d'abord parce qu'elle renvoie à la technologie, incontournable aujourd'hui et plus encore au cœur du développement de ce nouveau bouche-à-oreille. Puis, parce que l'usage du terme « buzz » dans l'univers marketing est nouveau. Enfin, d'un point de vue marketing il est non seulement au goût du jour mais sonne parfaitement, il a donc tout pour faire si ce n'est un nom de marque en tout cas celui d'un titre.

L'accent est mis sur une conjoncture particulière avec d'une part la mutation du consommateur qui a permis de mettre le buzz au premier rang de ses préoccupations, et d'autre part le développement des nouvelles technologies de l'information et de la communication et en premier lieu de l'Internet. Si dans ce livre il y a des éléments que vous connaissez certainement déjà, quelques-uns que vous ne connaissez peut-être pas encore, vous y trouverez en tout cas une remise en perspective du bouche-à-oreille dans sa conception actuelle.

---

1. « Undercover marketing is gaining ground as advertisers resort to non-traditional tactics to get theirs brands noticed and talk about », Brian Steinberg, *The Wall Street Journal*, 18 décembre 2000.

Sommaire

Deuxième partie :
Le marketing du buzz

Troisième partie :
Les moyens du buzz marketing

Introduction

Mutation ou révolution

Le bouleversement du mode de gestion des entreprises et l'évolution conjointe du comportement du consommateur et des technologies de l'information et de la communication ont conduit à une remise en cause de l'efficacité du marketing dit traditionnel. Sont alors apparues un grand nombre de déclinaisons : marketing tribal, marketing one to one, marketing intuitif, marketing coordonné, marketing éthique… Le marketing était, nous disait-on, en pleine mutation. L'encombrement du marché, l'accélération du rythme de vie et autres caractéristiques d'un monde contemporain devaient priver la publicité et le marketing traditionnels de leur utilité. On en avait la preuve : les consommateurs n'étaient plus attentifs aux messages publicitaires. La « révolution » du marketing était en marche. En effet, on nous rappelait que dans la conception de la communication ou du marketing de masse, ce qui comptait avant tout, c'était le produit ou l'entreprise. Alors que dans la conception de ce, de *ces* nouveaux marketing, c'est le consommateur qui entrait au premier rang des préoccupations ; le consommateur, celui-là même qui avait brutalement changé de comportement, d'attitude. Il se positionnait maintenant en acteur, en acteur infidèle découvrant son nouveau pouvoir. Ce nouveau pouvoir était renforcé par l'arrivée de nouvelles technologies de l'information, de nouveaux outils de communication interpersonnelle au premier rang desquels Internet. Mutation, révolution, qu'en était-il du marketing et de ses logiques ? On nous les disaient mortes !

Il est une logique propre au marketing : discipliner le marché en rationalisant la transaction entre l'offre et la demande. Pierre-Louis Dubois et Alain Jolibert notent que « *le marketing est l'ensemble des processus mis en œuvre par une organisation pour comprendre et influencer dans le sens de ses objectifs les conditions de l'échange entre elle-même et d'autres entités, individus, groupes ou organisation*[1] ». La logique avait-elle donc muté ? Assistions-nous à la naissance d'une « orientation consommateur » ? Non, si révolution il y a c'est bien au sens propre du terme, celui d'un retour vers les origines. Le consommateur a toujours été au centre de toutes préoccupations marketing et commerciales (en tout cas dans leurs acceptions les plus modernes). Souvenons-nous du vieil adage : le client est roi. Fred Borsch[2] ne le disait-il pas déjà en 1957 : « *En marketing, le consommateur devient la base, le point autour duquel les entreprises opèrent dans l'intérêt de tous les partenaires* » . Il était donc clair que la finalité de toutes actions marketing était la satisfaction du consommateur. Satisfaction du consommateur qui devait se faire avec un bon Produit, au juste Prix, au bon Endroit, avec la meilleure des communication. C'est en voulant répondre à cette préoccupation que le marketing fut envisagé dans une approche situationnelle. Glenn Walters[3] ne pouvait alors envisager d'autres alternatives que celle de l'orientation consommateur. Et il fallait considérer le consommateur et l'ensemble de son environnement. La mise en œuvre de toutes les actions techniques, économiques, psychologiques, politiques... était donc nécessaire.

---

1. Dubois (Pierre-Louis), Jolibert (Alain), *Le marketing. Fondements et pratique*, Paris, Economica, 1998.
2. Fred J. Borsch, « The marketing philosophy as way of business life », American Management Association, Marketing serie, 1957.
3. Glenn C. Walters, « Is there a better way than consumer orientation ? », Proceedings of Southern Marketing Association, 1975.

Mais le consommateur était toujours au centre des préoccupations de ce nouveau marketing[1].

En marketing tout commençait et tout commence encore avec le consommateur. Il ne s'agit donc pas d'une chose nouvelle. Le bouche-à-oreille non plus n'est pas nouveau. Les sciences sociales mettent en évidence que les comportements sociaux sont fortement mimétiques[2] et que l'opinion publique repose sur une spirale du silence, autrement dit on prend d'autant plus facilement la parole que l'on a l'impression que son opinion est dominante dans la majorité. Elles démontrent aussi que la sociabilité repose sur une logique d'influence réciproque et d'adaptation des comportements à l'environnement. Il n'en fallait pas plus au marketing pour se trouver une autre logique : l'idée selon laquelle une marque peut accéder à une forte visibilité sur le marché tout en réduisant ses coûts de publicité. Pour cela, elle doit faire confiance à la contagion des idées et à la logique de l'imitation en s'adressant aux bonnes personnes. Les deux principes fondateurs du marketing du bouche-à-oreille étaient nés : imitation et auto-propagation. Alors pourquoi buzz marketing ? Parce que chaque évolution a des conséquences. Conséquences qui quand elles deviennent trop importantes doivent impliquer un changement de terminologie indicateur de cette évolution.

Mutation, révolution, parlons donc plutôt d'évolution. Une évolution inévitable due, elle, à une véritable mutation : celle du consommateur né d'une révolution des technologies de l'information et de la communication. C'est cette mutation et ses conséquences sur le bouche-à-oreille que nous étudierons dans une première partie. Le consommateur a changé, oui, mais comment et pourquoi ? Sa description et sa qualification

---

1. Philip Kotler, « Rethink the marketing concept », American Marketing Association, 1984.

2. Des auteurs comme Tarde (1890) ou plus proche de nous Sperber (1998) mettent l'accent sur la dimension mimétique des relations sociales. Cette dimension mimétique est particulièrement mise en avant avec ce que l'on appelle l'effet de démonstration ou d'imitation : un individu consomme certains biens pour imiter son groupe de référence différent de son groupe d'appartenance.

s'impose. Quel peut donc être l'apport des nouvelles technologies de l'information et de la communication sur ce changement ? De même, les nouvelles relations que le consommateur tisse avec la communication dans son expression qui le touche le plus, la publicité, ont-elles évolué, changé ? C'est à ces questions que nous avons tenté de donner des éléments de réponse. Dans une seconde partie nous verrons que l'avènement de ce « monde du buzz » a conduit à des changements de paradigmes dans le marketing. Il a provoqué des évolutions du marketing de bouche-à-oreille, il l'a transformé en buzz marketing. Qui dit marketing dit moyens. Ces nouveaux moyens du buzz – en tout cas ceux que nous avons identifiés à ce jour – ou ces nouveaux usages de moyens ne pouvaient être présentés que sous la lumière de cas[1] illustrant leur mise en œuvre. Mais cette mise en œuvre, si elle possède de nombreux avantages, a aussi ses limites. Limites qui une fois identifiées nous permettent de définir quels peuvent être les facteurs clés de succès de toutes campagnes de buzz marketing.

Parce que l'individu est la matrice première du bouche-à-oreille, celui-ci est une matière quasi vivante en constante évolution. Le buzz marketing que nous vous livrons ici doit donc être pris comme un instantané de cette évolution, un focus sur une discipline qui prend de l'importance et qui ne peut être entendue que dans un contexte particulier. Il ne vous reste plus qu'à prendre cette matière première pour façonner et réaliser votre buzz marketing. Celui qui est propre à votre univers de marque, de produit, en y intégrant les moyens existants mais aussi ceux que vous aurez créés. Alors bon courage.

---

1. Un certain nombre d'adresses Internet illustre notre propos, compte tenu de l'évolution du réseau elles peuvent ne plus être en fonction au moment où vous lisez ces pages.

1

IT'S A BUZZ BUZZ WORLD

Un nouvel individu vecteur du buzz

LE PARADIS DU NOUVEL INDIVIDU… C'EST LES AUTRES

La fin des années 90 a vu les stigmates de la crise peu à peu disparaître au profit du retour de la croissance, de la forte baisse du chômage, de l'espérance d'un futur riche en promesses symbolisé par le démarrage tonitruant de la nouvelle économie. Emporté par ce vent d'optimisme, l'individu a changé, trop longtemps cadenassé par la recherche permanente de sa survie, il a franchi quatre par quatre les paliers de la pyramide de Maslow.

Ainsi il est passé d'une simple logique de survie à une logique d'émancipation et d'identification de soi. L'individu a trouvé la réponse à cette double quête dans ses rapports avec les autres, mais il lui a fallu nombre d'efforts. En effet, il ne pouvait plus se contenter d'un simple acte de présence plus ou moins passif.

Il est tout d'abord dans l'obligation de se trouver un nouveau groupe, une nouvelle « tribu », qui dépasse son cercle familial et qui est en affinité avec sa personnalité. La nouvelle tribu, une fois créée, il se devait d'y jouer un rôle d'animateur et de recruteur. Les individus les plus émancipés devinrent alors ceux qui pouvaient se vanter de « régner » sur le groupe de personnes le plus important. Ainsi, l'individu s'est transformé à son échelle en chef de sa tribu, en leader d'opinion.

Les nouvelles technologies pensées pour donner une dimension exponentielle aux communications interpersonnelles, ont joué un rôle moteur dans cette « socialisation » extrême de l'individu, condition même de leur succès économique.

Ainsi le téléphone portable, l'Internet, les intranets ont offert à l'homme, un canal permettant tout à la fois une connexion permanente avec les membres de son groupe, mais également un moyen de recrutement sans commune mesure puisqu'il faisait tomber les barrières spatiales et temporelles mais aussi psychologiques, la timidité par exemple s'évaporant immédiatement dans un chat room ou dans un forum de discussion.

Cette nouvelle socialisation est même devenue une arme commerciale à la fois de conquête et de fidélisation pour certaines marques de la nouvelle technologie. L'opérateur en télécommunication *9Telecom* et le site *Copains d'avant*[1] en sont deux exemples parmi tant d'autres. *9 Telecom* s'est doublement illustré dans cette incitation à la socialisation à la fois dans son offre « 9 Illimité » permettant des appels gratuits et illimités le week-end vers pas moins de 9 numéros (avoir une tribu étendue devient une nécessité économique pour l'individu) et le service « Foule9 » qui est un ensemble d'outils aidant à la construction de communautés virtuelles sur Internet.

Quant à *Copains d'avant*, il permet de retrouver ses anciens amis de lycée, d'université..., ses amis perdus de vue. Il offre donc un moyen de ne jamais perdre le contact avec les éléments de sa tribu.

Fort de ces nouveaux moyens de communication, le nouvel individu peut mener à bien sa recherche permanente d'émancipation et d'identification de soi. Un seul problème subsiste : les médias existent à profusion, mais le message leur manque…

---

1. www.copainsdavant.com

LE BUZZ NOUVEAU CIMENT SOCIAL

L'individu est tombé dans le piège de la sur-communication avec ses semblables. Rassembler de nouveaux membres dans sa tribu n'est rien, les « séduire » tous les jours un peu plus, est autrement plus difficile. Il lui faut donc se doter d'un message totalement façonné pour intéresser l'autre. Un message aux caractéristiques particulières. Un message immédiat, interactif, inédit et imitable.

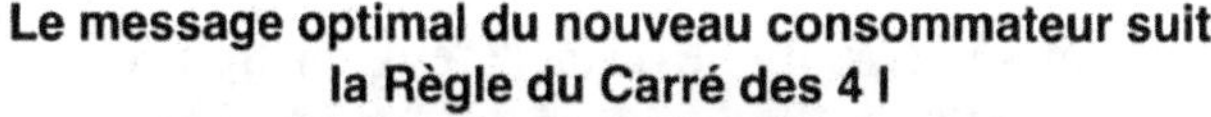

Le message optimal du nouveau consommateur suit la Règle du Carré des 4 I

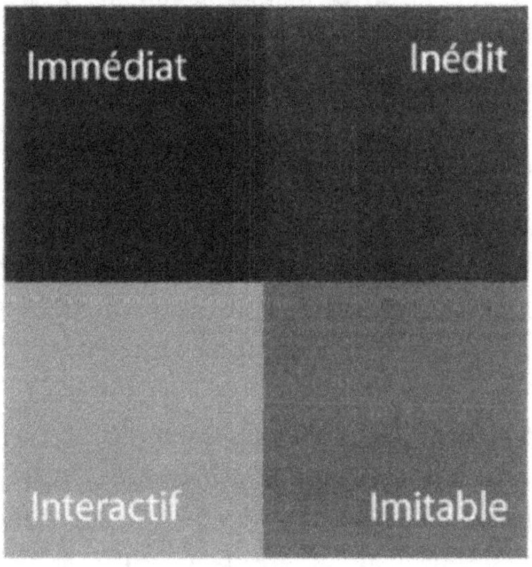

Immédiat : Le message doit immédiatement impliquer l'autre, pour cela il doit traiter d'un sujet à la fois accessible (sur lequel tout le monde peut avoir un avis) et impliquant (qui a trait à la vie quotidienne ou lié à une passion).

Inédit : La valeur ajoutée du message réside en grande partie dans la nouveauté qu'il véhicule. Plus l'information ou l'idée est inédite, plus le locuteur sera apprécié et renforcé dans son rôle de leader d'opinion de sa tribu.

Interactif : Le message, pour être apprécié, doit pouvoir initier une conversation, voire même valoriser l'interlocuteur. Le monologue est naturellement proscrit.

Imitable : Quelle que soit la nature du message, elle doit intégrer un format court, optimisé dans l'optique d'une diffusion par l'interlocuteur auprès d'autres publics. Ainsi l'individu exerce l'une des fonctions du leader d'opinion classique, celle d'organisme « contaminant ».

Mais l'individu, dans son souci permanent de sociabilité, ne s'aventure guère sur les terrains de la politique ou de la religion, trop conflictuels ou trop éloignés du quotidien. Il se tourne naturellement vers un univers immédiatement appropriable par tous et créateur permanent d'un contenu pléthorique : la consommation.

Il faut avoir ici une vision globale de la consommation, qui va de la consommation de biens immatériels (service, culture, information), à la consommation de biens matériels, en passant par la consommation d'idées mêmes. La conséquence de cette prise de conscience est la multiplication des conversations consuméristes entre tous les individus. Ainsi le buzz peut prospérer et toucher toutes les strates de la population occidentale, et à fortiori anglo-saxonne qui associe la consommation à un élément fondamental d'expression du statut[1] social. La nature même du bouche-à-oreille change de statut, elle se transforme en véritable média du quotidien. Transformation d'autant plus constatée chez les internautes, le buzz devenant un média du quotidien pour nombre d'entre eux. Ainsi près de deux internautes[2] sur trois (62%) désignent le bouche-à-oreille comme source d'information régulière, qu'il soit véhiculé par e-mail (50% d'utilisation régulière), par des voies traditionnelles (35%), ou encore via les forums ou les chats (15%).

---

1. Étude *Les Cahiers de l'observateur*, « Le consommateur européen dans tous ses états », Cétélem 2000. Ainsi pour 58 % des habitants du Royaume-Uni, consommer c'est montrer son statut social contre 35 % pour la France.
2. Selon l'étude Taylor Sofres, mai 2001.

LE BUZZ ET LES MÉDIAS : UNE RELATION TUMULTUEUSE

Une relation particulière se tisse entre le buzz et les médias classiques, faite d'interdépendances multiples. Les médias traditionnels ont donné une importance croissante au bouche-à-oreille. Il infiltre l'ensemble des thématiques de l'actualité. Sa présence ou au contraire son absence sont considérées comme les baromètres d'importance d'un événement. La presse analyse le buzz comme un phénomène « magique », les mécanismes de propagation sont soigneusement décortiqués par des experts aux compétences multiples (du sociologue au publicitaire sans oublier le psychologue), et enfin conséquence logique de cette hyper médiatisation, les personnes et les lieux initiateurs du buzz sont non seulement présentés mais starifiés comme les champions « incognitos » de l'influence.

C'est aux États-Unis que ce phénomène de starification est particulièrement visible. L'exemple le plus symbolique est l'étonnant Harry Knowles, simple webmaster d'un site[1] consacré uniquement au buzz ayant trait au cinéma et à la télévision, il est l'invité récurrent des médias américains. Knowles est devenu une véritable star, piqué par le jeu, il entretient lui-même son image : en se caricaturant lui-même tous les jours en page d'accueil de son site et en écrivant son premier livre[2]. L'ouvrage sortira en mars 2002, il est

---

1. www.ainitcoolnews.com
2. *Ain't it Cool ? : Hollywood's Redheaded Stepchild Speaks Out*, Warner Books, mars 2001.

en prévente sur le site Amazon.com et recueille déjà les louanges de Michael de Luca, président des studios *Dreamworks*.

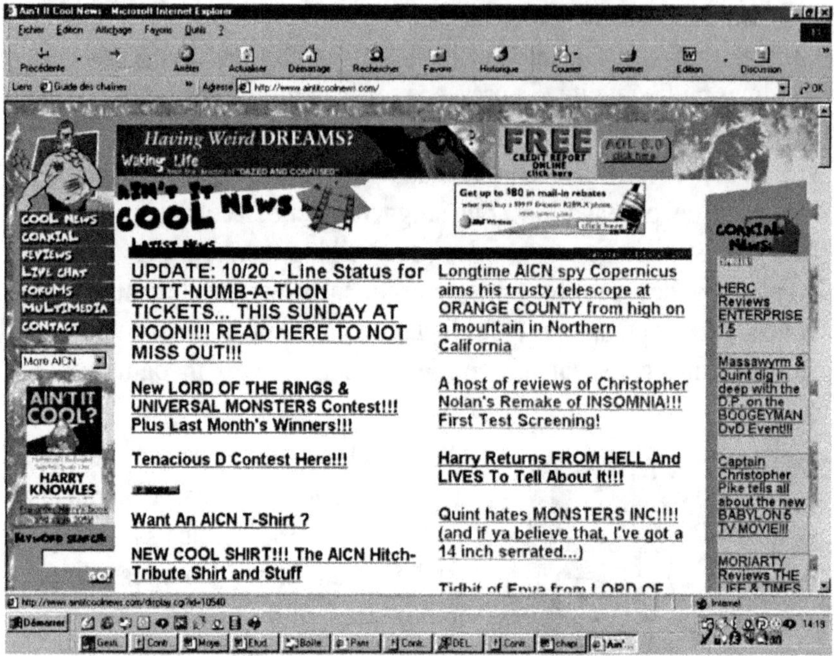

Sachant qu'un média ne peut se proclamer en tant que tel que s'il a obtenu le parrainage de l'ensemble des médias traditionnels, c'est cette couverture médiatique ininterrompue du buzz qui lui a donné sa légimité, qui l'a institué en tant que média.

Autre exemple d'interactions entre le buzz et les autres médias : la multiplication des rubriques en presse et en télévision consacrées à la retranscription du bouche-à-oreille ambiant. Les exemples sont légion : les rendez-vous « Bouche-à-oreille » du journal *Le Parisien*, de *Première*, les interviews et sondages à la sortie des salles de cinéma de l'émission *Encore plus de cinéma* de Canal Plus, ou plus encore *L'avis de tous* sur Ciné Cinéma où un panel de vingt personnes donne son opinion sur les dernières sorties et se confronte avec des critiques officiels de *Cinéstar*.

Le groupe Nova adopte une approche transversale du buzz en utilisant ses forums de discussion comme source de « contenu buzz » pour l'ensemble de ses médias de diffusion : sa radio, son magazine et bien sûr son site Internet. Ainsi en octobre 2001, la rédaction *Nova* lance un sujet autour de l'underground intitulé « Underground ça existe », où nous pouvions lire cet appel à témoin : « Nova magazine *prépare un numéro sur l'underground. Débat : qu'est-ce que l'underground aujourd'hui ? Ça veut dire quoi ? »*.

D'autres programmes vont plus loin en préemptant l'idée même du buzz dans leur titre comme *Tout le monde en parle* de France 2, qui au sein même de sa rubrique intitulée « Tout le monde en a parlé », reprend les meilleurs moments de la dernière émission.

Le Net ne fait pas exception à la règle : Yahoo.com a créé une chaîne buzz qui propose un classement quotidien des sujets les plus au coeur du buzz. Chaque sujet se voit attribuer un « buzz score » calculé grâce à la multiplication du pourcentage des utilisateurs yahoo recherchant des informations à son égard par une constante.

Les objectifs de ces rendez-vous semblent clairs : réaliser un instantané de l'air du temps, prévoir le prochain phénomène de société, jouer les nouveaux augures marketing.

Dans le sens inverse, le buzz se nourrit des informations communiquées en médias classiques, de préférence dans les médias pointus, sources d'informations exclusives. Le buzz amplifie ces contenus confidentiels et les fait vivre, sur le Net, dans la rue…

LE BUZZ : UN NOUVEAU MÉDIA AU FORT POUVOIR DE SÉDUCTION

Le buzz devient un média à fort pouvoir d'attraction. Sa force de séduction ne s'explique pas uniquement par la nouveauté de son statut mais par ses caractéristiques uniques qui le différencient des autres médias classiques :

- **Il est sensationnel.** Il possède les charmes vénéneux partagés par tous les médias « non officiels », vecteurs de la rumeur. Il est le porteur « de la vérité qu'on cherche à nous cacher » car il n'est pas inféodé, il ne subit l'influence d'aucun pouvoir ni économique, ni politique. Il peut apparaître ainsi comme le média « des petits » contre celui « des gros », conséquence de la crise de confiance du public par rapport aux médias en tant qu'institution, illustrée en particulier par l'enquête SOFRES[1] où 67 % des personnes interrogées déclarent plutôt ne pas avoir confiance dans les médias, soit une perte de 40 points de leur indice de confiance ;
- **Il est indépendant.** Le buzz est par excellence le média entre consommateurs, il ne souffre d'aucune interférence provenant de la publicité ;
- **Il est interactif et intime.** Son origine et son animation proviennent de l'individu même et de sa tribu ;
- **Il est intemporel.** Le bouche-à-oreille date de la nuit des temps, mais il a prit une nouvelle dimension avec l'avènement des nouvelles technologies de l'information.

LE BUZZ OU LA RECHERCHE PERMANENTE DU NOUVEAU

La question fondamentale à se poser est : « Quel est le contenu véhiculé par le buzz ? »

Nous l'avons vu, le message optimal pour communiquer d'un individu répond à « la règle des 4 I », or le I le plus en affinité avec le buzz est celui de l'Inédit.

Le consommateur actuel est un « consommateur compulsif » de nouveauté. L'idée se faisant l'écho de la nouveauté est par définition passionnante, alors que l'information ayant trait à un présent installé est déjà perçue comme dépassée.

---

1. « Les indices de confiance ». Enquête réalisée par la Sofrès pour un groupe de journaux de province les 27 et 28 juin 2001 auprès d'un échantillon national de 1 000 personnes représentatif de l'ensemble de la population âgée de 18 ans et plus.

Le Nouveau est extrêmement séduisant pour n'importe quel individu[1].

Le nouveau est valorisant : toute personne qui ambitionne d'exercer une influence sur un groupe dans un cadre privé ou professionnel, se doit régulièrement d'être une force de révélation. Être à l'origine de la nouveauté, c'est renforcer son statut social et c'est même vital si l'on est leader d'opinion d'une communauté. On comprend ainsi mieux la soif insatiable de l'individu pour trouver l'information qui va lui révéler la nouvelle tendance et, *in fine,* lui donner l'opportunité de briller.

Le nouveau est sans risque : il engendre un tel effet instantané de séduction pour celui qui décide d'en être le vecteur qu'il ne nécessite pas un savoir complet sur le sujet traité. Dans la nouveauté, il y a peu d'experts mais beaucoup de simples messagers.

Ainsi, être le révélateur du Nouveau représente une prise de risque minimale pour l'individu communiquant. Qu'il soit interrogé sur le fond du sujet, et même en cas d'attaque, la pirouette dialecticienne est aisée.

Le nouveau est facilement communicable : le communiquant, souvent trahi par un manque de connaissance du Nouveau, évite les entrées en matière confuses, pour mieux se concentrer sur un message efficace se limitant à l'expression simple d'une idée, sans contenu superflu. Le locuteur est parfaitement compris par son public à la fois séduit et intéressé. En effet, un message aussi valorisant et aussi simple dans sa forme (l'idée) est une aubaine pour ces oreilles attentives. Fort de ce constat, le Nouveau peut sereinement se propager tel un virus.

Par conséquent, le Nouveau est un type de message de nature virale. Il fournit au nouvel individu un contenu de choix de prêt-à-penser immédiatement applicable.

---

1. *Futur Parfait* de Robert Reich, Édition du Village Mondial, 2001, p.25 « En réalité, à une époque où les consommateurs éprouvent un besoin presque maladif de tout ce qui est nouveau et peu ordinaire… »

LE CULTE MÉDIATIQUE DE LA TENDANCE

De la nouveauté à la tendance il n'y a qu'un pas qu'ont franchi allègrement l'ensemble des médias. Autrefois le « marché » de la tendance était limité aux experts capables de traquer les tendances émergentes (les *tendancers*) et à leur public très restreint : les marques dont l'activité était liée à la mode, et les professionnels de la communication. Aujourd'hui, ce marché a fait exploser ses frontières, pour n'avoir plus qu'un client unique : le nouvel individu.

La tendance est partout, souvent considérée comme l'apologie de l'inutile et du snobisme, elle s'est transformée en objet de consommation de masse, dont la durée de vie est aussi éphémère que celle d'un kleenex. Les tendances se sont multipliées depuis ces deux dernières années, influençant toutes les sphères de notre existence. Elles veulent révolutionner notre style de vie (le culte de vie zen), modifier notre perception des autres (le fantasme de l'autonomie véhiculée par l'égologie) et de l'espace (les outils du nomadisme devenus indispensables), changer notre programme télé (bienvenu au tout « real tv » *post-loftien*), nous apprendre à faire la fête autrement (triomphe de l'esprit *lounge* chez soi à opposer au rêve jet set), et à faire l'apologie de l'authentique (la vénération du ringard d'avant-hier, mais à nouveau cool car redécouvert aujourd'hui).

Aucun média n'a échappé à cette invasion, sous peine de disqualification immédiate par les nouvelles élites de l'influence. Un univers de presse spécialisé dans la tendance a même vu le jour avec des titres comme *Numéro, Citizen K, Crash, I-D*.

La tendance trouve vraiment sa consécration en tant que matière devenue populaire, avec l'hebdomadaire gratuit du métro : *À nous Paris*, qui dorénavant en association avec *De l'air* publie *Tendancieux*[1], véritable balade sociologiquo-artistique de la tendance à Paris.

---

1. *Tendancieux* supplément du quotidien *À nous Paris*.

Tendancieux porte à la fois un regard critique et pragmatique par rapport à la tendance, les personnes et les lieux (plus de 110 adresses indispensables référencées dans le numéro d'octobre 2001) qui la font.

Nous consommons donc de la tendance 365 jours sur 365

Pour nous en persuader, simulons une journée classique d'un cadre parisien.

Octave, 30 ans, cadre dans une banque travaillant dans le quartier des affaires à Opéra.

Réveil 7h45 ; à 8h05 il branche sa radio sur *RTL*, et écoute avec attention la rubrique « Consommation », qui lui apprend la nouvelle tendance en matière de produit électro-ménager ; 8h35 Octave est dans le métro, il feuillète *le Point* du 17 août 2001, consacré aux nouveaux snobismes et qui lui propose son manuel de tendance pour la prochaine rentrée ; 9h10 Octave arrive à son bureau, il consulte son mail et reçoit la newsletter de la boutique en ligne Amazon.com qui le prévient des prochains best-sellers américains de marketing ; 10h, revue de presse quotidienne, il apprend dans *l'Express*, que le tutoiement n'est plus tendance, il est passé de mode à tel point que « le tutoiement institué peut devenir la base du harcèlement moral ». 12h30 pause déjeuner aux GALERIES LAFAYETTE, une hôtesse lui remet à l'entrée un flyer lui annonçant l'ouverture d'un espace Move Expo de 750 m^2, « *pour découvrir les dernières tendances mode et musique et sampler sans limites !* » ; 16h Octave reçoit un e-mail alerte du site boursier Boursorama qui lui annonce que le leader d'opinion le plus influent de ses forums de discussion a déclaré que la tendance de la rentrée 2001 sera l'or ; 18h30 Octave décide de faire un tour au VIRGIN du Louvre avant de rentrer chez lui, il récupère le consumer magazine *Virgin* où il découvre la tendance du « Fooding ou l'Easy Eating pour Happy Few », 20h Octave ouvre son courrier et consulte le magazine des clients BOUYGUES TÉLÉCOM *Rendez-vous* qui lui révèle en couverture l'existence de la Génération Mobile. 21h plateau télévision pour Octave qui zappe sur TF1 où est diffusé *Y a pas photo* (qui lui révèle les stars de demain) et sur Paris Première où passe un *Maps* consacré aux nouvelles tendances dans l'univers du Paris Techno de trois DJ.

> *Nous voyons ici toute l'importance prise par l'information qui a trait à la tendance. Les médias lui vouent un véritable culte qui se répercute et s'amplifie dans les conversations entre les individus. La tendance est l'alliée du buzz, une partie de son contenu.*
>
> *Le buzz est un fait sociologique à l'importance majeure, mais ses implications ne touchent pas uniquement le nouvel individu, elles façonnent également le nouveau consommateur.*

Le buzz est le nouveau consommateur

En quelques années, le progrès technique a révolutionné le rapport qu'entretiennent les individus face à la consommation, dessinant ainsi un nouveau consommateur. Ce nouveau consommateur est un véritable casse-tête pour les marques, car il est imprévisible et possédé par la fièvre du toujours plus.

Il révolutionne l'ensemble des composantes de l'acte d'achat :

- **L'Information associée au produit acheté devient autonome et infinie.** Hier unique propriété du vendeur, l'information devient libre de toute influence et diffusée sans contraintes auprès des acheteurs ;

- **Le Produit acheté change de nature.** Hier conçu pour satisfaire la masse et rester à jamais tel quel, le produit se transforme aujourd'hui en objet unique et transformable, conçu sur-mesure pour satisfaire les besoins changeants du nouveau consommateur. Il est à la fois « one to one » et « upgradable » ;

- **Le Prix est dicté par l'acheteur.** En un clic, le consommateur peut mettre en concurrence des vendeurs à travers le monde afin de satisfaire son besoin « du toujours mieux, toujours moins cher ».

- **Le Délai de livraison est compressé.** Les nouvelles technologies ont modifié la notion d'espace et du temps dans l'acte d'achat. Elles créent le besoin « du tout et tout de suite » ;

- **Le Service après-vente est prioritaire.** Au-delà de la jouissance de l'objet, un besoin psychologique devient fondamental : la prise en charge totale du stress lié à l'utilisation de l'objet ;

- **L'acte même d'Acheter n'est plus considéré comme une fatalité.** Posséder n'importe plus, ce qui compte véritablement c'est jouir de l'objet, d'où la multiplication des systèmes de location longue durée dans des univers comme l'automobile ou l'informatique.

Le rapport de force ancestral entre la marque et le consommateur bascule au profit de ce dernier, dont l'ambition est la concrétisation fidèle de ses désirs.

RADIOGRAPHIE DU NOUVEAU CONSOMMATEUR

Il est indispensable d'analyser en profondeur l'intégralité des principes fondamentaux qui composent le nouveau consommateur. Ces principes peuvent s'exprimer à travers un outil qui permet de fournir une radiographie de celui-ci : l'arbre du nouveau consommateur.

Tel un arbre, le nouveau consommateur est constitué de trois niveaux vitaux, qui sont symbolisés par les **Racines** (symboles d'un consommateur en quête d'authenticité, soucieux de ne pas oublier ni son passé de consommateur ni le sens donné à sa consommation), le **Tronc** (symbole d'un consommateur sur la défensive, ayant construit avec les années une véritable armure contre les attaques permanentes des marques) et les **Floraisons** (symboles d'un consommateur qui a compris la limite d'un mode de consommation où il est replié sur lui-même, et qui a décidé de communiquer et de s'ouvrir vers ses semblables).

Ces trois organes névralgiques partagent un même point commun : ils baignent tous les trois dans la même sève : le buzz.

L'ARBRE DU NOUVEAU CONSOMMATEUR

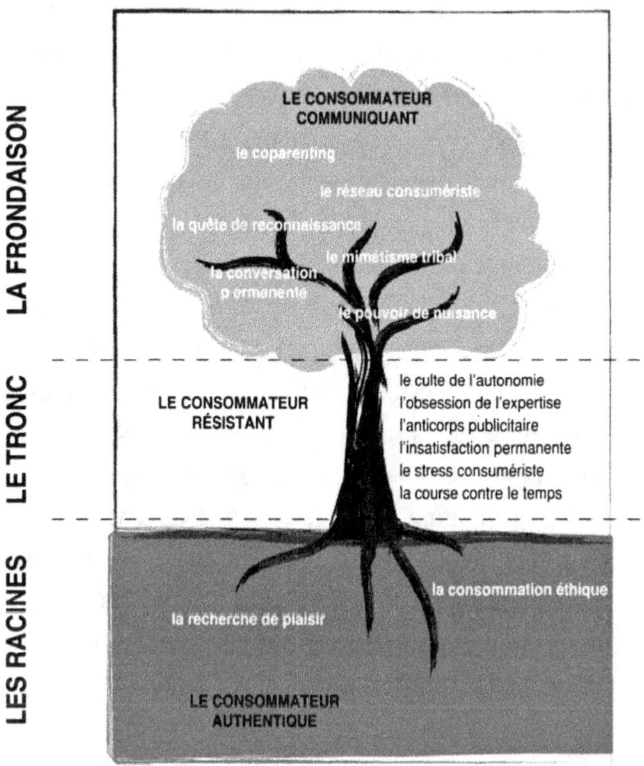

LES RACINES DE L'ARBRE DU NOUVEAU CONSOMMATEUR

Racine : « *Partie axiale des plantes vasculaires qui croît en sens inverse de la tige et par laquelle la plante se fixe et absorbe les éléments dont elle se nourrit* ». (Petit Robert)

Les racines du nouveau consommateur occupent la fonction de « mémoire consumériste », elles sont le symbole d'un consommateur guidé par des aspirations d'authenticité qui se définissent en deux points : par rapport au produit consommé et par rapport à l'acte de consommer.

Besoin d'authenticité par rapport au produit consommé

On peut parler de devoir consumériste d'authenticité [1] qui nous fait éviter les excès du culte de la nouveauté ou de la fièvre acheteuse, par le souvenir de périodes d'inquiétude où nous étions tournés vers une consommation synonyme de « réassurance ». Le nouveau consommateur essaie alors de retrouver dans son achat les éléments du décor de son passé ou plus loin encore le patrimoine hérité de ses parents voire de ses ancêtres. Cette tendance de fond qui célèbre la nostalgie est transversale à tous les univers de consommation. L'appel du nostalgique est partout, dans notre mobilier (référence systématique aux 60's et 70's tant en matière que de design utilisés dans l'offre HABITAT), dans les quartiers urbains que nous fréquentons (renaissance des Ginguettes, symbole hier du loisir ouvrier aujourd'hui lieu consacré des jet setter), dans l'univers de l'automobile (repackaging des légendes du passé via la *New Beetle* chez VOLKSWAGEN ou la nouvelle *Mini* chez BMW), en passant par l'alimentation (remise au goût du jour de *La Laitière* de CHAMBOURCY par une communication uniquement centrée sur la représentation de celle-ci faite par Vermeer), les produits ménagers (starification du personnage *Monsieur Propre*, devenu icône gay et branché). Même les sites Internet sont de la partie avec par exemple le casino *Virtuel Casino on Net* qui signe dorénavant « depuis 1996 », ou plus encore le site rueducommerce.com et son label « 2 ans déjà ».

La tendance c'est l'Authentique ! Les grands créateurs de tendance cherchent à la préempter. Ainsi Jean-Charles de Castelbajac répond à la question du magazine *Tendancieux* « *Que trouvez-vous tendance actuellement à Paris ?* », par « *Trois lieux complètement authentique :*

---

1. « The Soul of the New Consumer : Authenticity - What We Buy and Why in the New Economy » de David Lewis, Darren Bridger, février 2000, Nicholas Brealey Publishing.

La Bovida *aux Halles, où l'on vend des magnifiques casseroles en cuivre ; le* Rubis, *un bar à vin dans le IXe ; l'*Amis Louis, *un restaurant dans le Marais* ».

La guerre marketing que se livrent les marques de sport ADIDAS et NIKE est symptomatique du culte de « l'authenticité » dans la consommation. D'un côté NIKE apôtre d'un vêtement de sport se mutant en objet high tech et en une marque forte aux valeurs d'individualisme et de dépassement, et de l'autre ADIDAS partisan d'un retour aux racines à la fois incarné dans sa communication à travers sa signature publicitaire « Every Adidas has a story » et ses produits « nostalgiques » comme le *First suit* (devenu un objet récurrent auprès des populations branchées). Les annonces presses du *First Suit* véritable ode à la tendance revival, sont tout un symbole : visuel minimaliste reprenant par de simples traits violets sur fond jaune le modèle, auquel est rattaché un slogan brut (« Jaune Vif, Trois Bandes, Logo Superflu ») et pour body copy, un simple rappel historique (« First Suit » fidèle reproduction du premier survêtement crée par Adi Dassler). L'objet, et non la marque ADIDAS, est présenté comme un symbole appartenant au patrimoine mondial. Cette représentation a permis à ADIDAS d'être vendu dans des magasins underground cultes new-yorkais comme le « Yellow Rat Bastard NYC[1] », le buzz se faisant dans la plupart des magasins branchés du monde occidental. Néanmoins depuis peu, NIKE a changé son fusil d'épaule, en mettant en avant sa *Air Jordan 3 retro*.

Le facteur d'authenticité est devenu un attribut majeur du produit. Cependant il est plus souvent virtuel que réel. En effet, l'authentique est imité, d'où la condamnation du journal *Technikart* de « l'Authentoc », dans son numéro de septembre 2001. Il ne suffit plus de dire qu'on est 100% authentique pour l'être, il faut des relais pour l'authentifier, d'où le

---

1. « Yellow Rat Bastard » magasin référence dans l'univers de la mode Underground, 478 Broadway New York, NY 10013.

rôle crucial du buzz. Ainsi un consommateur expert peut devenir le meilleur label d'authenticité d'un produit. La réussite du lancement de l'*IMAC* d'APPLE en 1998 est là pour en témoigner.

En 1998 APPLE était au plus mal, la marque légendaire ne se retrouvait plus dans ses produits. L'*IMAC* était leur dernière chance, le produit avait tout le potentiel pour devenir une authentique révolution informatique, comme l'était à son époque *APPLE II* ou *MACKINTOSH*. Le plus dur restait à faire : convaincre les redoutables consommateurs experts que le produit était une authentique révolution informatique. Pour cela APPLE choisit de mettre au cœur de sa communication l'un des pères de l'informatique moderne et fondateur : Steve Jobs. L'histoire de Steve Jobs se confond avec l'histoire de l'informatique. Jobs est un libertaire, un gourou du micro processeur qui n'a jamais accepté aucune contrainte extérieure, réputé ingérable, il est autant admiré que haï, toujours fidèle à ses convictions, il a beaucoup inventé mais il s'est aussi souvent trompé. Il est l'incarnation vivante de la philosophie d'APPLE. La personnalité de Jobs est une ode à l'authenticité. APPLE capitalisa sur ce formidable vecteur d'authenticité que représente Jobs, en le plaçant au cœur de sa communication.

Le jour de la présentation à la presse s'avéra l'événement initiateur du succès de l'*IMAC*. Imaginer une communion planétaire pour tous les fans de la première heure de la marque avec comme final un *one man show* où Steve Jobs offrit à la machine ses lauriers d'authenticité : *IMAC* était couronné l'héritier de la première lignée des APPLE.

Le show fut retransmi en exclusivité sur apple.com, devant les yeux émus de millions de consommateurs experts, qui non seulement se précipitèrent pour acheter mais aussi pour conseiller l'*IMAC*. Le buzz « Imac » tel un virus rapide et puissant contamina toute la société.

Le produit fut immédiatement adopté par la sphère artistique (utilisateur historique de la marque APPLE) qui, au-delà de la simple utilisation professionnelle, utilisa l'*IMAC* comme un objet décoratif pour leur habitation et parfois même comme une partie intégrante de leur création (l'*IMAC* est devenu l'ordinateur indispensable à tous les décors intérieurs des films hollywoodiens). Il n'en fallut pas plus pour créer un véritable « phénomène de société *IMAC* » qui dépassa les sphères de l'informatique par l'association d'initiateurs aussi différents et influents que le *nerds*[1] et l'artiste. Un deuxième lancement réussi, nous enseigne à quel point l'authenticité trouve dans le buzz son meilleur allié, il s'agit de la trilogie filmique du *Seigneur des Anneaux*. Nous traiterons cette exemple dans le chapitre « Influential marketing ».

Besoin d'authenticité par rapport à l'acte de consommer

L'authenticité consumériste passe par une prise de recul par rapport au fait même de consommer. Le nouveau consommateur n'oublie pas qu'il doit aussi mettre sa consommation au service de la recherche de soi. Il est face à un monde qui va toujours de plus en plus vite, qui aime tout remettre en cause et qui exige une personnalité toujours adaptable en fonction des contraintes de la nouveauté. Il convient pour le consommateur de ne pas oublier son identité et de s'appuyer sur ses fondements. La consommation fait partie intégrante des racines de l'individu, elle peut être pensée comme un acte de sens, souvenez-vous cette fameuse phrase du Dalaï Lama : « *Le magasin, c'est l'Église du XXe siècle* ».

Éthique et hédonisme

La consommation peut devenir une source d'authenticité, si elle ne trahit pas ses valeurs génériques : l'éthique et l'hédonisme.

---

1. Expression désignant à l'origine le passionné d'informatique, obsédé par son ordinateur et cloîtré dans sa chambre, sans la moindre vie sociale.

La consommation intègre une dimension éthique

L'importance de l'éthique dans la consommation émerge en France. Ce phénomène a été mis en lumière dans l'étude Sofrès Topcom de décembre 2000 sur l'attente des Français par rapport à la responsabilité des entreprises. Le nouveau consommateur attend que l'entreprise respecte parfaitement la loi, reconnaisse ses torts et les répare, et s'implique dans l'intérêt général. L'étude nous montre que les comportements éthiques les plus attendus sont : le refus du travail des enfants du tiers-monde, le bon traitement des salariés, l'information honnête du public quand un produit présente des risques, et le refus de toute discrimination raciale.

Les consommateurs sont de plus en plus sensibles à la dimension éthique de leurs marques et en plus ils ont de la mémoire. Les marques NTIC sont les premières frappées (l'étude Sofrès Topcom montre que le secteur interne enregistre un indice de responsabilité de –1 a comparer avec le secteur des transports +50 ou constructeur automobiles +60). Cette prise en compte bouleverse la communication de crise, ainsi le baromètre des grandes entreprises *Le Nouvel Économiste-Ipsos*[1] montre qu'après un choc l'entreprise souffre pour se rebâtir une image positive. L'exemple de DANONE est mis en avant par Daniel Hubert : « *Alors que le groupe figurait régulièrement dans le peloton de tête des entreprises les plus appréciées, la polémique autour des licenciements chez LU et l'appel au boycott des produits du groupe avaient considérablement terni l'image de la société auprès des Français. Le verdict avait alors été sans appel, puisque l'on enregistrait en avril dernier une dégringolade de l'image de DANONE impressionnante, de 110 points en terme d'indice. Six mois après, le traumatisme est toujours là. Bien que regagnant sept points (soit la meilleure progression enregistrée sur cette vague), DANONE stagne à l'avant-dernière place du baromètre, avec un indice d'image toujours négatif (-6). L'entreprise ne devance que le groupe*

---

1. Le baromètre des grandes entreprises *Le Nouvel Économiste-Ipsos*, septembre 2001.

pétrolier TOTAL-ELF-FINA *(indice -27), qui ne s'est toujours pas remis du naufrage de l'Erika fin 1999* ».

Ainsi, la consommation ne peut se développer qu'au nom du respect de l'homme et de son environnement. Cette sensibilité est particulièrement présente chez le consommateur anglo-saxon, qui n'hésite pas à condamner par le boycott toute société « éthiquement incorrecte ». Ainsi selon une étude de 1998 du Harwood Group, entre 40 et 50 millions d'Américains choisissent les marques qu'ils consomment en fonction de critères éthiques.

Donner à sa consommation un sens d'engagement devient une tendance émergeante. Des magasins spécialisés dans la consommation engagée commencent à fleurir au cœur des quartiers branchés des grandes métropoles et obtiennent une couverture médiatique croissante (cf. dossier *Maps* sur Paris Première du 21 octobre 2001). Parmi les exemples les plus médiatisés on trouve les restaurants parisiens *Lectures Gourmandes* et le restaurant *La Rôtisserie* qui mettent en avant leur mission de réinsertion sociale par le travail, la boutique « ETIC » qui conjugue prosélytisme des principes du commerce équitable et censure de tous les produits venant de pays ne respectant pas les droits de ses mains-d'œuvre locales. Le magasin EMMAÜS n'échappe pas à ce mouvement, autrefois uniquement fréquenté par des populations dans le besoin, aujourd'hui il est de plus en plus visité par des personnes aux revenus élevés qui veulent transformer leur consommation en acte de solidarité.

La consommation est une source de plaisir

L'idée d'authenticité chez le consommateur s'exprime par une question fondamentale : « Pourquoi je consomme ? » . À cela deux réponses simples : « pour survire d'abord et après pour me faire plaisir ». La question de la survie étant réglée, l'envie de plaisir se fait impérieuse.

Rechercher le plaisir dans sa consommation[1] ne devient plus une action honteuse, mais le témoignage d'un individu bien dans sa tête, en paix avec sa nature et avec les autres. Proclamer « la quête de plaisir » se transforme en acte valorisant pour l'individu qui montre ainsi qu'il a réfléchi sur sa vie et a décidé de lui donner un sens. Les médias participent grandement à cette conversion au plaisir en multipliant les appels au « se faire plaisir ». De plus, la notion de plaisir est associée à la quête centrale de l'individu en ce début du XXe siècle : le Bonheur. Le nouveau consommateur semble nous dire « Le plaisir d'abord ! Le bonheur ensuite ». Le nouveau consommateur se donne donc l'image d'un hédoniste. Tout devient prétexte à la jouissance, notre société elle-même se transforme pour l'occasion et devient société des loisirs et au-delà des plaisirs. Notre alimentation se transforme, on préfère économiser sur le repas du quotidien pour s'offrir régulièrement une vraie expérience de plaisir : un bon dîner dans un restaurant. On ne peut plus attendre pour jouir. Les conséquences sont redoutables dans le quotidien. L'utile devient de plus en plus pesant, alors que l'inutile n'a jamais été aussi célébré.

Le plaisir ne peut se borner à la simple jouissance éphémère du produit et du service, en effet elle doit être le prétexte à la multiplication de plaisirs connexes. Tout d'abord l'expérience d'achat doit être elle-même source de plaisir. C'est pourquoi les magasins se transforment en véritable centres de plaisirs où tous les sens sont en éveil. L'odorat d'abord, avec le marketing olfactif qui connaît aujourd'hui une forte démocratisation. L'ouïe, une musique accompagne notre shopping, elle véhicule un esprit de bien-être symbolisé par la tendance *lounge*. Le goût, les cafés se multiplient dans des chaînes de magasins qui n'ont rien à voir avec la restauration comme la FNAC ou HABITAT. La vue enfin,

---

1. Jacques Païtra, *La société de l'autonomie,* Éditions d'Organisation, p. 118 : « Chacun a droit à son plaisir de vivre, à dépenser pour son propre plaisir. Cette nouvelle morale annonce une plus grande autonomie ».

le magasin se transforme pour le plaisir des yeux menant un travail de design intérieur et extérieur de plus en plus important comme peut en témoigner l'*ATELIER RENAULT* sur les Champs-Élysées.

Le deuxième plaisir connexe à la consommation a lieu après l'achat et c'est le sujet central de notre ouvrage : le buzz. Le nouveau consommateur prolonge son plaisir en expliquant à ses semblables à quel point l'objet qu'il a choisi peut lui amener bien plus que de la satisfaction… du plaisir.

L'hédonisme par la consommation pour qu'il soit total, ne peut se borner à un simple plaisir individuel, il doit nécessairement trouver une expression sociale : le buzz.

LE TRONC

Le tronc est le corps de l'arbre qui le soutient et le protège contre les menaces extérieures. Il symbolise chez le consommateur tous les mécanismes de protection. Il en existe cinq principaux.

Le stress consumériste

Le nouveau consommateur malgré sa quête de bonheur, de bien-être et d'émancipation, est le centre de nombreux stress intérieurs synthétisés par les « Quatre rides du nouveau consommateur ».

LES 4 RIDES DU NOUVEAU CONSOMMATEUR

– « La ride de la confiance » : ride causée par le stress chronique engendré par la carence en confiance en soi ;

– « La ride de l'expertise » : ride causée par le stress chronique engendré par le manque d'expertise ;

– « La ride de l'emploi du temps » : ride causée par le stress chronique engendré par la pénurie de temps ;

– « La ride de la satisfaction » : ride causée par le stress chronique engendré par la pénurie de satisfaction.

Le culte de l' autonomie

L'expression la plus forte du consommateur résistant se trouve dans son culte pour l'autonomie. Les origines de cette sanctification viennent d'une réflexion de l'individu sur lui-même et sur le monde extérieur. Cette réflexion témoigne d'un profond désabusement par rapport à l'aide potentielle que peut attendre un individu. Si le monde aspire au bonheur, il n'en reste pas moins sans pitié avec la faiblesse. La réassurance ancestrale apportée par d'aussi grandes institutions que la religion ou la politique sont entièrement remises en cause. Quand les problèmes, les drames arrivent l'homme se retrouve seul. Les solutions sont en lui et personne d'autre. Cette solitude face à l'adversité conduit l'individu à se prendre radicalement en main. L'autonomie devient impérieuse, vitale. L'instinct de survie se transforme en recherche permanente de plus d'autonomie. On retrouve cette facette dans la valeur clé mise en évidence chez les Français par Gérard Mermet : l'Égologie[1].

L'autonomie devient non seulement la valeur suprême de l'individu mais également celle du nouveau consommateur. L'autonomie est la réponse à un système d'autodéfense. Le consommateur est possédé par la peur « de se faire avoir » par la marque, le vendeur. Il ne veut pas expérimenter le trauma de l'échec, or la meilleure arme préventive reste l'autonomie.

La conséquence de cette recherche de l'autonomie est une professionnalisation du consommateur. Les médias et surtout Internet se sont mis au service de l'autonomie du consommateur en le dotant d'un savoir perpétuellement remis à jour, qui peut même supplanter celui du vendeur. Les marques ont elles-mêmes auto-alimenté ce besoin d'autonomie. Tout l'univers de la finance en ligne en a particulièrement abusé jusqu'à l'e-crack. Elle a inventé un concept en totale synergie avec l'autonomie : l'*Empowerement*. L'empowerement représente la prise du

---

1. Gérard Mermet, « Francoscopie 2001 », « L'égologie est une forme moderne et positive de l'individualisme. Conscients de l'incapacité des institutions (partis politiques, administrations, syndicats, école, Église…) à résoudre les grands problèmes du moment, les Français ont compris qu'ils ne peuvent compter que sur eux-mêmes et qu'ils doivent « gérer » leur vie. Mais ce passage d'une conception collective de la société à une vision individuelle n'implique pas le triomphe de l'égoïsme ou de l'égocentrisme. »

pouvoir du consommateur par rapport à toutes les composantes de sa consommation. Or, un consommateur tout puissant est par essence autonome. Le fantasme de l'individu devient donc réalité consumériste.

Le buzz est un acteur privilégié de cette quête d'autonomie. Il est à la fois un moyen d'expression et un outil d'acquisition de celle-ci.

Le buzz est le moyen d'expression de l'autonomie du consommateur : la préconisation d'un produit ne peut être réalisée que par un consommateur devenu expert dans sa consommation et indépendant par rapport à l'influence des marques. Or l'expertise et l'indépendance sont les deux composantes fondamentales de l'autonomie consumériste.

Le buzz est un moyen d'acquisition de l'autonomie pour le consommateur : il est bien plus qu'une source d'information comme on peut le trouver dans les médias traditionnels. Il équivaut pour le consommateur en période de pré-achat à l'essai impartial du produit, puisqu'il provient d'un semblable, non « soudoyé » par les marques : le consommateur.

> *Le buzz est une source d'information libre et de qualité, il est donc un moyen mis au service de la recherche de l'autonomie du nouveau consommateur*

L'obsession de l' expertise

L'expertise est devenue impérieuse à cause du devoir d'autonomie mais également à cause de la mémoire du passé comme l'illustrent *Les Cahiers de l'Observateur Cétélem*, 2001.

« La traversée des années noires a développé chez les consommateurs des comportements défensifs qui se sont traduits par :

– une prudence teintée de méfiance à l'égard de la consommation ;

– l'évaluation raisonnée et systématique de l'offre ».

Le consommateur se doit de devenir un expert pour chacun des produits qu'il achète, mais la tâche est insurmontable, elle devient source d'obsessions.

En effet, le nouveau consommateur doit affronter des offres tous les jours plus nombreuses, en perpétuel renouvellement. Prenons l'exemple symptomatique de l'univers de la téléphonie mobile et fixe, inventeur et multiplicateur à l'infini du concept du forfait. FRANCE TELECOM/ ORANGE propose aujourd'hui pas moins de 10 forfaits mobiles et 22 forfaits fixes associés à de multiples options. Le choix du bon forfait devient kafkaïen si l'on veut le comparer à la concurrence de CÉGÉTEL, 9 TELECOM, BOUYGUES TELECOM, TELE 2…

De plus, les produits ne se contentent plus de répondre à des besoins, ils en révèlent de nouveaux. Par exemple, les NTIC exercent un travail de nomadisation de l'ensemble de nos besoins. Ainsi, hier le téléphone mobile était au service d'une communication orale libérée de toutes contraintes de lieu et de temps. Aujourd'hui, votre mobile rend nomade la fonction « chat » d'Internet. Adieu, l'accès unique par ordinateur, dorénavant le technonomade peut devenir « chateur » nomade !

La technologie s'infiltre donc partout dans notre quotidien dans l'objectif de mieux nous servir, mais cette infiltration engendre une complexification de l'objet en lui-même qui s'exprime à travers une double difficulté pour le consommateur :

• Celle de choisir :

Acheter un téléviseur de salon nécessite un expertise technique sous peine de se noyer sous les appellations techniques (Téléviseur à écran plasma, 4/3, 16/9, Tube Plat, Cristaux liquides, 100 HZ, 50 HZ, Dolby Pro Logic, Dolby Digital Ac-3, Stéréo Nicam…) ;

• Celle de bien utiliser :

L'univers informatique est la quintessence de cette maladie du monde postmoderne de fournir des produits de plus en plus perfectionnés mais de moins en moins utilisables pour le commun des mortels. Elle a parfaitement été mise en scène par François de Closets et Bruno Lussato[1] : « *Heureuse industrie de l'informatique qui a su si parfaitement conditionner son public qu'elle se voit reconnaître le droit à l'erreur, aux malfaçons, et que l'utilisateur prend sur lui toutes les fautes qu'en tout autre domaine il imputerait au fabricant ! (…) seule l'existence de ce client incertain, penaud dominé, peut expliquer l'absence de réactions face aux dérives de ces dernières années* ».

Un prix devenu transparent dans son marché

À défaut d'acheter en ligne, le nouveau consommateur a accédé à un formidable pouvoir : la connaissance quasi parfaite des prix. Ainsi il peut en un clic mettre en concurrence tous les marchands de la planète à condition bien sûr que celui-ci ait une expertise des shopbot et de leur utilisation.

Pas d'expertise sans buzz

Nous le voyons, les expertises à acquérir pour le nouveau consommateur sont à la fois nombreuses et complexes à intégrer. Le besoin d'autonomie se transforme en frustration si le consommateur ne fait pas appel à son semblable. Sa communauté va lui servir de source consumériste d'expertise plurielle et de « rassurance ». Plongeons-nous dans une journée typique de buzz et faisons la connaissance de Georges M. 32 ans, comptable.

12h : Georges (nouveau consommateur) a une interrogation sur la qualité du DVD collector du *Pacte des Loups*, en un clic, il se retrouve au sein des forums de DVDRAMA (site Internet à la signature publicitaire symbolique : « Pour être informé avant plutôt qu'après ») et pose sa question. Reconnu par sa communauté, il obtient en quelques secondes la réponse à sa question, il doit l'acheter « car le son 5.1 est une merveille ».

---

1. François de Closets, Bruno Lussato, « *L'Imposture informatique* », 2000, Fayard.

12h40 : Georges est à la cantine, tout devrait aller pour le mieux, mais un problème le stresse, il doit acheter un nouvel ordinateur et il ne sait que choisir. Sans hésiter il décide de se mettre à la table de son ami David le responsable informatique de sa société. La conversation entre les deux collègues dure 10 minutes, elle est composée en trois parties. Première partie : David interroge sur les besoins (ludiques et bureautiques) de Georges. Deuxième partie : David propose à Georges le dernier Compaq. Troisième partie : il lui donne l'adresse d'un bon revendeur qui lui proposera une configuration au meilleur prix et une journée de formation gratuite.

16h : Georges reçoit un coup de fil de son meilleur ami Pierre. Pierre a enfin décidé d'acheter un vélo pour faire du sport. Georges est un tri-athlète confirmé et un expert dans les vélos de course, la « merveille de sa vie » est le dernier vélo de la tripostal, en quelques instants il envoie par mail à son ami la fiche du meilleur vélo pour débutant du marché.

19h : Georges retrouve son amie Honorine, ils décident d'aller au cinéma, mais cette semaine pas moins de douze films sont sortis. Georges prend son téléphone portable et se met à « chater » avec Édouard, son cousin fan de cinéma, son verdict tombe : *A.I.* de Steven Spielberg.

C'est par la collaboration que le nouveau consommateur construit son expertise, son meilleur soutien pédagogique est le buzz.

La course contre le temps

Les frontières entre un bien impliquant et non-impliquant disparaissent, tous deux demandent une expertise et donc une recherche d'informations, pour garantir un achat réussi. L'autonomie consumériste a un prix : un fort investissement temps. Le budget temps consacré à la consommation est croissant. Un achat nécessite une mise en réseau de l'individu avec sa communauté, voire au-delà.

Nous avons synthétisé l'achat du nouveau consommateur en un parcours de six étapes, il s'agit du parcours décisionnel du nouveau consommateur.

Le parcours décisionnel du nouveau consommateur

Étape 1 : Naissance du besoin par le buzz

Le bruit ambiant autour du produit constitué par le point de vue des médias, la pression publicitaire et par le buzz provenant de sa communauté éveille chez le nouveau consommateur le besoin d'acheter un nouveau type de produit qui est la réponse ou la révélation d'un besoin. S'il décide de coller à la nouveauté, il sera indispensable pour lui de court-circuiter le simple bruit médiatique et d'aller à la source de l'information, celle générée par les chasseurs de tendances consuméristes appelés *cool hunters*, spécialisés dans un univers de produits, ils sont les révélateurs des prochains produits à le mode.

Étape 2 : Veille médiatique

Le nouveau consommateur s'est donc décidé à acheter un type de produit, il convient maintenant de garantir son statut de consommateur autonome par la construction d'une « armure d'expertise », qui justifiera pleinement l'auto-prescription, sans être dépendant de l'aide du vendeur. Cette armure se fera par l'intermédiaire de l'acquisition d'une culture de base trouvée d'abord dans les médias généralistes, puis par l'intermédiaire de la presse spécialisée liée à l'univers du produit. Le magasin et son site peuvent être considérés comme une source d'informations s'ils jouent la carte de conseil expert multimarques, un rôle par exemple tenu par les magasins FNAC et leurs publications.

Une fois cette étape franchie, le nouveau consommateur a acquis un savoir théorique sur un type de produit et les premières préférences apparaissent. Maintenant, il doit acquérir un savoir pratique, celui du terrain, à l'aide du buzz.

Étape 3 : Benchmark de testimoniaux consommateurs

L'essai du produit se fait à travers les différents témoignages récoltés par le nouveau consommateur au sein de sa communauté personnelle et des communautés virtuelles associées au produit. Cette étape fondamentale forge le choix définitif qui se fait sans la pression des marques. Le nouveau consommateur accorde un capital confiance énorme à sa famille et à ses amis. Les résultats d'un sondage réalisé par Planet Project / Harris Interactive du 15 au 18 novembre 2000, sur le thème : « Qu'est-ce qu'être un être humain à l'aube du nouveau millénaire ? », le démontre.

À la question : « Laquelle des phrases suivantes correspond le mieux à votre opinion? » 73 % des sondés répondent que les amis devraient dire la vérité. Plus encore à la question « Qu'est-ce qui vous influence le plus dans votre vie courante? », la famille et les amis occupent largement la tête avec 42 % contre l'employeur / le travail 28%, les croyances religieuses 9%, la situation économique du pays 5%, le gouvernement du pays 3%.

Le benchmark de testimoniaux se fait également par Internet. Le nouveau consommateur joue un rôle de spectateur et d'élève au sein des communautés virtuelles du produit. Là il apprend concrètement par les témoignages nombreux des utilisateurs les réelles performances du produit et de son réseau de distribution. Rapidement il peut être pris sous la coupe d'un leader d'opinion de forum de discussion qui lui définira précisément quel produit acheter et où l'acquérir. Les forums beauté soins et cheveux d'aufeminin.com sont un modèle du genre. Les témoignages et la prescription y sont permanents, et les conseils entre leaders d'opinion et nouveaux entrants y sont naturels.

Le nouveau consommateur n'est pas simplement à l'écoute du témoignage le plus convaincant, il peut également agir par mimétisme tribal.

La consommation est un moyen d'expression de soi, mais également un signe d'appartenance tribale. La recherche du buzz menée par le futur acheteur, lui permet de découvrir les us et coutumes de nouvelles tribus. Ces tribus peuvent être séduisantes, elles donnent envie d'y rentrer, or le meilleur moyen d'y parvenir est simplement de les imiter à l'aide de notre consommation.

Cette troisième étape peut donc mener le consommateur à choisir le produit par simple conformisme tribal.

Étape 4 : Recherche de la cooptation

Une fois le choix fixé sur le produit il convient de le trouver au meilleur prix. Le nouveau consommateur va alors utiliser sa communauté comme un véritable réseau économique. Il recherche dans ses amis réels et virtuels celui qui lui permettra d'obtenir une promotion exceptionnelle, un privilège grâce à sa recommandation personnelle. Le buzz est à cet instant totalement pensé comme une arme commerciale au service de l'acheteur.

Étape 5 : Achat

Le nouveau consommateur passe enfin d'un rôle passif (la récolte d'informations et de contact) à un rôle actif. Il est prêt à affronter le vendeur avec assurance. Il sera insensible à la pression commerciale de celui-ci, fort de l'expertise chèrement acquise par des heures de travail acharné. L'acheteur sait exactement ce qu'il veut et à quel prix l'obtenir, sûr de lui, il peut même s'amuser à négocier.

Étape 6 : Vecteur de buzz

Le nouveau consommateur est maintenant de l'autre côté de la barrière, il n'est plus le réceptacle du buzz, il en devient l'émetteur. Il est resté fidèle aux forums de discussion, qui restent la meilleure source de conseils permanents dans l'utilisation de son produit. Il a acquis avec le temps une véritable expertise tant dans la culture que dans l'utilisation du produit. Il peut donc changer de statut et remplir son devoir de socialisation indispensable à son bonheur personnel, en promulguant nombre de conseils aux nouveaux arrivants (appelés également *newbies*) et devenir à leurs yeux un leader d'opinion à la prescription précieuse.

Nous le voyons, le parcours décisionnel du nouveau consommateur demande un investissement de temps pour le moins important. C'est donc une véritable course contre le temps qui s'engage où le temps est une nouvelle source de stress pour le nouveau consommateur.

L'insatisfaction permanente

Nous sommes entrés dans l'ère de l'insatisfaction permanente du consommateur, elle a déjà été célébrée par Regis McKenna[1] en avril 1999 dans son bestseller *Preparing for the Age of the Never satisfied customer*, c'est une autre expression du consommateur résistant.

Cette manifestion est grandement alimentée par les marques. Le nouveau consommateur est dans un système d'insatisfaction permanente. La plupart des marques s'installent dans des marchés qui passent d'une logique d'équipement à celle de rééquipement. C'est la tyrannie du toujours plus. Un produit qui vient de sortir possède une durée de vie de plus en plus réduite, il est rapidement supplanté par son suivant et la menace de l'obsolescence se profile à moyen terme. À ce titre, le marché de l'informatique est une caricature de ce mécanisme.

Le nouveau consommateur ne peut se contenter d'un produit à la satisfaction éphémère. L'achat n'est plus un plaisir, il se fait par dépit. La réponse du nouveau consommateur ne se fait pas attendre, elle s'exprime à travers deux faits : l'infidélité chronique et le buzz négatif.

Le nouveau consommateur ne reconnaîtra donc jamais le zéro défaut, cela fait partie intégrante de ses défenses naturelles engendrées par un rapport de force encore fragile avec l'acheteur. Il aura toujours un motif d'insatisfaction : choix trop limité, prix trop cher, force de vente pas assez qualifiée, temps de livraison trop long, réactivité des équipes du SAV à revoir.

Les conséquences du marketing one to one peuvent être également source d'insatisfaction. Le marketing one to one développe pour principe l'unicité de l'offre pour chaque consommateur. Or ce principe, au combien louable, entraîne par le buzz un élément d'insatisfaction fort. Le buzz ne se réalise pas qu'entre clients et futurs clients. Il existe également des conversations

---

1. Regis Mc Kena, *Real Time : Preparing for the Age of the Never Satisfied Customer*, mars 1999, Harvard Business School.

nombreuses entre les clients d'une même marque. Ce buzz révèle un élément pénible pour le consommateur du fait de la démarche one to one : il trouvera toujours un autre consommateur qui sera mieux servi que lui et donc qui recevra plus de plaisir que lui. Cette constance blessera son ego qui cherche à s'exprimer à travers la consommation. Sa réponse sera là encore évidente : le buzz négatif.

Un autre élément d'ordre psychologique bien connu qui explique l'insatisfaction chronique du nouveau consommateur est la tendance naturelle de l'homme à critiquer. Un buzz négatif trouvera toujours une oreille attentive car les actes de véhiculer et d'écouter un reproche peuvent être une source de plaisir.

L' anticorps publicitaire

Le consommateur publivore s'est transformé en expert de la rhétorique publicitaire, il s'est construit une gamme d'anticorps contre son influence en faisant une distinction entre l'image de la marque et son produit.

LA FLORAISON

La floraison est l'épanouissement de l'arbre, elle le prolonge, elle symbolise le consommateur communiquant.

La conversation permanente

Le nouveau consommateur se différencie en un point fondamental par rapport à ses « ancêtres » : son aptitude et son goût à communiquer de façon permanente.

Aujourd'hui, les marchés sont faits de conversations. Le fait est parfaitement analysé dans l'ouvrage *The Cluetrain Manifesto : The end of business as usual de* Lock, Levine, Searls et Weinberger .

Les marques doivent comprendre que ces conversations nourrissent le buzz. Elles ont le même mode de propagation qu'un agent viral. À cet instant des consommateurs parlent de votre produit, ils le prescrivent ou encore le condamnent, c'est eux qui font ou défont son succès.

Le réseau consumériste

Le consommateur communiquant est conscient qu'il peut établir un meilleur rapport de force avec la marque s'il est à plusieurs. C'est pourquoi il se dote d'un réseau consumériste aux objectifs multiples et dont le ciment est le buzz.

Le nouveau consommateur utilise son réseau d'amis en tant que levier économique. Il lui permet d'éviter le syndrome de la mauvaise affaire. Le buzz véhiculé par le réseau consumériste permet au marché d'avoir un prix transparent.

Cependant le réseau n'est pas qu'un simple vecteur d'informations, il peut se transformer en force de négociation face au vendeur. Cette fonction a particulièrement été mise en pratique lors des expériences d'achats groupés sur Internet avec Clust.com., elle n'en est encore qu'à ses prémisses.

Le réseau consumériste n'influe pas uniquement sur le prix, il se transforme en force de pression face aux marques, véritables *vox populi* des temps modernes. Afin d'acquérir un pouvoir d'influence, il doit, grâce au buzz, recruter d'autres réseaux consuméristes qui partagent une cause commune. Ce mécanisme a trouvé une illustration particulièrement impressionnante à travers la pression engendrée par des réseaux consuméristes fans de la série télé le *Caméléon* qui a frappé les *Studios ABC*. Au final, après des mois de combats, le studio a reproduit de nouveaux épisodes.

Le pouvoir de nuisance

Le pouvoir de nuisance du consommateur communiquant s'exprime à travers le boycott.

Le boycott n'est pas qu'un acte personnel, il entraîne le prosélytisme grâce au buzz. Quand un consommateur décide de boycotter une entreprise, il le fait savoir à sa communauté, mais au-delà, il cherche à informer les autres consommateurs des méfaits de la marque et à les enrôler dans la communauté des boycotteurs. Internet est un vecteur redoutable du buzz appelant au boycott. Les sites personnels dédiés à ce type de buzz sont légion en France. Certains ont défrayé la chronique comme le site « Je boycotte DANONE » du réseau Voltaire qui fut suspendu par la justice en mai 2001. Il avait jusqu'alors généré 98 117 visites et 11 420 signataires de pétition.

Il existe trois différents types de sites personnels « boycotteurs » :

Les sites « encyclopédies vivantes »

Les sites « encyclopédies vivantes » sont caractérisés par une richesse d'informations sans commune mesure et par une syndication des contenus des autres sites partisans de la lutte. Ex : le site « Le danger Microsoft » dédié au procès anti-trust qui aurait enregistré 36 431 visites depuis juin 1998.

http://www.multimania.com/psidler/microsoft/accueil.shtml

Les sites testimoniaux

Les sites testimoniaux reprennent en détail une expérience d'achat traumatisante pour le consommateur et le lecteur. Ex : le site personnel lettre ouverte au service de *Ola* de FRANCE TELECOM http://www.ifrance.com/audio/Ola/

Les sites parodiques

Les sites parodiques utilisent l'arme de la parodie acide pour diffuser l'idée de boycott. Le message semble adouci par la forme, mais son effet viral est décuplé ou condamné en s'amusant. Ex : www.boycottons.com un des nombreux sites appelant au boycott de *Loft story*, initiateur de l'opération sac poubelle contre M6.

Au-delà du site, il y a bien d'autres moyens de propager le buzz de boycott, en particulier les e-mails parodiques.

LE CONSOMMATEUR MARQUETER

Le consommateur communiquant trouve son expression la plus sophistiquée dans sa nouvelle aptitude à vouloir marqueter son produit.

Il s'agit d'une construction à deux (la marque et le consommateur) du produit et de sa communication. Cette idée semblerait bien illusoire à un marqueteur des années 90. Ses origines sont évidentes, elles proviennent des fondements du nouveau consommateur soit : un rejet total de la logique de production du mass market (un produit pensé pour le plus grand nombre) et une implication croissante de l'individu dans sa consommation.

Le nouveau consommateur aspire à posséder un produit unique, conçu en totale adéquation avec ses besoins. Ce produit véritablement « one to one », ne peut se faire que si le consommateur est associé en amont à la conception de son produit.

Cela demande au produit de posséder de nouvelles qualités comme celle de la modularité, en particulier présente dans l'univers du meuble de rangement développé par exemple par la marque MUJI.

Le produit n'est pas le seul élément à devoir s'adapter aux exigences du consommateur marqueteur. Le magasin n'y échappe pas ; ainsi les sites d'e-commerce, du fait de leur capacité à prendre immédiatement en compte les besoins de leurs clients peuvent être avantagés.

Les boutiques online de NikeID et de Reflect.com (marque de PROCTER & GAMBLE) sont deux références du genre. Ils véhiculent une même promesse : un produit unique pour chaque consommateur. Offrant des outils de personnification de l'objet sans commune mesure.

Ainsi, au lancement de NikeID, il était possible de créer une paire de chaussure NIKE, intégrant sur l'empeigne, le mot *Sweatshop*[1]. Il n'en fallait pas plus pour réveiller l'état d'esprit « libertaire » du Web, de nombreux internautes tentèrent l'expérience. Quelque temps après, la célèbre marque à la virgule pris ses précautions pour que l'expérience ne se renouvelle pas, cependant les internautes alertèrent la presse, ce qui provoqua un tollé médiatique.

Le nouveau consommateur se transforme donc tour à tour en concepteur, producteur, assembleur et même publicitaire du produit, il est l'incarnation de la tendance de fond du « faire soi-même ».

La quête de reconnaissance

La fin des années 90 a vu la célébration d'une star : le « Je ». L'éloge du « Je » est en couverture de tous les médias, chaque individu est dans l'obligation d'être à l'écoute et au service de son nombril. Certains titres de presse comme *Psychologies magazine* ont même construit entièrement leur succès autour de la compréhension et du bien être du « Je », parfaitement symbolisé par le classement Ipsos/Psychologies « Les meilleurs ventes du Moi ».

La société a déculpabilisé le « Je » en transformant l'idée du « Penser pour soi ». Ce « penser pour soi » n'est plus synonyme d'égoisme, au contraire, il est la preuve tangible d'une âme épanouie et généreuse, qui sait réfléchir sur elle-même. Il se construit autour de la notion de bonheur personnel. Ce bonheur n'est possible qui si le « Je » est heureux avec les autres. Donc penser à soi, c'est au final penser aux autres. Le

---

1.Terme anglais signifiant atelier où l'on exploite les ouvriers.

« Je » est associé au retour d'une valeur clé : la convivialité qui s'exprime à travers deux tendances de fond : l'esprit « lounge » (recherche de convergence d'ambiances douces, chaleureuses, de lieux feutrés où la convivialité est de rigueur. Une invitation au calme, à la détente dans un univers contemporain high tech discret et légèrement désuet, propice aux rencontres) et son prolongement le « fooding » (jeu de mélange des nourritures du monde dans une atmosphère tamisée à laquelle s'ajoutent une ambiance musicale et un décor soignés. Cette alchimie a contribué au nouvel art de passer à table où l'on ne se contente plus de manger : on y va pour goûter, sentir, voir, entendre... et discuter).

Le héros consacré de ce nouvel individualisme est le « Bobo », ce bourgeois bohème qui sait parfaitement conjuguer un carriérisme exacerbé (symbolisé par la vie dans les start-up durant les premières années de la nouvelle économie : sueur, strass, stress et stock option), une consommation voyante et un sens de la générosité calculé. Les bobos cultivent le paradoxe : entre capitalisme avisé et conscience sociale, réussite professionnelle et recherche du bien-être, ces bohémiens chics ont développé une culture et une idéologie nouvelle où le refus des conventions conduit leur consommation à trouver un sens par-delà de simples considérations matérielles.

Les aspirations du consommateur n'échappent pas au culte du « Moi d'abord ». *Les Cahiers Cétélem*[1] les ont ainsi dépeintes « *le rayonnement personnel plutôt que l'altruisme authentique : la manière dont le consommateur parle de ses intentions bienveillantes illustre plus l'admiration narcissique pour l'être qu'il serait devenu, que les situations auxquelles il remédierait* ».

---

1. *Les Cahiers de l'Observateur,* « Reprise ou fin de crise ? Les nouveaux horizons de la consommation », *Cétélem, 2001.*

La consommation doit satisfaire son besoin de reconnaissance. Cette reconnaissance passera tout d'abord par l'expression d'un reflet sublimé de l'individu (appropriation de valeurs fortes ou dans l'air du temps de la marque, usurpation d'un statut social) et par l'attente d'une nouvelle relation avec la marque construite autour de l'idée de privilège.

Le consommateur attend que la marque le reconnaisse comme un individu unique, porteur d'une réelle expertise autour de son univers et, *in fine*, détenteur d'un pouvoir d'influence auprès de ses semblables, les autres consommateurs. Cela passe pour la marque par l'émission d'un discours « one to one » mettant en avant le statut du consommateur et la mise en place de services VIP (promotion exceptionnelle, offre de pré-test, gratuité de certaines applications…). Ainsi les VIRGIN MEGASTORE ont mis en place voilà plus d'un an, « le programme de fidélité VIP » au slogan pour le moins évocateur « Vous êtes le prochain sur la liste ».

Le nouveau consommateur est un consommateur à trois faces :

– la face privilégiant l'authenticité dans la consommation ;

– la face mettant en place une consommation de résistance par rapport aux marques ;

– la face célébrant l'avènement du consommateur communiquant.

Chacune de ces faces ont un point commun : le buzz.

En effet, le consommateur authentique et le consommateur résistant sont tour à tour réceptacle et origine du buzz.

L'ARBRE DU NOUVEAU CONSOMMATEUR

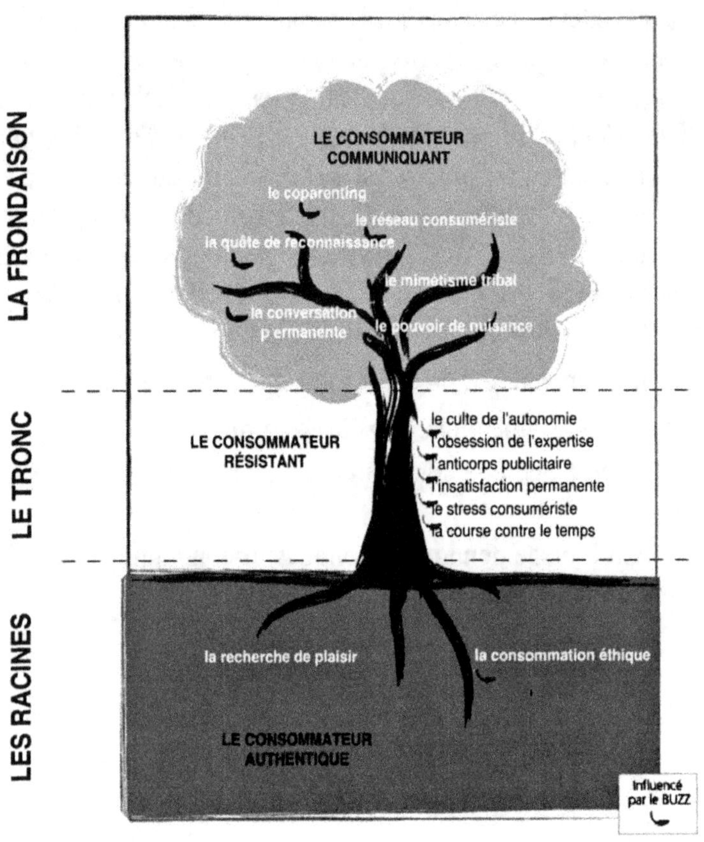

Le nouveau consommateur et la publicité

La publicité n'engendre pas l'ennui du public, bien au contraire, jamais l'individu ne s'est autant intéressé à elle, il achète des magazines dédiés au décodage de ses méthodes (*Culture Pub magazine*), regarde à la télé des émission aussi différentes que *Culture Pub* sur M6, *La vie des médias* sur LCI, *La Pub c'est ma passion* sur Comédie et dévore les ouvrages qui lui révèlent l'envers du décor des publicitaires (*99 Francs*).

Cependant, le rapport qu'entretient le nouveau consommateur avec la publicité est schizophrénique. En effet, quand le consommateur pense à la publicité, il est tiraillé entre deux sentiments totalement contradictoires : l'amour de la publicité (qui peut tourner à la passion dévorante) et la haine de la publicité (qui peut finir jusqu'à la violence physique). Le symbole le plus caractéristique de cet antagonisme est celui des artistes qui proviennent du ventre nourricier de la publicité, plus particulièrement le metteur en scène David Fincher (ancien metteur en scène de spots publicitaires et surtout réalisateur d'*Alien 3*, *Seven*, *The Game* et surtout *Fight Club* qui continue à fasciner deux ans après sa sortie (voir la couverture du *Technikart* d'octobre 2001 « La vie Fight Club ») et le critique, journaliste, écrivain Frédéric Beigbeder (ancien concepteur-rédacteur et auteur du best-seller *99 Francs*). Tous deux, dans leurs œuvres respectives se sont dotés d'une mission sociale : dynamiter la pieuvre publicitaire ! Et pourtant, la critique brillante de ces deux artistes s'accompagne à la fois d'une fascination quelque peu honteuse du pouvoir d'influence de la publicité et d'un détournement en règle de ses propres armes à leur profit.

Travailler dans la publicité laisse donc des séquelles, notamment pour David Fincher qui continue à travailler pour elle, en particulier pour l'opération *The Hire*, un court métrage en l'honneur de la gamme BMW, uniquement visible sur Internet[1].

L'individu fait preuve d'une radicale flexibilité par rapport à la question de la publicité basculant, en fonction des publics et des situations, de la haine à l'amour.

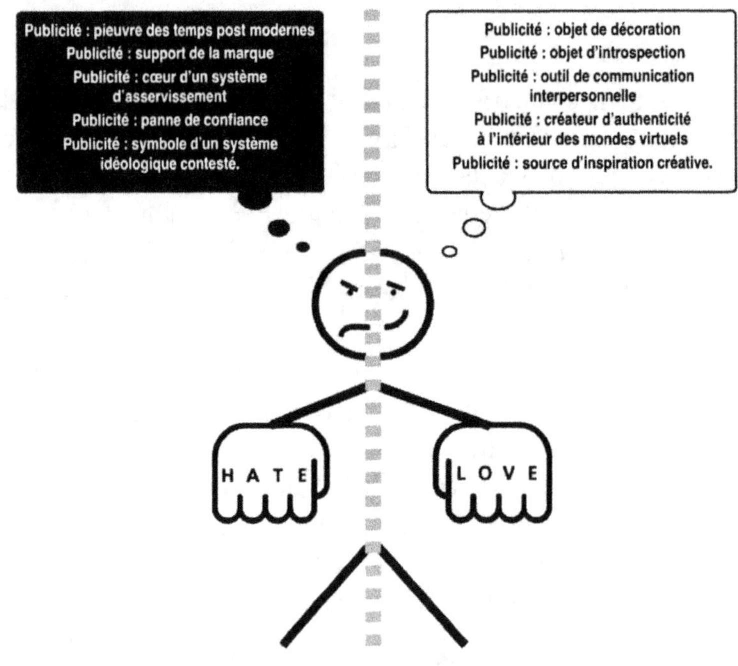

---

1. http://www.bmwfilm.com

PUBLICITÉ : MON AMOUR !

La publicité est vécue par le nouveau consommateur comme une partie intégrante de sa vie. Sans elle, il ne serait pas tout à fait le même. Elle s'est infiltrée dans tous les aspects de sa vie : de son mode de communication avec ses semblables en passant par ses réflexions introspectives. Consommateurs et publicité entretiennent une relation passionnelle.

La Publicité : objet de décoration intérieure

La publicité occupe aujourd'hui des lieux et des fonctions pour le moins inattendus. Elle devient un objet de décoration, à la frontière de l'œuvre artistique. Il s'agit particulièrement de campagnes créées entre 1880 et 1970, signées par des grands créatifs qui, pour certains, ont gagné leur statut d'artiste par la publicité. On retrouve dans les salons du nouveau consommateur des reproductions d'affiches de grands noms comme Raymond Savignac, Gruau, Eugène Grasset ou Jean Villemot.

Ces œuvres sont des instantanés authentiques d'époques passées. Leurs témoignages s'exercent à travers les couleurs, les mots, les symboles utilisés. Elles sont considérées comme des symboles authentiquement nostalgiques.

Elles font partie du patrimoine de l'humanité, grâce à des figures aussi intemporelles que le logo ORANGINA réalisé par Vimot en 1953, le cygne blanc élégant portant un nœud noir et des perles blanches pour le lancement de MISS DIOR par Gruau en 1947, ou la Semeuse emblématique des Éditions Larousse par Grasset en 1890.

L'objet décoratif publicitaire ne se limite pas au tableau, il s'étend également au mobilier. Nous pouvons ainsi citer le culte de certains collectionneurs pour toutes les PLV concernant le bibendum Michelin et Ronald McDonald. Ainsi les bustes de « Roni » sont aujourd'hui extrêmement recherchés, ils sont la pierre angulaire de toute grande collection personnelle « vintage ».

La publicité : créateur d'authenticité du jeu vidéo

Une étude 2001 d'Ipsos Média[1] réalisée pour CNM visant à observer l'efficacité des insertions publicitaires au sein d'un jeu vidéo a donné des résultats étonnants. En effet, le score de mémorisation produit par le jeu vidéo est de 55%, soit le deuxième média, derrière le cinéma (75%), mais surtout devant la radio (5%), l'affichage (10%) et la télévision (18%). Comment essayer d'expliquer un tel phénomène ?

Alors que le spectateur condamne l'invasion rampante de la publicité sur sa vie quotidienne, il existe encore un média où la publicité est demandée par le consommateur, il s'agit du jeu vidéo. En effet, une annonce publicitaire donne de la crédibilité au monde virtuel développé par le créateur de jeux vidéo, elle est ainsi considérée comme un véritable élément de contenu. Il est devenu inconcevable pour le joueur de jeux vidéo (à la recherche d'une expérience vidéo ludique se rapprochant le plus près possible de la réalité) de pouvoir traverser une cité virtuelle sans être au contact avec une forme quelconque de publicité.

Les simulations sportives ont été les premières à intégrer des annonces publicitaires, en particulier les simulations de football (série des *Fifa*, le *Monde des bleus…*) ou les simulations automobiles (*F1 2001, Grand Tourismo…*).

L'interaction entre le jeu et la publicité n'en est qu'à ses débuts, les perspectives offertes par les jeux en réseau et leurs mondes persistants sont sans limites.

---

1. Étude réalisée par Ipsos Médias pour CNM à partir de 119 interviews en face à face dans le quartier des Halles (à proximité de 3 magasins de jeux vidéo – 26 et 27 octobre 1999) auprès d'hommes de 15-24 ans, possesseurs d'une ou plusieurs console(s) de jeux vidéo ou d'un ordinateur pour jouer à des jeux vidéo.

La publicité : nouvelle expertise du consommateur

Aujourd'hui, le nouveau consommateur est également à sa façon un publicitaire[1]. Éduqué depuis son enfance par le matraquage des annonceurs, il a complété sa formation par des émissions spécialisées (que nous avons précédemment citées), qui lui ont révélé les principes de la rhétorique publicitaire, lui permettant de dissocier d'un côté le discours séduisant de la communication de marque, et de l'autre la démonstration rationnelle de la communication produit. Il n'est plus dupe et cela flatte son « Je ». Il peut s'enorgueillir de posséder un avis respectable sur la question publicitaire. De plus, il est assoiffé de nouvelles expressions publicitaires tant dans la forme que dans le fond. Il analyse la publicité comme un miroir de son époque, un travail sociologique immédiatement compréhensible. Il commence à la considérer comme un challenge intellectuel gratifiant, à lui de trouver la solution aux différentes questions qui lui sont posées : « quelle est la cible du produit, son bénéfice, son concept de communication, le décalage stratégique par rapport aux autres communications sectorielles, l'identité de marque émise...? ». La communication peut être considérée comme un lien puissant entre la marque et le consommateur, dont le ressort devient le succès ou l'échec du décodage.

La publicité : source intarissable de communications interpersonnelles

Avec le temps, le consommateur a changé les fonctionnalités de la publicité. Elle est passée de moyen d'information au fort pouvoir de séduction à celui d'outil au service de communications interpersonnelles. Ces communications sont mises au service de la conversation quotidienne avec les autres et de l'expression de soi.

---

1. « Chaque consommateur est en mesure aujourd'hui (...) de relativiser la rhétorique de séduction du discours publicitaire », *les Cahiers de l'Observateur*, « Reprise ou fin de crise ? Les nouveaux horizons de la consommation », *Cétélem, 2001.*

La publicité : sujet de conversation intarissable

La publicité est un formidable initiateur de conversations réelles et virtuelles entre les individus. En effet, elle occupe une place de choix dans ce grand sujet de conversation que représente le Nouveau.

Un besoin pressant de sujet de conversation, à la fois intéressant et sans risque : la publicité !

Parler d'une campagne à scandale ou, encore mieux, se faire le média de diffusion, sont extrêmement valorisants. Pour vous en persuader, regardez votre boîte mail professionnelle et comptez le nombre de vos correspondants qui vous ont envoyé la série culte des films BUDWEISER ou la toujours très attendue campagne KISS COOL.

Envoyer un film publicitaire est devenu un geste naturel pour l'individu, cela nous montre à quel point le consommateur entretient une relation différente avec la publicité. Le spot de publicité est évidé de sa raison d'être : le produit ou le service à vendre. Il devient un pur objet de loisir. Si vous décidez d'envoyer le dernier film RENAULT par exemple, vous ne serez pas jugé comme un agent de la marque, mais en tant que « diffuseur » de programmes de loisir. Si le film plaît et a offert au destinataire une parenthèse de trente secondes pendant ses heures de travail, vous serez remercié et on attendra avec impatience votre prochain mail, si au contraire le spot ne provoque aucun effet, alors là, c'est votre statut de bon communiquant qui sera écorné. La publicité n'est donc pas l'ennemi du buzz, bien au contraire elle peut être utilisée comme une source de contenu buzz.

La publicité : expression de soi

Le fait d'être le vecteur d'un message publicitaire n'est pas uniquement motivé par le besoin d'initier ou de nourrir une conversation. La publicité peut être utilisée comme un reflet réaliste ou fantasmé de notre Moi parfaitement compréhensible pour les autres.

Cela demande au consommateur une totale appropriation des valeurs véhiculées par l'annonce. Une expérience unique d'appropriation a eu lieu lors de la diffusion de la campagne télé d'aufeminin.com en septembre 2000. L'axe créatif de la campagne était de célébrer la communauté des femmes qui tous les jours communiquent dans les forums du site. Tout au long du film on pouvait observer des femmes dans la rue, se saluant en pianotant avec les doigts comme si elles étaient sur leur site préféré.

La réaction des internautes ne se fit pas attendre, spontanément un forum ayant pour sujet le film se créa. La première contribution du forum est un véritable témoignage autour du sentiment d'appropriation qui peut guider une consommatrice :

« salut à toutes les filles, surprise, il y a deux ou trois jours quand je me "connecte" à nouveau à cet autre écran cathodique un peu délaissé pendant mes vacances et qu'est ce que je vois ? une pub... et pas n'importe quelle pub... avec tout plein de belles jeunes femmes laissant éclater leur joie de vivre et leur sérénité dans une atmosphère de franche convivialité... femmes libres ou femmes libérées, peu importe. Et c'est censé être nous alors prenons-en de la graine !!! ».

Envoyer un film publicitaire à ses amis peut être une expression de sa personnalité. Ainsi, on peut envoyer les derniers films des marques les plus tendances pour simplement signifier que l'on est soi-même « tendance ». L'important ici est d'être le premier émetteur du film sous peine de paraître pour un branché « toc ».

L'envoi de film publicitaire n'est pas le seul moyen d'expression de soi. Porter toute forme de merchandising publicitaire s'apparente à des prises de parole de son Moi .

Ainsi, en 2000, il était extrêmement bien vu de porter un T-shirt arborant le personnage *Monsieur Propre*. Le détenteur du message transmettait alors deux messages clairs : je suis « hype » et « gay friendly ». Autre exemple de mise aux couleurs de la publicité par l'individu : la mode aux

États-Unis du T-shirt reprenant le logo emblématique de la marque informatique des années 80 ATARI sur un fond de couleur tendance (orange). Cette expression ne se limite pas à la célébration nostalgique d'une époque où chaque possesseur d'ordinateur pensait pouvoir pirater l'informatique de la NASA (voir le film *Wargame*), mais à une révolution sociologique : le changement de statut du *nerds* (fan d'informatique qui passe ses journées et ses nuits devant l'écran de son ordinateur), qui devient fréquentable pour la société voire même « Glam ! ».

Il faut enfin citer la tendance émergente du « Human branding », qui consiste à se faire tatouer le logo d'une grande marque. Particulièrement prisée par certains jeunes (comme le logo NIKE), la marque occupe alors un rôle extrême pour l'individu, elle devient la substitution des vecteurs traditionnels de valeurs que sont le religieux et le politique. La marque est ici consacrée comme un repère. Le consommateur et l'individu ne font alors qu'un, fusionnant dans une recherche d'appropriation totale de l'identité de la marque.

La publicité : source d'inspiration créative

La publicité peut être une source d'inspiration créative. Les comiques ont beaucoup utilisé la parodie de films publicitaires. En France, c'est en particulier les Nuls qui ont donné leurs lettres de noblesse au genre. Cependant l'année dernière a vu apparaître un phénomène nouveau : la parodie publicitaire réalisée par le consommateur lui-même.

La saga « Whassup » de BUDWEISER (mettant en scène des instants de vie conviviaux partagés par la communauté afro-américaine, ponctués par le cri de la complicité devenu culte : « whassup ! ») a été le déclencheur de ce phénomène aidée en cela par la démocratisation de la vidéo numérique.

La campagne « Whassup Budweiser » est une arme redoutable de buzz marketing. En effet, elle permet une appropriation immédiate du public grâce :

– à l'utilisation de personnages en tout point réalistes, que nous pouvons croiser tous les jours dans la rue (appelés « real people ») ;

– à la mise en avant d'un bénéfice consommateur en accord avec l'air du temps : la convivialité ;

– à la mise en scène d'un outil de communication interpersonnel immédiatement utilisable : le cri « Whassup ».

Le film *Whassup* a eu un double effet : le premier est l'appropriation par le grand public du cri « whassup » et le deuxième, le plus surprenant, la multiplication des films parodiques directement inspirés.

On dénombre plus d'une centaine de films parodiques réalisés par des consommateurs. Ils reprennent le gimmick « whassup » en l'intégrant à des univers aussi communautaires que la saga *Starwars*, la série *South Park* ou le film *Matrix*. Ces films ont connu un grand succès, d'abord hébergés sur des sites personnels, ils ont rapidement fait le tour de la planète grâce au buzz, pour enfin faire la couverture des grands médias qui ont loué leur créativité.

Au final, cette campagne de buzz marketing a généré deux valeurs ajoutées. L'une pour la marque BUDWEISER qui a créé, bien au-delà de ses espérances, un courant de sympathie jamais vu pour une marque d'alcool, et l'autre pour le consommateur qui a vu dans ces films une opportunité pour exercer sa créativité.

La publicité : objet d'introspection

La publicité depuis des décennies s'est éloignée de la réclame. La place prépondérante prise par la communication de marque a doté la création publicitaire d'une réflexion sur le monde, son futur et le rôle que doit y jouer l'homme.

« *Open Up* » pour NESCAFÉ, « *Think different* » pour APPLE, « *Déconnectez vous êtes sur Internet* » (signature imaginée pour MAGEOS), « *Avec CARREFOUR je positive !* » pour CARREFOUR, « *En avant le futur !* » pour UNITED TECHNOLOGIES , « *Inventez vous !* » pour PRINTEMPS, « *On n'a jamais autant respecté la nature des femmes* » pour YVES ROCHER.

Ces quelques signatures, qui ont été vues à de nombreuses reprises par le consommateur, sont autant d'invitations à la prise de recul sur le quotidien, voire même à l'introspection.

Nous sommes ici bien loin des critiques qui dépeignent la publicité comme une vaste opération planétaire de lavage de cerveau du consommateur.

PUBLICITÉ : MA DÉCHIRURE !

La publicité : pieuvre des temps postmodernes

L'idée même que la publicité puisse s'apparenter à une pieuvre des temps postmodernes passionne les journalistes. Le dernier exemple date de la rentrée 2001 avec l'ouvrage *Le livre noir de la pub*[1] de Florence Amalou. Ce livre est une enquête passionnante sur le pouvoir tentaculaire pris par la publicité à travers une double dimension : l'étude clandestine de nos faits et gestes qui renvoit directement au « Big Brother » fantasmé de Georges Orwell et l'invasion progressive du message publicitaire dans notre quotidien.

C'est un fait aujourd'hui qu'il n'existe quasiment plus dans nos villes un espace vierge de toute publicité. Elle est partout. L'analyse de Ignacio Ramonet dans le *Monde diplomatique* de mai 2001 est sans équivoque, elle devient la pieuvre publicitaire :

« *On estime actuellement, dans les pays développés, le mitraillage publicitaire à plus de 2 500 impacts par personne et par jour. La télévision française, toutes chaînes confondues, a diffusé, en 1999, plus de 500 000 spots... Dans ces conditions, un message publicitaire a fort*

1.Florence Amalou, *Le livre noir de la pub*, Stock, 2001.

peu de chance d'être perçu. Une enquête a confirmé que 85% de l'ensemble des messages publicitaires parvenant à un auditoire ne l'atteignent pas. Sur les 15% restants, 5% provoquent des effets contraires (« effet boomerang ») à ceux que l'on recherchait. Et seulement 10% agissent, en principe positivement. Encore faut-il savoir que ces 10% se réduisent, au bout de vingt-quatre heures, par oubli, à simplement 5%. La déperdition atteint donc 95% des messages publicitaires émis ! ».

Certaines associations comme *Paysages de France* luttent contre cette invasion qui est ainsi considérée comme un acte de « pubtréfaction » ou acte de pollution et défiguration des paysages urbains et non urbains. Ces associations mènent des actions commandos de destruction du mobilier publicitaire sur tout le territoire français.

Le consommateur est moins passif par rapport à cette invasion, il utilise les nouvelles technologies pour littéralement censurer toute forme publicitaire accompagnant ses programmes. Ce mouvement de destruction de la publicité a commencé sur Internet en réaction contre les abus de certains sites éditeurs qui multipliaient les publicités « pop up » (fenêtre s'ouvrant lors du téléchargement d'une page) qui nuisaient grandement à la qualité de lecture. Ainsi des groupes d'informaticiens à l'esprit libertaire ont proposé des petits programmes comme AdSubtract SE ou JunkBuster à télécharger gratuitement, et qui permettent de censurer l'intégralité des bandeaux et des « pop up » présents sur une page Web.

Cette prise de pouvoir du consommateur par rapport au matraquage publicitaire ne s'arrête pas au seul média Internet. Aux États-Unis, commencent à sortir les premiers magnétoscopes capables d'éliminer tous spots publicitaires se glissant au milieu d'un programme. Les marques prennent très au sérieux cette menace. C'est pourquoi, elles développent des approches de placement de produit au sein des programmes de plus en plus sophistiquées comme celle mise en place pour FEDEX dans le blockbuster de Tom Hanks et Robert Zemeckis : *Seul au Monde.*

La publicité : suppôt de la marque

Le nouveau consommateur est en contact permanent avec une critique acide faite contre les marques et leur alliée la publicité. Ces attaques provoquent un vrai trouble chez l'individu puisqu'elles sont en totale dissonance avec l'image de marque généreuse présentée en communication de marque.

La guerre contre les marques a été engagée aux États-Unis par un ancien employé de la GENERAL MOTORS, Michael Moore. Ce comique dénommé « le coluche américain » a utilisé l'arme de l'ironie pour condamner les méfaits des marques au nom du capitalisme triomphant, à travers différentes œuvres comme *Roger et Moi, The Big One.* Les marques ont été ainsi présentées sous un nouveau jour, se substituant aux politiques, face aux critiques des intellectuels qui leur ont demandé des comptes par rapport aux différentes conséquences sociales et écologiques de leurs activités.

Les marques sont représentées comme de véritables entités maléfiques, dont le plus fidèle allié reste la publicité. Dominique Quessada[1] (ancien publicitaire) dans *La société de consommation de soi* les décrit faisant d'elles un organisme totalitaire : « *La publicité assure une fonction fondamentale en liant les marques au sacré, au mystère de la création. La publicité, c'est toujours le pouvoir qui parle* ».

---

1. Dominique Quessada , *La société de consommation de soi*, Éditions Verticales, 1999.

Néanmoins, le travail de recherche qui fera le plus de mal à l'image des marques est sans conteste celui de Naomi Klein[1]. Ce best-seller international est une mise en pièces de la marque en quatre temps. Le premier temps *No Space* est un pugilat contre la présence rampante des marques via la publicité ; le deuxième temps *No choice* montre les limites du marché et la tendance naturelle des marques à devenir monopolistiques et dictatoriales contre toutes les critiques ; le troisième temps *No Jobs* établit un constat intransigeant envers les pratiques sociales de grandes marques aux États-Unis et dans les pays « usines » ; et enfin le quatrième temps *No logo* est un manuel didactique du boycott au quotidien.

L'attaque n'est pas économique ou sociale, elle prend également une tournure sociologique dans le roman *Glamorama*[2], où le monde actuel est dépeint comme un univers futile, vide de sens, avec comme unique finalité la jouissance de se parer d'un objet de grande marque.

La France n'échappe pas à la règle, ainsi chaque semaine pendant un an, l'émission *Le vrai journal* de Canal + à travers sa rubrique « Le Bidule », dresse un portrait sans concession d'un groupe de trois amis condamnés dans une liberté virtuelle, surveillés par la Marque toute-puissante « Bidule ». Le consommateur ne sort pas indemne d'une pareille attaque en règle et cet objet de loisir, voire de plaisir pour certains, devient honteux.

Le buzz prend en compte ce changement de situation. Il réclame à son tour la tête des marques qui fautent et n'hésite pas un instant à condamner les communications présentant ces marques comme des sociétés à la droiture inaltérable.

---

1. Naomi Klein, *No Logo : La tyrannie des marques*, Actes Sud, 2001.
2. Bret Easton Ellis, *Glamorama*, Laffont, 2000.

L'émetteur du buzz ne peut se permettre d'être l'agent d'une marque malveillante, sous peine d'être déclaré suppôt de celle-ci au même titre que sa publicité. La pensée de Quessada prend ici tout son sens : « *Chaque homme qui accepte une marque montre qu'il en accepte la tyrannie. Ainsi il la propage. Chaque homme arborant une marque se tient dans la servitude volontaire...* ».

Les marques n'ont pas mis longtemps à réagir face à cette diabolisation. Deux stratégies ont été mises en place. La première exploite le registre de la marque solidaire, qui n'hésite pas à pactiser avec les boycotters et à mettre ses supports publicitaires au service du boycott. Il s'agit en particulier de BODY SHOP qui a mis (depuis août 2001) en service en Angleterre deux bus de livraison arborant un drapeau appelant au boycott d'ESSO. Ainsi par cette arme, BODY SHOP fait elle-même partie du buzz consumériste appelant au développement des marques éthiques. Le bénéfice est maximal pour la marque qui, il est vrai, est depuis ses origines une référence en matière de protection animale.

La deuxième stratégie est encore plus radicale. Il s'agit d'une analyse simple : aujourd'hui de plus en plus de consommateurs (en particulier les bobos) ne supportent plus d'acheter des produits « logotisés » qui les transforment en hommes-sandwichs des marques. Le triomphe de l'esprit « no logo » en quelque sorte. Il faut donc proposer des produits portant la trace d'une marque totalement invisible pour toujours continuer à vendre.

Le succès des magasins japonais MUJI (lieu culte de la tendance) à travers le monde est un témoignage de ces nouvelles marques qui surfent sur la tendance de la marque transparente.

La publicité : cœur d'un système d'asservissement

La journée sans achat du 24 novembre 2001 avait pour colloque central : « La pub, nouveau visage du totalitarisme ». Elle était le symbole de ce courant de pensée très influent qui considère la publicité comme les fondements d'un système d'asservissement de l'homme par le couple publicitaire/annonceur.

Cette dénonciation est d'autant plus forte qu'elle vient de l'intérieur.

En effet, la publicité souffre d'une bien étrange maladie : la trahison sans équivoque de certaines personnes qui la font au quotidien.

En effet, ses plus grands pourfendeurs sont tous d'anciens publicitaires. Les exemples sont nombreux : Beigbeder, Quessada, le Comité des Créatifs contre la Publicité (le CCCP), le RAP… Tous condamnent le système mis en place par la publicité, basé sur l'art de la manipulation, la création de besoin inexistant. L'initiateur de ces mouvements est Dominique Quessada, à travers *La Société de consommation de soi* à la couverture pour le moins explicite puisqu'elle présente l'emblème du communisme (fossile et marteau) se transformant par un effet de morghing en logo de la marque MCDONALD'S. À cet effet, l'émission *Rive Droite Rive Gauche* de décembre 1999 présentant un débat entre l'école publicitaire traditionnelle représentée par Seguéla et la nouvelle école critique (Quessada et Beigbeder) était annonciatrice des futurs tourments qui allaient frapper la publicité.

La publicité est aujourd'hui présentée comme un exercice dictatorial, une machine qui transforme l'individu en mouton prêt à consommer sans rechigner, un système qui mène à la dictature de l'économique sur l'humain. Ce mouvement contestataire a trouvé un vecteur de poids dans le best-seller de Frédéric Beigbeder et plus particulièrement ce passage clé de *99 Francs* :

« Les dictatures d'autrefois craignaient la liberté d'expression, censuraient la contestation, enfermaient les écrivains, brûlaient les livres controversés. (…) Pour réduire l'humanité en esclavage, la publicité a choisi le profil bas, la souplesse, la persuasion. Nous vivons dans le premier système de domination de l'homme contre lequel même la liberté est impuissante. Au contraire, il mise tout sur la liberté, c'est là sa plus grande trouvaille ».

La meilleure arme pour combattre ce système est d'utiliser ses propres armes, ils en conviennent tous. La parodie acide d'annonces publicitaires est un exercice particulièrement prisé. C'est la spécialité des revues canadiennes *Adbuster* et française *Casseurs de Pub*. D'autres exercices parodiques se sont développés sur Internet, ils ont amené des scandales aussi médiatiques que les fausses annonces AUBADES qui dénonçaient le rôle dégradant joué souvent par la femme dans la publicité ou les fausses annonces TOTAL après le naufrage de *l'Erika*.

Le consommateur est également un relais de ces différentes condamnations, à travers ses différents canaux de buzz : ses conversations où il n'a cessé pendant des mois de commenter les ouvrages condamnant la publicité, son site personnel où il héberge ces créations parodiques, ses mails qui les véhicule et même ses vêtements et en particulier ses t-shirts qui peuvent être le vecteur de campagnes « anti-pub » violentes comme celle qui rattachaient la marque ADIDAS à la consommation de cannabis aux États-Unis.

La publicité : symbole d'un système idéologique contesté

Les mouvements anti-publicitaires sont à englober dans un courant de pensée beaucoup plus large, celui de l'anti-mondialisation. Le mouvement Adbuster jouait un rôle extrêmement actif dès l'événement fondateur du mouvement anti-mondialiste, (la réunion du G8 à Seattle en 1999), en faisant diffuser alors leurs fausses campagnes sur CNN ou sur de nombreuses radios locales.

L'idée anti-mondialiste est en plein essor, en particulier auprès des jeunes (15-25 ans) en mal de combats idéologiques par rapport à leurs aïeux. Elle repose sur une solidarité avec l'ensemble des laissés-pour-compte, en particulier les victimes de l'immigration clandestine (les sans-papiers en France), l'annulation de la dette du Tiers-Monde par la taxation des transactions boursières (taxe Tobin) et surtout une lutte contre la globalisation économique et au-delà le capitalisme.

La nouveauté apportée par cette idée provient des populations vecteurs de ces principes. En effet, elle dépasse de très loin les sphères traditionnelles de l'anarchisme ou de l'extrême gauche. Soutenue par un discours à la fois généreux et pragmatique dans le fond et spectaculaire par la forme, cette idée a su séduire des catégories (étudiants, cadres, journalistes…) dont l'engagement politique était totalement endormi. Poussé par une couverture médiatique croissante (voir le portrait sympathique du *Vrai Papier Journal* d'octobre 2001 sur « La jeune Garde Antiglobalisation », le dossier « Êtes-vous Bobo ? » du *Nouvel Observateur* du 5 juillet 2001 et son sondage « En êtes-vous ? ». En particulier la question 12 : « Soyons engagés, boycottons. Mais quoi ? »). Être aujourd'hui un supporter du mouvement anti-mondialisation revient à être tendance.

Cela a une implication redoutable sur le buzz et au-delà sur la publicité et les marques.

« Deux intoxications à la pensée anti-mondialiste » sont possibles pour le buzz. La première revient à exprimer son hostilité envers l'idée même de consommation et au-delà du système capitaliste, dans un souci de normalisation sociale, ce qui mènerait à une baisse radicale de la préconisation entre consommateurs. La seconde, plus extrême, amènerait à diaboliser toute forme de publicité et ainsi à créer une position de boycott systématique, illustrée par un conseil intitulé « Juste ignore-les » troisième des dix conseils pratiques pour vivre du *Technikart* d'avril 2001 : *« Arrêtez de commenter à l'infini les campagnes de pub. Ce ne sont pas des œuvres d'art, même quand elles imitent les codes. En en parlant, vous ne développez pas particulièrement votre sens critique, vous devenez des publicitaires non remunérés »*.

Une idée rampante surgit donc, une diabolisation de la publicité illustrée par « À bas la pub ! » hors série de *Charlie Hebdo* 2001, elle tend à se transformer en pensée unique !

Cette position nouvelle se retrouve dans un article d'Arnaud Viviant au lendemain de l'attentat du World Trade Center, dans Les *Inrockuptibles*, 18 septembre 2001 :

« Et au moment où tout le monde parlait de l'effondrement d'un symbole du capitalisme triomphant, un autre symbole de ce même capitalisme s'effondrait : il n'y avait plus de publicité. Six heures ont pu passer sans qu'on voie le moindre écran publicitaire sur des chaînes commerciales ».

LA PUBLICITÉ : VICTIME DE LA CRISE DE CONFIANCE DU CONSOMMATEUR

Au-delà des réflexions idéologiques sur la publicité, on peut dès lors se questionner sur son pouvoir réel concernant l'acte d'achat du consommateur.

Nombreux aujourd'hui sont les marketers américains à combattre le pouvoir de la publicité. On peut en particulier mettre en avant cette phrase sans appel tirée de *The Cluetrain Manifesto, The End of Business As Usual* :

« Nous sommes immunisés face à la publicité. Laissez tomber ».

L'image de la publicité a particulièrement souffert de la chute de la nouvelle économie. Elle s'est vue reprocher, avec raison, d'avoir participé à la faillite infernale des dotcom, du fait des investissements somptuaires dont elle a bénéficié, sans pour autant amener les résultats promis.

Aujourd'hui, il est intéressant de mettre en avant un comportement particulièrement différent entre les moins de 35 ans et les plus de 35 ans par rapport à la publicité.

En effet, l'étude Technographics de Forrester (avril 2001), nous montre que pour les plus de 35 ans, la publicité est un outil fondamental à consulter avant d'acheter, plus important que l'avis provenant de la famille ou des amis. À contrario, aux yeux des moins de 35 ans, la publicité est moins importante à consulter avant d'acheter que l'avis des amis, de la famille, des différentes critiques faites autour du produits et, au-delà, de l'avis des utilisateurs de l'objet désiré.

Une publicité de moins en moins vécue comme indispensable pour acheter, conjuguée à une expertise du consommateur qui l'amène selon les *Cahiers de l'Observateur du Cétélem* « *à bien faire la scission entre l'image qu'on veut lui donner et l'image réelle du produit* ». Autant de signes d'une crise de confiance profonde.

LA PUBLICITÉ OU LA RÉCUP' DU BUZZ

Les marques et les publicitaires sont totalement conscients de ce risque d'éloignement entre eux et le consommateur. *The Cluetrain Manifesto* va plus loin en proclamant qu'aujourd'hui le consommateur et la publicité ne parlent pas le même langage, ce qui nuit grandement à l'influence de cette dernière.

Pour retrouver l'influence originelle, il faut une parole commune, permettant de retrouver la proximité du quotidien perdue.

Certaines marques, en recherche de complicité, tentent de préempter l'idée même de buzz dans leur communication. Le premier à avoir tenté l'expérience à la fin des années 90 fut SFR, dans l'une de ses communications. Le cœur du spot publicitaire reposait sur la mise en scène de communications entre consommateurs, néanmoins le ton était quelque peu condescendant envers ces dialogues de la rue, puisqu'il montrait l'incapacité de « monsieur tout le monde » à faire passer la nouvelle offre de l'opérateur en téléphonie : le principe ancestral du « téléphone arabe » en quelque sorte.

Les compagnies aériennes sont friandes d'appropriation de l'idée de buzz comme peuvent en témoigner les compagnies ALITALIA et BUZZ de KLM.

La compagnie italienne Alitalia utilise aux États-Unis l'icône de la femme fatale italienne pour inciter tous les consommateurs à venir faire partie de la chaîne du buzz créée par les clients de la marque. La consécration du pouvoir consumériste à travers le buzz est ici totale.

La compagnie KLM va encore plus loin en créant une société appelée BUZZ, « La compagnie aérienne à bas prix de KLM ». La mission de la marque est une véritable prise en compte de la fracture entre les consommateurs et les annonceurs exprimée dans le *Cluetrain Manifesto*. En effet, BUZZ positionne son offre à travers l'exigence du prix bas et surtout de la simplicité. Les communications de BUZZ se mettent au service de ce positionnement grâce à une extrême simplicité (prix exceptionnel + description du voyage) loin des réflexions apaisantes d'AIR FRANCE.

Le ciel n'a pas le monopole de l'appropriation du buzz, ni des outils classiques de la publicité que sont les annonces presse ou l'affichage. Les VIRGIN MEGASTORE ont enclenché depuis peu une logique d'appropriation tout droit tirée des approches utilisées par les grands médias : la starification du buzz.

Le buzz est mis sur les feux de la rampe par VIRGIN MEGASTORE à travers son consumer magazine *Virgin Mega Press* et la première rubrique du magazine intitulée « Videz votre sac ». Ces « Chroniques du public » se font grâce à un micro-trottoir à la sortie du VIRGIN MEGASTORE et sont un condensé du buzz ambiant autour des univers musicaux, littéraires et DVD. Des inconnus photographiés se présentent à travers leurs consommations de produits culturels, leurs commentaires mélangeant sensibilité et analyse critique. Le consommateur fait preuve au grand jour de son expertise, il a gagné sa place au milieu des sacro-saints critiques, tout un symbole !

UN CHANGEMENT DE PARADIGME

L'évolution conjointe du consommateur et des nouvelles technologies de l'information et de la communication ont généré un nouvel individu consumériste. Un individu privilégiant l'authenticité dans la consommation, un individu mettant en place une forme de consommation dont le socle tend à devenir la résistance par rapport aux marques. Un individu dont la caractéristique fondamentale est qu'il est communiquant. En marketing, tout commence par le consommateur. Toute évolution de ce dernier a donc des conséquences, si ce n'est sur le fondement de la discipline, tout du moins sur les modes opératoires et stratégiques qu'elle met en jeu. Et cette transformation de l'individu en consommateur communiquant, parce qu'elle touche à la source même du marketing, ne pouvait avoir que des implications importantes, ne générer que des changements de paradigmes, des mutations de certains principes fondateurs. Parce que le buzz est l'un des fils principaux qui relie ces nouveaux consommateurs entre eux, l'évolution et l'augmentation de l'importance du buzz ont eu un effet majeur sur l'un de « ces grands principes ». Toute mise en place de stratégies marketing nécessite l'usage de support, de médium. Le développement du marketing et l'avènement de la communication dite de masse donnaient à ces médias une importance cruciale. Sur les traces de Mc Luhan[1], s'était érigé alors un concept résumé en une phrase qui lui donnait toute sa dimension :

« Medium is message »

Dans le cadre du bouche-à-oreille, ce concept se doit d'être transformé, modifié pour donner naissance à ce qui pourrait être une loi fondatrice d'un marketing du bouche-à-oreille, d'un marketing du buzz, du « Buzz Marketing » :

« People is message »

---

1. Marshall Mc Luhan, *Pour comprendre les médias : les prolongements technologiques de l'homme*, Le Seuil, Paris, 1977.

2

LE MARKETING DU BUZZ

Du bouche-à-oreille au buzz marketing

LES QUATRE PILIERS DU MARKETING

« 4P »… et un « B »

La mutation du marketing en « marketings » a été la source d'une littérature abondante. L'apport des nouvelles technologies de l'information et de la communication a amené une réflexion concernant ce que l'on a appelé les quatre piliers du marketing : les « 4P ». L'une de ces ré-interprétations ou modifications nous a été donnée par Frank Feather dans son ouvrage intitulé *Le Futur consommateur*[1] ». Cette évolution vient renforcer le pouvoir du buzz.

P comme Produit Dans cette nouvelle grille de lecture les produits doivent désormais posséder des qualités uniques aux yeux de chaque consommateur. Ils ne doivent plus plaire à « tout le monde », mais plaire à « chacun ». Le consommateur ne devrait donc plus être vu en tant que segment mais en tant qu'individu. L'enjeu de la compétition des entreprises se transforme de parts de marché en ce que Feather nomme « *des parts de consommateurs* ». Nous devons passer d'une « *massification* », d'une homogénéisation du produit à du sur-mesure, du « *sur-mesure de masse* ».

---

1. Frank Feather, *The Future Consumer*, Warwick Publishing, 1997.

P comme Prix Promotion, rabais ne doivent plus constituer les éléments fondamentaux des nouvelles politiques de *pricing*. Car la notion d'information sur la valeur d'un produit a pris le pas sur la notion de prix chez le nouveau consommateur. Il ne tolère plus l'incertitude qui caractérisait la fixation du prix. Le prix est devenu un élément indissociable du produit, indissociable de sa globalité. Il se doit d'être expliqué, d'avoir du sens. Lui aussi va tendre à se faire sur-mesure. Mesure dont l'élaboration devra intégrer des éléments en fonction du consommateur (fidélité…).

P comme Place Avec l'arrivée des nouvelles technologies de l'information et de la communication, les notions de lieu et de temps ont explosé, ont pris de nouvelles dimensions. Ce n'est plus le distributeur qui fixe le lieu d'achat, le lieu de consommation, c'est le consommateur. L'avènement des canaux de distribution numériques et le déploiement des nouvelles plates-formes de livraison tendent à redonner ce pouvoir aux consommateurs. Mais cette explosion des dimensions géographiques et temporelles sont bien évidemment une aubaine pour toutes les entreprises et tous les responsables marketing car elle étend l'acte de consommation. Le nouvel individu pourra consommer partout et tout le temps.

P comme Promotion Si elle n'était pas encore morte, la publicité de masse rend son dernier souffle. Elle est remplacée par un dialogue avec le consommateur. Il s'agit de créer une relation personnelle et durable entre la marque et le consommateur. Une relation interactive, presque éducative pour l'un comme pour l'autre. Pour à la fois construire un consommateur plus fidèle et répondre à la méfiance de ce dernier envers la publicité.

Ces théories ne sont pas nouvelles, la plupart d'entre elles ont déjà été exprimées, mais juste dans une forme moins explicite. Nouvelles non, mais de plus en plus importantes, certainement. Nouvelle par contre semble l'importance prise par le bouche-à-oreille. Le consommateur communiquant n'a-t-il pas transformé cet élément souvent présent dans les plans de communication en un nouveau pilier du marketing ? Un cinquième pilier.

Le pilier « B » comme « Buzz » ...

RIEN DE NOUVEAU

Le bouche-à-oreille est loin d'être un phénomène nouveau. Il a été souvent étudié tant par les sociologues que par les spécialistes des rumeurs[1]. Il est aussi très connu des marketers[2] qui confèrent à cette « *forme de communication interpersonnelle entre consommateurs ayant pour objet leurs expériences personnelles avec un produit ou une entreprise[3]* » des atouts marketing puissants. Plus étudié dans sa forme négative, le rôle des conversations autour d'un produit ou d'une marque dans la diffusion de nouveaux produits ou de nouvelles marques a été clairement identifié[4]. Le bouche-à-oreille a fait la preuve tant de son incidence sur un marché que sur le rôle persuasif qu'il a sur le consommateur. Ernest Dichter[5] a montré que le bouche-à-oreille « *positif* » était prompt à augmenter les intentions d'achats du consommateur envers des produits innovants. De même, il aide à donner une image favorable à une marque ou à un produit et peut ainsi être un facteur non négligeable conduisant à la réduction des dépenses publicitaires et promotionnelles. La création d'un environnement

---

1. Kapferer, Jean-Noël, *Rumeurs, le plus vieux média du monde*, Éditions du Seuil, 1987.
2. Katz, Elihu and Paul F. Lazarsfeld, *Personal Influence*, Glencoe III The Free Press, 1955.
3. Richins, M.L., *Word-of-Mouth communication as negative information*, in Advances Consumer Research, Volume 11.
4. Arndt, J, *Role of product-related conversations in the diffusion of a new product*, Journal of Marketing Research Volume 4, 1967.
5. Dichter Ernest, *How Word-of-Mouth Advertising Works*, Harvard Business Review, volume 44, 1966.

permettant au bouche-à-oreille de se développer et de se propager a donc toujours été une préoccupation des responsables marketing. Ainsi le bouche-à-oreille a souvent été présent dans les mix marketing. Même dans les périodes de règne de la communication et du marketing de masse, certains auteurs ont estimé que près de 80% des décisions d'achats des consommateurs étaient influencées par le bouche-à-oreille ou les recommandations directes[1]. C'est donc naturellement que l'étude du bouche-à-oreille et de ses tentatives de modélisation a envahi la littérature marketing. Et c'est tout aussi naturellement que certaines industries comme la mode ou le cinéma en ont fait une de leur discipline favorite. Utilisation des réseaux d'influence, communication auprès des leaders d'opinion, création de réseaux de distribution entre consommateurs (dont la stratégie la plus connue est certainement celle de TUPERWARE et des réunions du même nom qui perdurent depuis près de 40 ans) sont les ingrédients indispensables à toute mise en œuvre de stratégies de bouche-à-oreille. Jusqu'ici rien de bien extraordinaire, l'utilisation de ces réseaux d'influence et de prescripteurs est connue si ce n'est maîtrisée. Le bouche-à-oreille ne constitue alors ni une révolution, ni même une discipline « phare », mais l'apparition d'Internet va lui redonner une nouvelle dimension.

DU WORD-OF-MOUTH AU WORD-OF-MOUSE

Ronald Burt[2] a montré dans son analyse du bouche-à-oreille qu'il se structurait sous forme d'un réseau, d'un réseau invisible construit autour des communications entre consommateurs. Il a aussi montré l'interaction entre les structures sociales des acteurs du bouche-à-oreille et le réseau qu'ils forment. C'est ce réseau autrefois limité dans l'espace qui va, grâce à Internet, connaître un développement sans précédent. Grâce au réseau

---

1. Voss Philip Jr, *Status Shifts to Peer Influence*, Advertising Age, Mai 1984.
2. Burt, Ronald S., *Models of Networks Structure*, Annual Review of Sociology, 1980, volume 6, Palo Alto Ca.

des réseaux le consommateur va trouver de nouveaux outils lui permettant de partager l'information avec un plus grand nombre de personnes, plus rapidement, plus facilement. Avec ce nouveau moyen de communication le consommateur va pouvoir non seulement communiquer et échanger des informations avec des personnes de sa sphère de connaissance, mais aussi avec des personnes qui lui sont totalement inconnues. Il a à sa disposition des moyens puissants d'expression : il peut envoyer des e-mails, il peut participer à des discussions avec plusieurs centaines de personnes dans ces nouveaux espaces que constituent les chatrooms ou les newsgroups. Mais il a aussi accès gratuitement aux outils qui lui permettent de créer ses propres lieux d'expression, ses propres éléments de communication comme le ferait une marque : sa propre mailing-list, son propre forum ou newsgroup, son propre site Web, ses propres publicités et supports de publicité qu'il peut relier ou échanger avec ceux d'autres consommateurs tout aussi facile-ment. Ainsi le consommateur peut créer son propre réseau sur lequel ou en dehors duquel il pourra s'exprimer librement sur les produits, sur les marques... À l'instar des entreprises maintenant grâce à Internet le consommateur peut créer et diffuser ses propres médias. L'interactivité[1], les coûts faibles voire inexistants, l'explosion de la dimension temporelle, la prolifération de réseaux, d'espaces de discussion, de communautés ont fait d'Internet le lieu du bouche-à-oreille. Ce lieu d'un bouche-à-oreille électronique repose sur un processus de communication écrite et a l'exceptionnelle capacité de garder en mémoire l'ensemble de ces conversations permettant ainsi de diffuser, non plus une parole médiatique ou publicitaire, mais une parole de consommateur tout en laissant une trace visible et en permettant son accès. La sphère d'influence de chacun s'en trouve incroyablement augmentée et les effets du bouche-à-oreille vont, quant à eux, être démultipliés.

---

1. « Activité de dialogue entre un individu et une information fournie par une machine », *Le Robert*.

**Différence entre le bouche-à-oreille
classique et numérique**

Facteurs de démultiplication du bouche-à-oreille

L'interactivité permanente

La propriété la plus importante d'Internet demeure sans nul doute l'interactivité, cette possibilité offerte aux consommateurs de dialoguer avec une entreprise, de parler entre eux instantanément sans contraintes géographiques. Cette interactivité est non seulement puissante mais aussi permanente, le réseau est accessible 24 heures sur 24, 7 jours sur 7.

Un faible coût pour l'utilisateur

Pour l'utilisateur le coût d'envoi d'un message est marginal : l'acquisition d'une boîte e-mail est gratuite, l'ensemble des logiciels lui permettant de créer son ou ses sites, ses supports de communication, sa propre publicité le sont aussi. Il en va de même pour la multitude d'outils graphiques, d'applications de création de vidéo, de montage de films, de son… Des fournisseurs lui proposent d'héberger gracieusement ses sites Web, webzines, newsletters ou listes de diffusion.

La spécificité des applications

Les différents logiciels de messageries intègrent des fonctionnalités permettant à l'utilisateur une optimisation de ses communications : l'envoi groupé, les fonctions répondre et rediriger qui lui évitent de ressaisir les données du message, les carnets d'adresses qui lui permettent de créer ses listes de diffusion, la fonction copie cachée qui lui permet de rediriger un mail sans que l'on voie l'adresse de son ou de ses correspondants.

La multiplication des espaces de discussions et des communautés

Internet a permis la création d'espaces de discussions thématiques (professionnelles ou non) et de communautés d'intérêt immédiatement accessibles.

La création des listes de diffusion

L'inscription à ces listes thématiques permet d'être informé par e-mails et donc facilite la diffusion de l'information.

L'accès aux médias

Avec Internet c'est l'ensemble de la profession journalistique que le consommateur peut dorénavant joindre par e-mail, la plupart des sites médias mettent en effet en ligne le mail de leurs équipes de rédaction.

Le rôle central joué par les effets des technologies

La première question qui se pose est celle des capacités technologiques de transmission et de leurs limites actuelles. En effet, une surcharge informationnelle peut amener à des périodes de saturation[1] tant des réseaux que des individus.

Le second problème que peut rencontrer le bouche-à-oreille numérique, c'est l'absence de prise en considération de la dimension écrite de l'émission de message sur Internet. Le médium de circulation de l'information sur le réseau reste l'écriture et cette dernière impose certaines contraintes. Première contrainte, l'écriture n'a pas la fluidité de la parole en terme de propagation. Au contraire, elle est même pourvue d'une certaine viscosité qui lui confère sa stabilité. Par conséquent, dans l'état actuel des techniques, l'idée qu'Internet offre une communication plus directe doit être relativisée puisque l'essentiel des informations entre internautes sont transmises sur support écrit par le biais des messageries. La matérialité du texte a des effets de sens sur les individus. Ainsi, malgré les efforts faits dans la transmission d'émotion, l'écriture ne peut permettre la transmission de celle-ci. On retrouve les contraintes que l'on trouvait dans la publicité écrite (journaux ou affiches). On peut cependant

---

1. Information Overload.

remarquer que le recours généralisé aux webcam ou le développement des films vidéo à un format permettant un téléchargement facile va dans un proche avenir combler cet inconvénient.

Un espace idéalisé

L'architecture en réseau d'Internet a des effets non seulement sur les possibilités de communication en permettant de toucher un espace global, jusque dans sa dimension la plus locale, mais aussi en terme de culture. En effet, le fonctionnement d'Internet peut être vu comme une utopie réalisée, un espace idéalisé où les contraintes de la vie sociale sont mises entre parenthèses. Ceci peut permettre :

• La juxtaposition des espaces

L'absence de hiérarchie, le sentiment d'une relation de réciprocité. Le propre de la logique de réseau est son imprévisibilité et le pouvoir créatif de l'interaction. Ces valeurs inscrites dans l'architecture d'Internet et de son interface multimedia, le Web, sont revendiquées par les internautes eux-mêmes comme étant des valeurs fondant une sorte de tronc commun qui doit être partagé par tous les utilisateurs.

• La dé-réalisation de l'identité

Internet est un espace où chaque internaute peut acquérir une multiplicité d'identités. Il convient donc de garder à l'esprit l'émergence de processus d'identification marqués par leur caractère ludique et très fluide dans le temps.

Les communautés virtuelles[1] : une nouvelle forme sociale

La notion de « communauté » s'est imposée en cinq ans comme le terme permettant de caractériser les regroupements d'internautes autour d'intérêts et/ou de goûts communs. À l'inverse des notions comme le

---

1. Nous reviendrons sur cette notion dans un chapitre qui lui est entièrement consacré : « Phénomène communautaire et marketing ».

segment de marché ou le créneau que l'on trouve abondamment dans la littérature économique classique, la communauté met l'accent sur le sentiment d'une identité partagée à laquelle chaque membre contribue.

Le premier ressort d'une communauté est le partage et surtout le sentiment de partager un trait commun que ce soit un intérêt ou autre chose. Ce trait commun joue comme une contrainte, une obligation que chaque membre doit remplir à l'égard de sa communauté d'appartenance. Il est donc particulièrement nécessaire de pouvoir déceler le niveau de densité des liens unissant les membres de la communauté[1]. Cela pose les problèmes de loyauté dans l'affiliation et de participation à la vie communautaire. Plus la personne s'identifie à sa communauté, plus elle aura tendance à être active et vouloir prendre part à la construction de sa communauté. Mais on occulte trop souvent que cette définition des « insiders » passe par la définition en opposition aux « outsiders » autrement dit ceux qui sont exclus de la communauté. Et en ce domaine, les logiques de rumeurs, de commérage jouent un grand rôle[2]. En effet, le commérage a une double fonction intégratrice et discriminante. Intégratrice au sens où il permet la diffusion des représentations et de valeurs communes. Discriminante par la stigmatisation de ce qui est jugé comme extérieur aux normes de la communauté. Cette distribution des louanges et des blâmes joue un rôle central dans la constitution des communautés car elle permet l'inclusion mais aussi l'exclusion de ceux qui ne sont pas ou plus jugés conformes aux valeurs communautaires.

---

1. Cohen Anthony P. , *The Symbolic Construction of Community*, Londres & New York, Routledge, 1985.
2. Elias Norbert, *Logiques de l'exclusion*, Paris, Fayard, 1997.

ICQ ET LES ORIGINES DE LA CROISSANCE VIRALE

ICQ première messagerie instantanée sur Internet permet à plusieurs personnes de discuter en temps réel. Elle est apparue sur le réseau en novembre 1996, lancée par la société MIRABILIS fondée par un groupe de jeunes qui n'avaient pas les moyens de consacrer le moindre dollar au marketing. Pourtant ICQ atteindra en un an plus de 5 millions d'utilisateurs. Et moins de deux ans après son lancement 12 millions de personnes auront déjà téléchargé le fameux logiciel. Là où la société MIRABILIS a développé une stratégie particulièrement efficace, c'est en recourant à la gratuité. Le succès d'ICQ est à trouver dans le coût marginal de la contrainte technologique (gratuité). On peut même parler d'une conversion d'un coût en bénéfice. L'acquisition d'ICQ étant gratuite dans la logique désormais connue du *freeware*[1], la contrainte technologique disparaît – tout en restant bien présente en réalité – au profit d'une perception centrée sur les avantages en terme de communication. ICQ devient donc un bien collectif, un bien collectif inclusif[2]. La logique utilitariste d'une recherche d'optimisation des coûts de communication joue alors à plein. On contacte un tiers, bien plus pour lui proposer d'utiliser un service commun parce que ce dernier permet une communication plus efficace, que pour partager une identité

---

1. Les logiciels *freeware* ou gratuiciels sont des logiciels versés au domaine public en raison du renoncement de son auteur à ses droits patrimoniaux. Au contraire des *shareware* ou partagiciels qui sont des logiciels mis à la disposition du public par son auteur (qui en garde une clé) moyennant le versement d'une contribution en cas d'utilisation effective.

2. On doit cette notion de « bien public inclusif » à l'économiste américain Mancur Olson. Ce dernier oppose les « biens publics exclusifs », qui sont marqués par l'impossibilité de l'exclusion au sein d'un groupe donné mais dont la fourniture n'est pas indivise, si bien que les membres du groupe peuvent espérer tenir à l'écart ceux qui n'en sont pas membres, aux « biens publics inclusifs » où en plus de l'impossibilité d'exclure s'ajoute l'indivision de la distribution. Ainsi les membres supplémentaires peuvent venir en profiter sans diminuer la part qui revient à chacun des membres du groupe.

communautaire comme l'ont présenté certains articles de presse. La gratuité du logiciel qui se révèle faiblement contraignant d'un point de vue technologique a permis de créer une niche technologique en perpétuel développement, s'appuyant sur un effet de réseau[1], sur une croissance qualifiée de virale par son créateur Yossip Vardi, et sur un effet de seuil technologique. Croissance virale et effet de seuil technologique se redoublent et s'auto-entretiennent à tel point qu'on ne peut les dissocier. Rapidement le nombre exponentiel de consommateurs va imposer le service ou le produit comme dominant par une logique à la fois mimétique et technologique. La réussite d'ICQ repose sur une stratégie d'effet de seuil technologique : pour pouvoir entrer en communication avec une personne, il est nécessaire de disposer d'un protocole technologique commun. En d'autres termes, mes amis doivent être équipés du même service que moi pour que je puisse communiquer avec eux ! Mais si le principe est facile à comprendre, plus difficile est d'inventer des technologies, des applications, des contenus mettant en œuvre les mêmes modèles de développement.

Les effets de la croissance virale

Ces effets de croissance virale ne sont pas propres à Internet, ils ont fait le succès de produits comme les cartes *Magic The Gathering*. Ces cartes, qui existent depuis dix ans, sont à collectionner, à jouer et même à vendre. Il en existe une cote financière, de nombreuses cartes atteignent les 15 euros, et la carte la plus chère coûte la bagatelle de 630 euros. Ou plus récemment du jeu *Pokemon* lancé par NINTENDO sur *GameBoy* en 1999 qui a été un succès fulgurant : plus de 51 millions de cartouches de jeux ont déjà été vendues dans le monde. Il s'y est ajouté, en outre, des cartes et un film. Ce succès est certes accompagné par un marketing

---

1. Cet effet réseau porte le nom de loi de Metcalfe, Metcalfe, inventeur du protocole de réseau Ethernet et fondateur de la société 3Com postula que « la valeur d'un réseau est proportionnelle au carré de ceux qui l'utilisent ».

important et de nombreux produits dérivés mais il tient d'abord à la conception même du jeu : l'idée de proposer non un produit fini, mais une espèce de kit, évolutif et interactif, une application inutile pour vous si vous ne la partagez pas avec quelqu'un.

HOTMAIL ET LE MARKETING VIRAL[1]

En 1996 Sabeer Bhatia et Jack Smith créent Hotmail, un service inédit d'e-mail gratuit qui va connaître une incroyable ascension. Aujourd'hui Hotmail est le premier fournisseur d'e-mail gratuit au monde. Aussi incroyable que cela puisse paraître, il a recruté plus de 12 millions d'utilisateurs en moins d'un an et demi tout en ne consacrant pas plus de 500 000 dollars en marketing et communication. La croissance du nombre de ses utilisateurs demeure encore aujourd'hui comme l'une des plus rapides dans l'histoire de l'économie moderne. Au plus fort de son recrutement, Hotmail voyait le nombre de ses utilisateurs augmenter de 150 000 par jour et ce 7 jours par semaine. Ce succès foudroyant a reposé sur un principe simple : faire propager la marque et le service par l'intermédiaire de l'application et donc du consommateur. Pour ce faire, Hotmail a inséré automatiquement un message sur chaque e-mail envoyé par l'intermédiaire de sa messagerie : « Get Your Private, Free E-mail from Hotmail at http://www.hotmail.com ». Il suffisait à Hotmail d'attendre que ses clients se servent de leurs messageries, que les destinataires voient le message, cautionné de manière induite par l'envoyeur qui est aussi l'ami, la relation…, et d'attendre que ceux-ci activent le lien, ouvrent une boîte d'e-mail chez Hotmail et à leur tour se servent de leurs messageries.

---

1. L'expression marketing viral semble avoir été employée pour la première fois par Steve Jurvetson de la société de conseil Draper Fisher Jurvetson qui s'est occupée de Hotmail.

C'est en raison de l'analogie de ce mode de propagation avec celui des virus que Steve Jurvetson[1] a utilisé l'expression de marketing viral. Comme dans le cas de son cousin biologique, le virus marketing se propage à travers les e-mails, les réseaux, sans limites géographiques permettant à Hotmail d'être présent dans des pays où il n'a jamais communiqué.

Ce principe de bouche-à-oreille électronique organisé a été étendu. Le concept de « *people is message*[2] » a été appliqué à l'internaute qui est utilisé dès lors comme support de communication. Il s'agit pour l'entreprise de déclencher, propager, augmenter le bouche-à-oreille électronique sur ses produits, sa marque, ses innovations entre utilisateurs. Pour cela l'entreprise dispose, grâce à Internet, d'un certain nombre de moyens[3]. Internet permet de donner une définition du marketing viral : « *Le marketing viral c'est l'application d'une stratégie de mise en œuvre de l'ensemble des moyens online qui permettent de créer, de propager ou d'augmenter le bouche-à-oreille électronique entre consommateurs* ».

PREMIERS PRINCIPES DE MISE EN ŒUVRE DU MARKETING VIRAL

Après l'expérience Hotmail, les réflexions sur le marketing viral ont commencé à être engagées. Comme dans toutes théories naissantes, les auteurs ont essayé de définir des principes fondamentaux. Ces principes primaires simples du marketing viral ont été dégagés dans différents articles ou contributions d'auteurs d'outre-Atlantique. Nous en donnons ici les principaux, ceux qui dépassent les fondamentaux du simple bouche-à-oreille tels que nous les avons décrits plus haut. Il est toujours difficile d'établir la paternité de tels ou tels principes quand ceux-ci sont apparus en même temps ou nés du bon sens ou de la bonne compréhension de

---

1. « Viral Marketing », Steve Jurvetson et Tim Draper, The Netscape M-Files 1997
2. M. Mc Luhan, *op. cit.*
3. Voir le chapitre : « Les moyens du buzz marketing ».

l'outil et qu'ils ont été immédiatement portés à la connaissance de tous grâce à Internet. Certains principes se sont donc propagés par l'intermédiaire des systèmes[1] qu'ils décrivent. Les principes[2] généraux qui suivent vous sont livrés au prisme des réflexions actuelles plus avancées.

Gratuité de produits ou de services à valeur ajoutée

La gratuité est certes un élément catalyseur pour la diffusion du bouche-à-oreille électronique, elle a été et est toujours le principal atout pour la diffusion de nouveaux logiciels mais elle ne peut à elle seule constituer un élément déclencheur. Elle doit être vue dans le cadre de la mise à disposition pour l'internaute d'applications spécifiques, de jeux... appelés « goodies » mais aussi, nous le verrons, dans celui d'offres de services ou d'avantages réservés à une catégorie d'internautes. C'est une méthode largement utilisée pour les applications spécifiques au réseau qui permettent de lire des formats particuliers comme la vidéo et qui aujourd'hui sont présents sur la majorité des ordinateurs connectés. Ainsi Real Player (et d'autres Acrobat, Acdsee...) une application qui permet de lire les formats audio et vidéo propose une version basique de son produit téléchargeable gratuitement et a fait reposer sa propagation sur la mise en ligne de liens à travers tout Internet renvoyant au téléchargement de cette version gratuite.

Transfert facile et sans contrainte de l'information

Dans son support, le média qui porte le message doit être facile à transmettre et à dupliquer, son format doit être celui le plus répandu

---

1. Ainsi Seth Godin a diffusé gratuitement son ouvrage *Unleashing the Ideavirus* via un site interne dédié www.ideavirus.com.

2. Ils sont présents dans de multiples documents mais notamment dans une synthèse sommaire de Ralph F. Wilson, un consultant en e-business disponible sur Internet http://wilsonInternet.com/ebooks/. Nous la citons car vous risquez de la retrouver à de nombreuses reprises.

(notamment pour les formats image ou vidéo). Le message doit être court et simple. Dans son développement, le marketing viral a substitué à la notion de simplicité celle du « stickiness factor[1] » des applications ou des messages envoyés.

L'utilisation des réseaux existants

Le principe fondamental est de s'appuyer sur l'ensemble des réseaux existants, d'y intégrer son message et non pas d'essayer de créer son propre réseau. Là encore les évolutions ont relativisé ce principe car bien qu'il demeure encore vrai, la construction de son propre réseau à travers par exemple (comme on le verra) le transfert de communautés est un moyen puissant pour « s'approprier » le bouche-à-oreille électronique.

Utilisation des ressources extérieures

Il s'agit tout simplement de créer des éléments qui vont être repris par d'autres (articles, revues de presse, liens…) et permettre à la marque ou au produit d'élargir son espace de présence. Ce principe fondamental sort du cadre[2] *stricto sensu* du marketing viral, il trouve son expression première dans la création des programmes d'affiliations et fait appel à un concept plus large : celui du pouvoir d'ubiquité de la marque ou du produit.

DES PRINCIPES QUI SE SONT DÉVELOPPÉS

Le développement des techniques de e-marketing, la croissance du nombre d'utilisateurs sur le réseau, l'arrivée des solutions de haut débit (câble, ADSL…) qui ont permis la transmission de supports plus élaborés tant sur le réseau que directement par e-mail, la multiplication

---

1. Steve Jurvetson, *op. cit.*
2. On peut se référer en ce qui concerne le e-marketing notamment aux ouvrages, *Le Cybermarketing mode d'emploi*, Edith Nuss, Éditions d'Organisation, Paris, 2000 et à *Bénéfices sur le Net*, John Hagel III, Arthur G. Armstrong, Éditions d'Organisation, Paris, 1999.

des applications dites C to C (de consommateur à consommateur) ou encore P to P (Peer to Peer)[1] ont enrichi, voire élargi conceptuellement et empiriquement l'ensemble de ces premiers principes (même s'ils restent d'actualité). Cet élargissement a fait passer le marketing viral d'une logique fondée sur la mise en œuvre d'un arsenal technique à des stratégies plus élaborées d'analyse et de déclenchement du bouche-à-oreille électronique pour les marques et les produits. Certains principes ont été approfondis, de nouveaux sont venus s'ajouter à ceux déjà existants. Ces principes se sont recentrés sur le consommateur.

Impliquer le e-consommateur

La question centrale qui gouverne l'évolution du marketing viral est celle de l'établissement d'une relation reposant sur un intérêt mutuel partagé qui fait du cyberconsommateur un supporteur, un agent de la marque ou du produit. Nous avons vu que l'un des ressorts les plus employés était la contrainte technologique. Cependant, cette contrainte est un cas limite dans lequel le marketing viral n'est pas l'élément déterminant. Une autre possibilité pour impliquer le consommateur et le transformer en « afficionado » d'une marque ou d'un produit est le recours à la rétribution matérielle. Chaque participation à une action de marketing est récompensée par une rémunération. C'est ce qu'a choisi de faire IKÉA à l'occasion de l'ouverture d'un nouveau magasin à San Francisco. L'enseigne suédoise offrait une réduction de 75$ à tout client qui aurait envoyé par e-mail dix cartes postales virtuelles annonçant l'ouverture de ce nouveau magasin. Au premier abord, tout laisse penser que c'est un choix judicieux mais ce genre de pratique reposant sur la rémunération trouve sa limite dans la rationalité même du consommateur. Poussés par la

---

1. Le Peer To Peer désigne au départ un mode de communication de pair à pair où les deux machines qui communiquent sont sur un pied d'égalité, la notion plus élargie désigne aujourd'hui le mode communication C to C par l'intermédiaire d'une machine.

recherche de primes toujours plus importantes, certains internautes auront recours à des pratiques comme le *spamming*[1] jugées discriminantes pour la e-culture. À long terme, l'effet émergent peut être une détérioration de l'image de la marque ou du produit.

Marketing viral actif et passif

Cette forme de marketing viral est appelée par certains auteurs, marketing viral actif car il est naturellement impliquant pour l'utilisateur. Par opposition, ces mêmes auteurs ont introduit la notion de marketing viral passif dans laquelle le consommateur transmettrait l'information sur un produit ou un service de « manière inconsciente ». Nous n'utiliserons pas cette distinction pour plusieurs raisons. Tout d'abord le marketing viral est actif dans son principe même en ce sens où il y a une action volontaire de l'entreprise pour déclencher ou aider à la propagation du bouche-à-oreille. En second lieu parce que « conscient » ou non le marketing viral implique une action de diffusion du bouche-à-oreille de la part du consommateur. Et surtout parce que la frontière entre les deux concepts est floue ou en tout cas difficile à mettre en évidence. En effet, la posture d'acteur des internautes, leurs connaissances des rouages du Net, des stratégies des marketers, la proximité voire l'alternance d'une logique utilitariste à une logique altruiste ou communautaire rendent souvent compliquée la définition du niveau de conscience de l'internaute à un moment donné par rapport à ce type d'opérations.

La loyauté

Plus porteuses sont les stratégies visant à établir une relation passant par la loyauté dans l'affiliation et ne reposant pas sur la seule satisfaction de l'intérêt personnel mais plutôt sur une congruence entre intérêt personnel et collectif. Pour cela, il est fondamental de donner un sens à

---

1. Envoi de mail non désiré (non sollicité) à caractère commercial ou publicitaire. Forme de publipostage commercial électronique.

l'appartenance et à l'implication en apportant une satisfaction personnelle que le cyberconsommateur désire faire partager à ses relations. C'est le principe de fonctionnement d'acteur comme Mercata.com. Ce distributeur online propose des produits selon le principe inverse d'une vente aux enchères : plus il y a de clients intéressés, plus les prix baissent puisque le prix négocié auprès des fabricants sera d'autant plus bas que la commande sera importante. Ainsi la publicité du site est assurée naturellement par ses utilisateurs puisque leur intérêt est de convaincre le plus de gens possibles d'acheter les biens qu'ils désirent. Cette approche est particulièrement propice à éviter les logiques de *free rider* ou de chasseurs de primes, autrement dit la recherche d'opportunités sans participation. Les incitations ludiques ou identitaires (mises en scènes des communautés virtuelles) semblent laisser entrevoir la possibilité de bon résultat. En ce domaine, il faut porter la réflexion sur l'élaboration de stratégies axées moins sur l'intérêt matériel que sur les valeurs et l'identification des individus. Le point crucial est de développer chez l'internaute une forme de loyauté[1] proche de la citoyenneté[2].

La nature du message

Au cœur de la propagation du bouche-à-oreille se trouve l'information, le message que l'entreprise souhaite faire propager. La spécificité du réseau Internet, ses codes et la nécessaire adhésion du support (en l'occurrence le e-consommateur) obligent à repenser les formes et les contenus du message. Ainsi, la formulation du bénéfice (produit ou autre) doit être

---

1. Hirschman note dans *Défection et prise de parole. Théorie et applications*, (Paris, Fayard, 1995) que la prise de parole s'impose lorsque la défection est impossible car trop coûteuse. C'est en particulier en situation de monopole sur un marché (pas de biens de substitution) ou dans le cas de liens organiques forts entre les membres rendant la logique de l'intérêt particulier moins prégnante.
2. Ici la satisfaction de l'action publique est à trouver en elle-même. En effet, les coûts se transforment en bénéfices. La consommation de temps (coût) ou la lutte peuvent s'imposer comme gratifiants.

optimisée afin que l'internaute puisse la diffuser sans aucune distorsion. Le message en lui-même doit être impliquant pour le consommateur. Il doit prendre en compte une approche psychologique de la communication. La communication est dès lors vue sous la forme d'un travail de suggestion. Dans ce cadre, l'information est comprise d'un point de vue transmissif. Elle est constituée de contenus transmis au sein d'un message dont la forme joue un rôle particulièrement déterminant. Cette association entre contenu et contenant (forme du message dont la dimension esthétique est fondamentale) doit permettre d'agir sur l'intention de l'acteur en modifiant son échelle de préférences. La suggestion est efficiente si la demande potentielle s'est transformée en demande effective[1]. Le problème essentiel de cette approche transmissive de l'information (modèle de la boule de billard[2]) est la perte de contenu du message[3]. Pour lutter contre cette perte de contenu, il faut donc trouver un codage permettant de limiter ce phénomène de perte de données inhérent au cheminement entre émetteur et récepteur. La stratégie la plus courante est de réduire les perceptions possibles du consommateur à un nombre prédictible de stimuli.

La théorie communicationnelle

La notion de stimulus est importante, elle détermine comment capter l'attention du consommateur. L'analyse de ces stimuli a été faite par les différents courants (Behaviouriste, Motivationiste) de la théorie communicationnelle. Nous renvoyons donc aux ouvrages de marketing et de publicité qui normalement traitent tous de cette notion. Les définitions concernant l'implication du consommateur

---

1. Nous ne rentrerons pas ici dans les distinctions qui peuvent être faites au sein des acheteurs entre celui qui prend la décision de l'achat, celui qui la réalise, celui qui paie, celui qui consomme et celui qui entretient.
2. Dans ce modèle le mouvement est linéaire et l'important est la conservation de l'intégrité du mouvement de l'émetteur au récepteur.
3. C'est ce que les théories de la communication appellent l'entropie.

sont nombreuses mais une[1] semble être adoptée par la majorité : *« L'implication est un état non observable de motivation, d'excitation ou d'intérêt. Elle est créée par des variables externes (la situation, le produit, la communication) et internes (le moi, les valeurs). Elle entraîne des comportements : certaines formes de recherche de produit, de traitement de l'information et de prise de décision »*. En ce qui concerne l'implication du consommateur qui se définit comme l'état de tension et d'explication provoquée par une situation de proposition ou d'achats, Jean-Noël Kapferer[2] en a dénombré cinq formes. Dans les cadres de la publicité classique, il s'agit de réadapter les dispositifs tant matériels que symboliques utilisés par les publicitaires en y intégrant les codes et les spécificités de l'Internet pour imposer, avec le maximum d'efficacité, un message donné. Cette contrainte doit, bien évidemment, se faire le plus possible sans que le consommateur en ait directement conscience. On parle alors de suggestion sans friction qui est, d'ailleurs, la forme générale que prend la suggestion dans le cadre du marketing que ce soit grâce à la séduction et/ou la répétition[3]. Cet élément appelé parfois « stickiness factor » est fondamental pour provoquer l'adhésion de l'internaute et ainsi déclencher le bouche-à-oreille électronique. On le verra, plusieurs ressorts sont mis en œuvre : lucidité, passion, idéalisation, création ou renforcement du statut…

---

1. Elle a été développée par Rothschild M.L., *Perspectives on involvement : current problems and future directions*, in : T.C. Kinnear, ed., *Advances in Consumer Research*, Association for Consumer Research, 1984, vol 11, page 217, John Wiley and Sons, 1947.
2. Jean-Noël Kapferer & Laurent G. « Les profils d'implications », Recherche et Applications en Marketing, Avril 1986. Et « An empirical assessment of selected consequences of involvement », in Actes du 12e Séminaire International de la Recherche en Marketing, 1985, vol 2.
3. La répétition d'un message fonctionne sur le mode de la logique tautologique : je répète donc je prouve.

Adopter sa stratégie de communication à la logique du réseau

L'une des autres erreurs que l'on trouve dans certaines campagnes de marketing viral est liée à l'approche donnée au processus de communication. Trop souvent, la communication reste envisagée dans le cadre du modèle de la boule de billard que nous avons évoqué plus haut, modèle qui reste trop ancré dans la dimension hiérarchique de la diffusion de masse. Or Internet met l'accent sur la communication horizontale dans son architecture et surtout dans les valeurs véhiculées. Les internautes partagent des codes, des déontologies définissant ce qui se fait et ne se fait pas sur le Net. Le recours à la messagerie dans une optique de diffusion de masse est alors vu comme blâmable (spamming) autrement dit étranger aux valeurs de la communauté. Or, si le bouche-à-oreille peut être positif, il peut être aussi particulièrement stigmatisant… L'une des valeurs centrales de la communication sur le réseau est le dialogue fondé sur la réciprocité, sur l'interactivité. L'e-mail ne doit pas être utilisé comme un outil « one shot » mais comme un moyen de construire une relation dans la durée centrée sur la loyauté. Théodore Levitt[1] ne disait-il pas déjà cela lorsqu'il notait que la gestion d'une relation sur un marché allait au-delà de la vente. Pour cela, il faut opter pour des stratégies de communication radicalement tournées vers le qualitatif (personnalisation, valeur ajoutée offerte sous forme de services) et sur le rôle reconnu au cybernaute. Mais cela demande d'accepter de laisser une part d'appropriation au message. Dans certains cas celui-ci pourra même être retravaillé par ces internautes au risque de perdre une partie du contrôle du contenu à transmettre. En offrant des messages ouverts à l'appropriation, on ne peut que développer un intérêt ludique, un sentiment gratifiant d'égalité traduit dans la possibilité de participer à l'élaboration de la campagne de marketing.

---

1. Levitt (Théodore), *L'imagination au service du marketing*, Paris, Economica, 1985.

Utiliser les prescripteurs

On retrouve ici la logique classique d'idée d'une communication à deux étages[1] (two steps flow) sur le modèle d'une pyramide.

Le rôle du leader d'opinion

Le rôle de leader d'opinion et l'existence de cette forme de communication a été mis en évidence très tôt dans la volonté d'établir des modèles de communication publicitaire. Ainsi, dès 1955 Katz et Lazarfeld ont établi l'importance des leaders d'opinion. Cet individu joue un rôle primordial dans la diffusion de l'information. Il est considéré par son entourage, par l'ensemble de sa sphère d'influence comme plus compétent dans un domaine particulier et est perçu comme impartial ce qui donne plus de poids et plus d'acuité à ses jugements. Pour ce qui est de l'impact publicitaire, deux modes d'influence de ces « prescripteurs d'opinion » ont été mis en évidence. Le premier que nous avons déjà cité repose sur une logique d'une communication à deux étages (two steps flow) : le leader d'opinion reçoit en premier l'information publicitaire, la décode, l'analyse et la retransmet dans sa version « filtrée » à sa sphère d'influence. Dans le second mode de diffusion[2], plus évolué, le prescripteur n'est pas le seul à être exposé à la publicité, son entourage, sa sphère d'influence l'est en même temps que lui. Son rôle va alors être différent. Il va, dans le cadre de dialogue avec son entourage, essayer de lui faire partager son point de vue, de le convaincre, de le persuader que son avis est le bon. Ce faisant, il aura une idée des motivations ou des freins de son entourage par rapport au message publicitaire. Ce deuxième mode, en opposition au premier, est appelé multi-étages ou multi-étapes.

---

1. Elihu Katz et Paul-Félix Lazarsfeld, *Personal influence*, New York, Free Press, 1955.
2. Richins M.L. & Root Schaffer T., *The Role of Involvement and Opinion Leadership in Consumer Word of Mouth,* in Advances in Consumer Research, Vol 15, 1988.

Les prescripteurs

Le marketing viral s'applique à un modèle de système de réseau social comportant des relais de nœuds centraux constitués d'un ou de plusieurs groupes possédants ou non des intersections entre eux. L'information circule de façon verticale (top-down) en étant filtrée et retravaillée par une partie – les prescripteurs – avant d'être diffusée à l'ensemble du groupe. La réussite d'une stratégie de marketing viral repose donc sur l'idée qu'en impliquant des acteurs stratégiques d'un segment – les prescripteurs –, on a de fortes chances de pouvoir imposer l'identification du reste du groupe à un service ou à un produit. L'existence de certains individus ayant de l'influence sur les autres dans les relations interpersonnelles n'est pas propre à Internet, leur mise en évidence date, comme nous l'avons vu, de 1955. Mais une fois de plus le réseau a permis d'élargir leur champ d'influence. Ces internautes sont écoutés et suivis quand ils parlent. Mais cette aptitude à se faire écouter n'a rien d'un trait personnel. C'est un rôle dévolu à certains, limité pour chacun d'eux à un certain domaine, dépendant de ce que représente l'internaute, c'est-à-dire ses valeurs, de ce qu'il sait, de sa compétence, de ses relations, de son mode d'expression en ligne, de la légitimité qu'il a pu acquérir. Le marketing viral doit aussi mobiliser à son profit le phénomène communautaire. En effet, l'une des caractéristiques de l'e-consommateur est sa propension à s'inscrire dans des « communautés virtuelles[1] » autrement dit des communautés auto-sélectionnées d'internautes en fonction de centres d'intérêts et d'affinités multiples, avec leurs identités et leurs règles propres. Au sein de cette communauté, on découvre rapidement qu'il existe un ensemble d'acteurs stratégiques parce que déterminant ce qui a de la valeur pour la communauté. Nous reviendrons en détail sur cette notion de prescripteurs dans le chapitre consacré à la mise en œuvre des stratégies de marketing viral.

---

1. Rheingold (H.), *Les communautés virtuelles*, Paris, Addison-Wesley, 1995.

Les contraintes du marketing viral

La socialisation a été un des premiers enjeux de l'Internet. Il a donc été défini d'un commun et général accord un certain nombre de valeurs inhérentes à l'utilisation du réseau. Ces valeurs sont regroupées sous le terme de « netiquette[1] ». Au premier rang de ces valeurs, l'internaute a placé le respect et la protection de la vie privée. L'élément le plus sensible est l'e-mail, qui pour ne pas être assimilé à ce que l'on appelle le « spamming », doit avoir eu au préalable l'accord de son destinataire. Ainsi par exemple l'inscription à une mailing-list (liste de diffusion) doit provenir d'une démarche volontaire de l'internaute. Le respect de cette démarche est appelé *opt-in*. À contrario, lorsque l'action est subie par l'internaute on emploi le terme d'*opt-out*. Le non-respect de la netiquette exposera certainement la marque si elle est soumise à des représailles de la part des internautes. Sur Internet ces représailles peuvent être importantes et avoir des conséquences dramatiques pour la marque contre qui elles sont destinées. Campagne de dénigrement, propagation de rumeurs, messages dénaturés, parodie de la marque, faux sites Internet sont aujourd'hui les réponses les plus courantes des internautes. Dites-vous que l'internaute averti maîtrise à la perfection toutes les stratégies, les méthodes et les outils du marketing viral.

On le voit, la notion de marketing viral met l'accent sur le principe d'un phénomène auto-entretenu de propagation ondulatoire d'où la métaphore épidémiologique. À l'image des virus, les bonnes idées s'attrapent et se propagent par le contact entre internautes. L'élément stratégique est d'attirer l'attention du consommateur et d'en faire en même temps un agent de communication, voire de vente. Autrement dit, permettre à un récepteur (passif) de devenir émetteur (actif). Pour cela, il faut faire comprendre que l'intérêt du consommateur s'identifie à l'intérêt du prestataire de service ou de la marque. Par cette implication des consommateurs, on peut obtenir avec un coût minimal une campagne de

---

1. *Cf.* Edith Nuss, *op. cit.*

publicité exponentielle et rapide. Autre avantage, l'absence de friction. Le message passe d'autant mieux qu'il repose sur la sociabilité. Ce n'est plus un message publicitaire extérieur qui atteint le consommateur mais une prescription venant d'une personne à laquelle il fait confiance (ami, famille) ou tout au moins qui partage les mêmes intérêts que lui.

Dans cette optique, on quitte la logique de la stratégie publicitaire reposant sur une répétition trop explicite et mécanique au profit d'une logique de diffusion capillaire et pluriformelle d'informations.

Du marketing viral au buzz marketing

« Buzz » étrange vocable, il constitue déjà une énigme à lui tout seul tant les déclarations sur ses origines sont nombreuses. Pour certains il proviendrait du bruit que font les essaims d'abeilles, pour d'autres il renverrait au bruit émis par des appareils électroniques ou des ordinateurs. Tous sont en revanche d'accord pour dire qu'il est l'expression d'un bruit, d'un bruit ambiant qui attire l'attention. Certains affirment qu'il se promène sur des réseaux invisibles. D'autres le mettent au « fondement même de la nouvelle société »[1] ou le définissent comme un « exemple d'auto-hallucination collective ». Il constitue aussi un sujet d'actualité, les médias lui ont consacré des pages voire des couvertures.

Le buzz est dans l'air du temps nous dit-on, il serait même l'air du temps. Mais qu'est-ce donc que le buzz ? Dans sa définition première il s'agit ni plus ni moins que d'une version américanisée, modernisée, technologisée du célèbre bouche-à-oreille. Dans son acception marketing on en trouve une définition dans le livre que lui a consacré Emanuel

---

1. *Technikart* n° 50

Rosen[1] : « *Le buzz fait référence à l'ensemble du bouche-à-oreille autour d'une marque. C'est l'agrégation de toutes les communications interpersonnelles ayant pour sujet une marque, un produit, un service à tout endroit et à tout moment* ». En d'autres termes le buzz pourrait être le résultat d'une simple addition :

bouche-à-oreille + bouche-à-oreille électronique = buzz

Ce bouche-à-oreille moderne ou buzz est un nouvel enjeu pour les entreprises. L'application du principe « *People is Message* » prend ici toute sa dimension, car il doit être globalisant c'est-à-dire utiliser tout les moyens online et offline permettant de déclencher ou de propager le buzz pour une marque, mais il doit être aussi au cœur des nouvelles stratégies marketing. Il est une réponse aux problématiques nées de l'avènement du nouveau consommateur et de la diffusion des nouvelles technologies. Le buzz marketing n'est donc ni plus ni moins que :

L'application de stratégie de mise en œuvre de l'ensemble des moyens qui permettent de créer, de propager ou d'augmenter partout et tout le temps le bouche-à-oreille entre consommateurs.

DÉCLENCHER ET PROPAGER LE BUZZ

Avant de déployer l'ensemble des moyens permettant de déclencher et de propager le buzz, il faut étudier les univers (liés à la marque et/ou au produit) et les acteurs de propagation du buzz sur lesquels il va asseoir sa communication.

---

1. Emanuel Rosen, « The Anatomy of buzz », Double Day New York, 2000.

Identification des acteurs et des univers du buzz

Comme pour la mise en place des autres moyens de communication, c'est par la définition et l'analyse des cibles employées dans tout plan marketing que se fait la délimitation de l'univers du buzz. Mais cette définition doit mettre à jour des nouvelles clés de répartition. Elle doit permettre d'identifier l'existence et la nature des communautés associées à la marque ou au produit. Elle doit permettre de déterminer qui sont les acteurs du buzz. La réussite d'une stratégie de buzz marketing repose sur l'idée qu'en impliquant des acteurs stratégiques – les prescripteurs – on a de fortes chances de pouvoir imposer l'identification du reste du groupe à un service ou à un produit. Il faut donc mettre à jour l'existence de ces individus ayant de l'influence sur les autres dans les relations interpersonnelles.

Les acteurs du buzz et la pyramide consumériste virale

Il existe différentes catégories de personnes caractérisées par leurs niveaux d'influence. Ces acteurs structurent un système de diffusion en fonction de leur proximité avec ce qui est nouveau, avec la tendance. Ce système de diffusion peut être schématisé par une pyramide hiérarchisant les acteurs et dont le sommet serait au plus près de la nouveauté. Ce système de diffusion fait une large place à l'Internet, car comme nous l'avons montré précédemment, le buzz y est démultiplié.

Les acteurs qui composent le système de diffusion peuvent être classés en plusieurs catégories.

Le prescripteur

Le prescripteur, parfois appelé *trend setter*, *leading edge* (défricheurs) ou aussi *cool hunter* littéralement « chasseur de Cool » est celui qui se trouve en haut de la pyramide. Cette population relativement peu étudiée en dehors des univers de la mode et de l'art est celle qui trouve les idées nouvelles, celle qui érige les idées ou objets en tendance. Ces véritables créateurs de tendances qui ne semblent pas appartenir à une catégorie professionnelle précise sont généralement dénicheurs et technophiles, ils utilisent les produits avant tout le monde. Souvenez-vous, il y a quelques années c'était eux qui se promenaient en trottinette ou en rollers sur les trottoirs de nos villes… regardez le résultat aujourd'hui… Ces prescripteurs ont deux types de relais de diffusion rangés sous une même catégorie : les influenceurs.

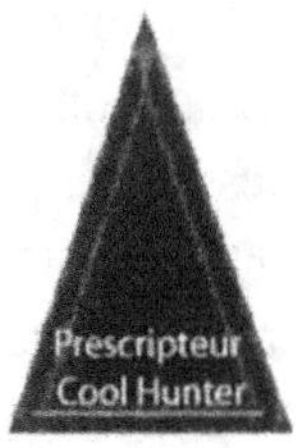

Créateur de tendance,
il diffuse le « nouveau »
dans la rue

Les influenceurs

Les influenceurs, sont de véritables leaders d'opinion ils se classent en deux catégories. Les leaders d'opinion classiques (vedettes, journalistes, responsables politiques ou associatifs…) ils légitiment la nouveauté apportée par le *cool hunter* auprès de leurs audiences et des canaux traditionnels, ils sont pour la plupart d'entre eux la cible des opérations de relations publiques de tout bon mix marketing. Les autres influenceurs sont aussi appelés *early adopters* littéralement « adopteurs précoces » ou *e-influent* quand il s'agit d'univers online. Ce sont les premiers à s'approprier la nouveauté, à y intégrer leurs codes et parfois à la modifier, ils sont toujours en avance d'une mode. Ils constituent ce que d'aucuns ont appelé le *trend corridor*, le couloir des tendances. Dans le monde réel ils sont plutôt jeunes et autonomes, très urbanisés et proches des milieux artistiques ou créatifs. Certains d'entre eux ont été classés en trois catégories[1], en fonction de leurs centres d'intérêt ou d'expertise :

---

1. « La tribu des early adopters », Dominique Pialot, *L'Entreprise*, n°190, juillet-août 2001.

– *Les Urban Undergrounds* : Proches de la mouvance hip hop, plutôt transgressifs, c'est sur eux que des marques comme NIKE ont appuyé des lancements aux États-Unis.

NIKE a labellisé ses actions en direction de ces cibles issues pour la plupart des quartiers pauvres noirs américains, elle l'a appelé Broing[1]. Ainsi les spécialistes des tendances et du marketing de NIKE viennent tester leurs dernières créations auprès de ces jeunes. En leur présentant et en leur offrant leurs chaussures, ils peuvent ainsi juger de la pertinence de leurs créations et commencer à déclencher le buzz.

– *Les Urban Progressives* : Ce sont eux qui font la mode « jeune », toujours en avance d'une mode ils sont les premiers à adopter les nouveaux codes et à les propager. Cibles de nombreux acteurs de la mode (ainsi H&M par exemple développe une équipe spécifique de designers chargés d'aller repérer les « looks » de cette population clé qui définissent la tendance) ils sont non seulement utilisés pour leurs qualités de prescripteurs (ils ont été à la source du succès notamment de marques issues des mouvements surfeurs comme QUICKSILVER ou O'NEIL) mais aussi comme source d'inspiration pour la création de nouveaux modèles *trendy*. C'est en les contactant et en discutant avec eux sur la mode vestimentaire et son usage que LEVI'S a conçu le désormais célèbre *Engineered Jean*. Grâce à la création de ce modèle qui collait parfaitement aux attentes de *early adopters trendy*, LEVI'S a non seulement sorti un produit jeune et mode et déclenché le buzz mais surtout s'est refait une image de marque *trendy* à l'instar de ses autres concurrents comme GAP par exemple.

– *Les Early Technos* : Férus de nouvelles technologies, ils les adoptent dès leur sortie (parfois avant même) et en ont un usage complet. Ceux sont eux notamment qui surfaient déjà sur Internet alors que le réseau n'avait

---

1. « Bro », contraction de brother est le terme le plus employé parmi ces jeunes pour s'interpeller.

pas encore la primeur des médias. Plus âgés mais remarquablement doués pour discerner quelle sera la technologie utilisée demain, ils constituent la cible privilégiée de toute marque innovante en la matière.

Pour ce qui est des influenceurs en ligne, une étude du cabinet Burson Marsteller[1] a retracé les grandes lignes de leur profil (pour ce qui est de la population américaine). Il semble que les méthodes d'identification de ces e-influent, rejoignent celles développées pour la publicité classique. Il s'agit d'établir des questionnaires demandant à l'internaute d'évaluer lui-même ses capacités d'influence. Pierre Le Louarn et Héla Ben Miled ont comparé deux de ces modèles[2]. Dans ces modèles chacune des facettes du profil d'implication est mesurée grâce à des échelles multi-critères de type Likert en cinq points (de « tout à fait en désaccord » [1 point] à « tout à fait d'accord » [5points]). Cet outil a fait l'objet de nombreuses modifications dans le but d'être adapté à certains types de recherche. Le nombre de critères peut ainsi varier d'une étude à l'autre. Ils représenteraient près de 9% de la population des internautes soit plus de 9 millions d'individus et sont définis par des caractéristiques principales :

– 74% vont online plus d'une fois par jour et 53% y passent plus de deux heures ;

– ce sont des hommes à 58% ;

– ils ont environ 40 ans et des revenus relativement élevés (une moyenne de 43 000 $ aux États-Unis) ;

– ils sont plutôt célibataires.

• Ce sont des internautes « professionnels » :

L'*e-influent* se caractérise par un comportement online spécifique :

– envoi de mails aux entreprises ;

---

1. The efluentials report 2000, Burson Marsteller, New York, www.e-influentials.com
2. Héla Ben Miled et Pierre Le Louarn, « Validation et comparaison de deux échelles de mesure du leadership d'opinion », in Actes du Xe Congrès de l'AFM, Paris, 1994.

– envoi des mails aux politiques ;

– envoi des mails aux médias ;

– se fait des amis sur Internet ;

– se fait des contacts professionnels sur Internet ;

– *forward* des articles à d'autres ;

– intervient dans des chats rooms, forums, newsgroups.

• Ce sont des leaders d'opinions :

Ils sont deux fois plus consultés sur les sujets d'actualité que les autres internautes, plus de deux fois plus sur des sujets ayant trait aux nouvelles technologies ou à l'économie.

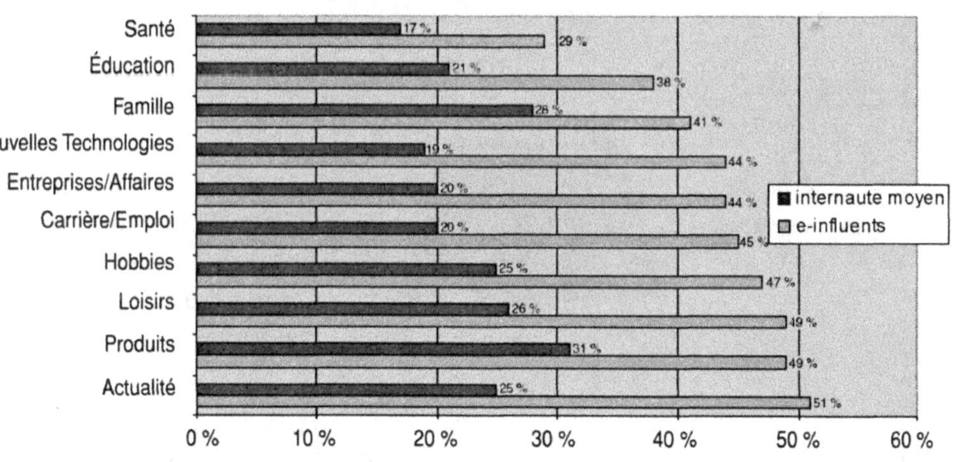

• Ce sont des influenceurs :

Ils ont plusieurs activités politiques ou sociales en même temps, ils partagent leurs opinions avec leurs proches, leurs collaborateurs, leurs communautés… ils font des recommandations.

**Estimation du nombre de recommandations données
par les e-influants en fonction des sujets**

Sujet	Estimation du nombre de recommandations
Actualités	102 millions
Nouvelles Technologies	96 millions
Hobbies	94 millions
Sociétés et Business	88 millions
Produits	73 millions
Emplois	71 millions
Loisirs	68 millions

*À l'écoute
des Cool Hunters,
ils légitiment
le « nouveau »*

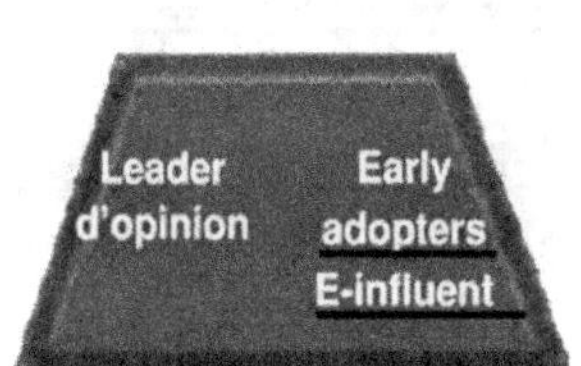

*Leader de communication
virtuelle, ils déclenchent
le bouche-à-oreille
sur Internet*

Les E-arrivistes Cette dernière population relais est quasiment propre à Internet. Elle est née avec le développement des systèmes d'affiliation rémunérés et s'est développée avec l'ensemble des applications construites sur ce modèle (mails rémunérés, surfs rémunérés…). Elle peut être un excellent relais en matière de marketing viral. Joueur, constamment à la recherche du bon plan, il propagera le bouche-à-oreille à la condition qu'il y trouve un intérêt. Cet intérêt est quasi-exclusivement matériel (argent, cadeaux, gains de toutes sortes) à l'inverse de l'e-influenceur, on le verra dans le déploiement des moyens, chez qui la recherche d'un statut, les ressorts psychologiques et sociologiques sont les plus importants.

Les *Late Adopters* Ce sont des consommateurs plus sensibles à tout ce qui est « branché », ils agisssent la plupart du temps par mimétisme avec les *early adopters*.

*« Mercenaires du virtuel »
ils diffusent le bouche-à-
oreille si on les paie*

Le *Consommateur* C'est le grand public, ou *Mainstream*, ou encore l'e-consommateur quand il est en ligne. Mais comme nous l'avons vu ce « nouveau consommateur » est individualiste, indépendant mais aussi informé et impliqué. Il est submergé de communications diverses et les marques ont du mal à capter son attention. Méfiant envers les marques, il recherche l'information pertinente, celle de celui qu'il considère comme un expert, celle qui vient des étages supérieurs de la pyramide consumériste.

La pyramide consumériste virale et le cycle d'achat de nouveau produit

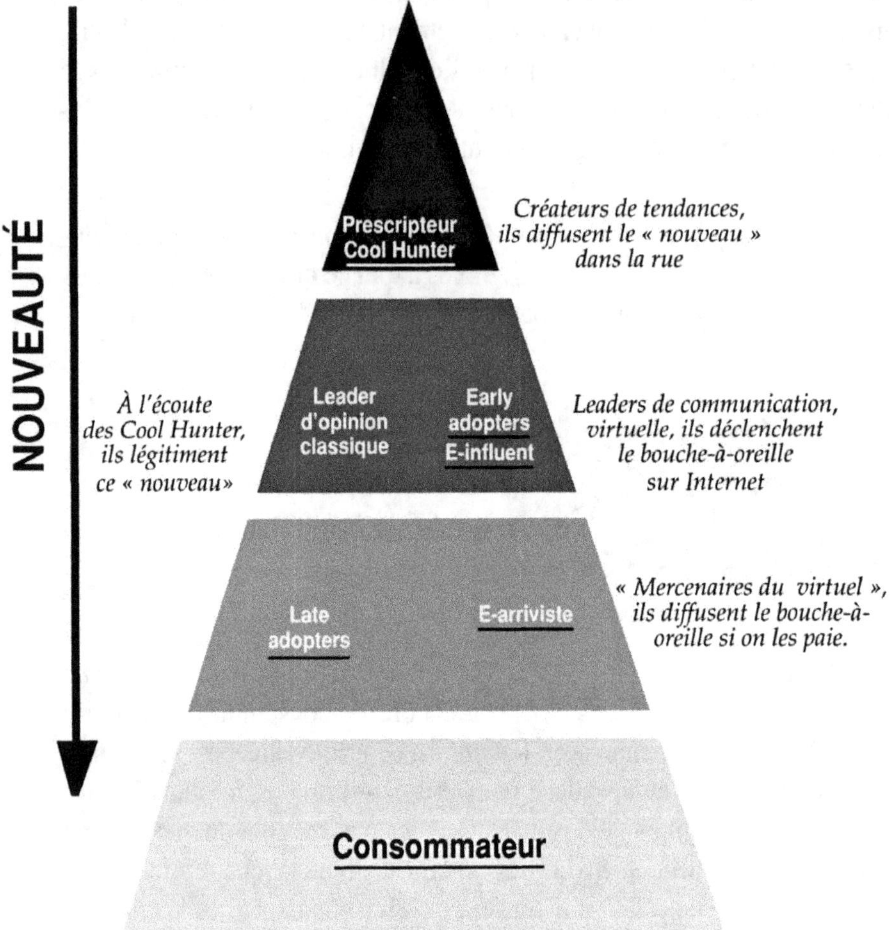

Comme nous l'avons vu, le processus d'achat du nouveau consommateur intègre une large place au buzz et peut être schématisé de la façon suivante :

Le parcours décisionnel du nouveau consommateur

Comme l'a montré Georges Silvermann[1], le bouche-à-oreille peut jouer un rôle primordial à chacune des étapes du processus de décision. À chaque étape, il s'agira d'un type de bouche-à-oreille différent. Ainsi il distingue plusieurs profils dont chaque type correspond à une forme de bouche-à-oreille appropriée.

L'innovateur ou *pionnier* souhaite entendre que le produit est unique ou technologiquement en avance. Il veut être le premier à essayer le produit, et alors seulement il s'y impliquera. L'*early adopter* recherche l'excellence du produit, il souhaite entendre parler de la puissance du produit. Le *late adopter* quant à lui recherche la praticité et préfère se protéger : il ne souhaite pas faire d'erreur. Il veut réduire le risque. Ces différentes attentes sont résumées ainsi :

---

1. Georges Silvermann, *The secrets of Word-of-Mouth Marketing*, AMACOM, New York, 2001.

	Se décider à acheter	Évaluer les alternatives	Essai	Mise en place	Achat répété
L'innovateur ou pionnier	Veut entendre que le produit est inhabituel, qu'il fonctionne selon un principe totalement nouveau.	Ce produit n'est pas comparable ; peu d'informations à ce sujet.	Souhaite être parmi les premiers à essayer le produit.	Va encourager d'autres personnes à essayer le produit.	Souhaite pousser l'utilisation du produit très loin.
L'early adopter	Pense aux possibilités qu'offre le produit. Comment le produit peut être adapté à telle situation et apporter un avantage compétitif.	Envisage les possibilités que confère le produit par rapport aux autres.	Ne prête pas d'importance au fait que le produit n'a pas forcément déjà été utilisé dans telle situation.	Sait qu'il aura quelques problèmes, veut savoir lesquels et comment il peut les surmonter.	Veut que le produit lui confère un avantage compétitif.
Late Adopter	Concerné par la praticité dans telle ou telle situation.	Souhaite obtenir des comparaisons avec les autres produits (prix).	Souhaite vérifier que le produit marchera dans telle situation.	Veut s'assurer qu'il existe bien des solutions et des garanties en cas de problème.	Veut être sûr que l'usage du produit devient standard.
Consommateur	Souhaite être assuré qu'il s'agit d'un produit non risqué et que tout marchera parfaitement. Ne va s'intéresser au produit que par nécessité.	S'assure qu'il ne trouve pas de faiblesse, de point négatif.	N'essayera rien de nouveau. A besoin de s'assurer que le produit est bien standard.	Utilise seulement le produit quand il y est obligé.	Veut s'assurer qu'il utilise le produit de façon optimale, standard.

Source : G. Silvermann

Il est donc fondamental de comprendre quel est l'état d'esprit et quelles sont les attentes de chaque niveau de la pyramide par rapport à sa marque, à son produit.

LES DIFFÉRENTES LOGIQUES DU BUZZ MARKETING

On dénombre deux types fondamentaux de buzz consumériste, le premier est lié à la notion d'image, le deuxième est associé au produit lui-même.

Le buzz image

Le concept du buzz image est simple. Il se résume à l'ensemble des discussions entre consommateurs qui ont pour sujet l'image de la marque ou qui lui sont spécifiquement associées.

Le buzz image est le fruit du « changement de stratégie » des grandes entreprises qui ont, à un moment donné, privilégié la création d'image de marque à celle originelle de producteurs de biens et de services : le passage « *du capitalisme d'objets à un capitalisme d'image*[1] ». Ce principe de « l'image est tout » a généré un bouche-à-oreille spécifique qui donne ou enlève du corps et de la crédibilité aux valeurs de la marque. De plus, il véhicule les principes qui construisent les dimensions de reflet et de mentalisation[2]. Le bouche-à-oreille d'image est le relais privilégié du publicitaire, il rend crédible et surtout intelligible tous les éléments conceptuels d'une « body copy ». Le mécanisme de propagation est à la fois simple quand le consommateur s'est décidé à être émetteur de ce type de buzz, mais complexe dans son mode de déclenchement.

Prenons pour exemple la campagne 2000, d'AIR FRANCE « *Faire du ciel le plus bel endroit de la terre* ». L'objectif semble bien de réunir la vision de la marque et son identité, de présenter le voyage aérien comme une

---

1. Naomi Klein, *op. cit.*
2. Jean-Claude Thoenig, Jean-Noël Kapferer (Sous la direction de), *La Marque*, McGraw-Hill, 1989.

expérience de bien-être, aux vertus de relaxation. AIR FRANCE se transforme alors en une « marque zen » à l'occidentale, associée à la mélodie branchée d'*Asleep from day* des Chemical Brothers. Par l'appropriation qu'il a fait entre autres du thème musical, le consommateur a participé à cette transformation de l'image d'AIR FRANCE. Inscrivant son bouche-à-oreille dans un contexte plus général d'aspiration au bien-être, il a occulté momentanément les souvenirs désagréables des grèves associés à l'entreprise. Cette association bien-être et avion se propage ainsi telle une réponse à l'écho médiatique concernant les inquiétudes liées aux effets secondaires d'un voyage en l'air. Les lieux de discussion, sur Internet et ailleurs, se sont alors remplis d'interrogations mettant en lumière ces nouvelles attentes. Attentes sur lesquelles les médias traditionnels ont rapidement rebondi les inscrivant dans leur grille éditoriale. Simple coïncidence ? Il n'en demeure pas moins que le duo bien-être et voyage en avion a occupé (peu de temps certes) une place (relative) sur la scène médiatique.

L'aspiration d'une marque qui peut compter sur ce bouche-à-oreille d'image est de voir alors son concept de communication devenir, si ce n'est un phénomène de société, en tout cas être largement réapproprié par le consommateur.

Le buzz produit

Le buzz produit se définit par le témoignage du consommateur par rapport à l'usage d'un produit. L'importance de ce type de bouche-à-oreille va croissant avec le caractère plus ou moins anxiogène du produit acheté, à une exception près, l'univers du cinéma.

Le buzz produit est non seulement provoqué, mais aussi extrêmement recherché par les consommateurs en phase d'achat d'un produit de nature complexe. Par ailleurs, certains des univers de produits particulièrement sensibles au buzz ont pu être identifiés.

L'étude technographics 2001 de Forrester classe ces univers en fonction du nombre de réponses données à la question « Pour quel type de produit recherchez-vous une deuxième opinion avant d'acheter ? » :

1. Équipement Informatique   55%

2. Produits financiers   53%

3. Téléphone mobile   41%

4. Voyages   41%

5. Logiciels   33%

6. Produits électroniques   29%

7. Vidéo/DVD   19%

Il n'est pas surprenant que les produits arrivant en tête soient l'ordinateur et les produits financiers car ce sont deux univers pour le moins opaques pour le consommateur. Ce sont des univers autour desquels va exister un buzz important. Cette tendance se confirme particulièrement sur Internet. L'univers financier est un gros vecteur d'audience du Web. Étudier les zones d'audience d'un site comme Boursorama[1] par exemple permet d'observer l'importance prise par les forums de discussion (http://www.boursorama.com/forum/membres/top_forums.phtml).

Or, le contenu de la majorité des discussions entre consommateurs se résume, certes à de l'analyse, mais exprime *in fine* la préconisation de valeurs, entre les *cool hunters* et autres *e-influents* vers les *e-consommateurs*.

L'univers de la technologie ne fait pas exception, il a même réussi à transformer le buzz en ressources, à le monétiser. Ainsi une des premières expériences de contenus payants réalisée par Yahoo aux

---

1.www.boursorama.com 1er site d'information boursière, source Cybermétrie Médiamétrie

États-Unis, a pris place dans la chaîne shopping à travers la mise en ligne de rapports de consommateurs (http://shopping.yahoo.com/domain?d=premium/consumerreports&cf=welcomeback).

Le rapport coûte 2.95 $ pour une durée de consultation de 30 jours.

La majorité de ces rapports concernent des produits informatiques et électroniques. Ils représentent la quintessence du buzz produit.

Chaque rapport de consommateur contient :

– une grille de performance réalisée par les utilisateurs ;

– un guide d'aide à l'achat ;

– un condensé des caractéristiques des produits clés ;

– une source d'information sur les marques de l'univers.

Le cercle de causalité du buzz

Avant d'aborder l'ensemble des moyens dont dispose le buzz marketing, il convient de regarder quelles peuvent être les motivations qui entraînent un individu à émettre un message susceptible de nourrir le bouche-à-oreille de marque ou de produit et ainsi à devenir un « média » de la marque.

Ces motivations peuvent être représentées à travers une projection spécifique : le cercle de causalité virale.

Le cercle de la causalité

On distingue alors quatre grandes logiques qui expliquent qu'un individu soit un émetteur de buzz.

La logique psychologique

L'individu devient l'émetteur du buzz afin de satisfaire différents besoins psychologiques.

Relâcher un stress Le consommateur va entrer en communication avec d'autres individus pour relâcher un stress important. Un achat qui a nécessité un investissement important, un crédit (un appartement, une voiture…) sont autant d'actions qui entraînent une forte dose de stress chez l'acheteur. Le moyen le plus simple et immédiat de relâcher cette tension est alors d'en parler avec ses semblables pour se rassurer. Si l'achat se passe sans embûche, le stress s'évacuera rapidement au travers de quelques recommandations chaleureuses. En revanche, si le consommateur rencontre des problèmes, les effets secondaires peuvent être catastrophiques. Le stress sera croissant et la seule voie de libération qui lui est alors offerte réside dans le témoignage de ses malheurs ; malheurs la plupart du temps exagérés, pour répondre au double besoin : celui de l'émetteur qui recherche la compassion et celui des récepteurs toujours prompts à écouter du sensationnel. Le buzz ainsi généré peut devenir extrêmement négatif car il sera d'autant plus écouté qu'il traite d'achats de biens implicants et concernant donc tous les individus.

Nuire   L'individu peut émettre un message pour satisfaire un besoin psychologique de nuisance par rapport à la société qui le fait d'une manière ou d'une autre souffrir, ceci afin d'exprimer le rejet de telle ou telle chose. Cette motivation qui peut faire sourire, doit être prise au sérieux en ces temps où la critique de la marque est devenue la norme pouvant conduire jusqu'à l'appel au boycott. Le message de nuisance peut être à lui seul l'origine d'un buzz. On connaît le pouvoir exceptionnel du média Internet pour véhiculer et amplifier la rumeur. Imaginez un client déçu ou aigri qui serait lui-même *cool hunter* d'un newsgroup. Il est capable de donner de faux scoops, d'appeler les internautes qui guettent ses recommandations à passer à l'action, à propager à leur tour son message et de générer ainsi une rumeur qui sera pour l'entreprise difficile à combattre. Le consommateur est alors à l'affût de toute information qui pourra le transformer en « consommateur vengeur ».

La logique sociale

Pour survivre dans la société de communication, communiquer est impératif. Par conséquent, la logique sociale est le ressort principal qui incite le consommateur/individu à être un acteur du buzz et non un simple spectateur.

Diffuser un moment de plaisir

Dans une logique de socialisation, un message offrant à tous une parenthèse de quelques secondes de plaisir ne peut être considéré que comme un effort louable de convivialité. Ces types de communication fondés sur les promesses de plaisir sont sur Internet le plus souvent véhiculés à travers le mail. Il s'agit de messages humoristiques (tout le monde à déjà reçu une blague envoyée par mail pendant les heures de bureaux qu'il a renvoyée à ses collègues de travail) qui prennent une forme de plus en plus sophistiquée du simple texte au diaporama. Il peut même s'agir de petits programmes offrant un instant de relaxation à travers des fichiers sonores, ou des applications « zen », de messages ludiques (de la simple astuce au jeu vidéo directement jouable), ou encore de messages érotiques.

Initier un lien avec les autres « Be in Touch »

L'objectif de ce type de messages est de raviver le lien entre l'individu et les membres de sa communauté ou d'une communauté. Il s'agit donc simplement, soit de rappeler aux autres qu'on ne les a pas oubliés, soit de leur faire savoir qu'on existe.

Faiblement porteur de sens, ils peuvent néanmoins prendre la forme d'application interactive, d'objets dits « consumer to consumer ».

La logique statutaire

L'individu peut se transformer en communicant du buzz afin de satisfaire le besoin présent en lui de construction, d'expression et de consolidation de son statut. Le bouche-à-oreille offre une large palette de moyens d'expression statutaire.

Challenger ses amis et ennemis

Le simple jeu envoyé à un ami peut recouvrir un autre visage que celui de la promesse ludique. Le jeu n'est alors pas innocent, il se transforme rapidement en véritable challenge intellectuel ou d'adresse pour ses amis ou ses ennemis. À l'individu de triompher d'une énigme ou d'un programme ludique complexe et de le renvoyer à sa communauté et, au-delà, en montrant qu'il a facilement relevé ce challenge !

Développer un moyen d'expression de sa personnalité

Montrer son statut, cela ne se résume pas uniquement à challenger les autres, mais aussi à savoir exprimer devant la société les différentes nuances de sa personnalité. Le buzz peut être l'un des moyens de cette expression.

Lancer un scoop

Le jeu des apparences est redoutable au sein des communautés tant réelles que virtuelles. Chaque individu participant à la vie communautaire caresse, à un moment ou un autre, l'ambition d'être le leader, en particulier sur Internet. Mais le statut de leader d'opinion a tout d'éphémère : il demande à celui qui le possède un effort permanent de justification de son leadership. Le meilleur allié du leader d'opinion réside donc dans la possession d'information exclusive par rapport à son univers d'influence. Il est important pour lui d'apparaître constamment comme la source d'information de sa communauté. C'est cette information qui une fois diffusée en exclusivité va immédiatement aller initier ou enrichir le buzz. Les stratégies relationnelles des marques par rapport aux leaders d'opinion doivent donc prendre appui sur ce levier informationnel.

Initier la tendance Le rôle de leader d'opinion ne se résume pas à celui de simple informateur de la communauté. Il jouit d'une influence beaucoup plus étendue. En effet, il se doit de donner le « la » en matière de tendance. C'est lui qui décide quelle nouvelle tendance va adopter sa communauté. Si par malheur une tendance est initiée par une autre personne, c'est le glas de son leadership qui sonne alors.

Les initiateurs de tendance les plus influents sont les *cool hunters*. Les identifier puis communiquer avec eux en exclusivité sont des actes constitutifs du succès de tout lancement de produit. C'est la mission de l'*influential marketing* ou marketing des influents.

La logique économique

Le fait d'être le vecteur d'un buzz peut être la résultante d'une logique économique qui est émise directement ou indirectement par la marque.

Gagner et ou faire gagner de l'argent On retrouve ici le principe bien connu du réseau économique. L'individu peut nourrir un buzz dans la logique de faire bénéficier l'ensemble de sa communauté d'une offre exceptionnelle et dans ce cas par générosité, de lui faire gagner de l'argent. Nous pouvons être également dans une relation « win-win » de type parrainage où le parrain et le parrainé sont rétribués.

Enfin, le dernier cas est celui de l'*e-arriviste*, que nous retrouvons au cœur la pyramide consumériste virale, véritable mercenaire du buzz, il acceptera d'être le vecteur d'une marque à la condition d'être rémunéré.

Le cercle de causalité virale permet de tester la pertinence de ces messages. Un message censé initier le buzz ne répondant à aucun des besoins des consommateurs influents peut être au mieux sans effet, au pire nuisible pour la marque émettrice.

Le buzz est une pratique qui réunit plusieurs acteurs, plusieurs modes opératoires. Pour le mettre en œuvre il faut déployer une stratégie composée de moyens différents ayant chacun une application et un objectif spécifiques. Ces moyens constituent l'arsenal de toute bonne stratégie de buzz marketing. Mais cet arsenal est évolutif, en fonction des cibles, des avancées technologiques, de l'usage des différents médias, de l'obsolescence de certains de ses moyens. Ce que nous allons vous livrer ne constitue donc qu'une bibliothèque de base qui se doit d'être enrichie ou réduite en fonction des évolutions.

3

LES MOYENS DU BUZZ MARKETING

Les moyens

LA RECOMMANDATION

L'entreprise va inciter et donner les moyens à l'internaute d'émettre facilement des recommandations sur son site Internet.

La recommandation simple

Moyen simple à mettre en place, il réside en la création d'une interface dédiée à l'envoi par l'internaute de recommandations. Une boîte d'envoi est créée dans laquelle l'internaute entre les adresses électroniques de la (ou des) personne(s) à qui il veut donner l'information. Deux cas de figure sont possibles :

- l'initiative du texte du message est laissée à l'internaute ;

- le message est prédéfini par l'entreprise. Dans ce cas l'opération de recommandation est accélérée mais le texte doit alors être soigneusement étudié car le message aura un caractère moins personnel.

La recommandation contextuelle

Le principe reste le même, mais dans ce cas la recommandation est liée à un produit, un service, un contenu particulier.

Bien que les recommandations contextuelles soient le plus souvent utilisées par les sites de contenu qui en ont fait une fonctionnalité classique des outils de gestion, elle est de plus en plus au service de la promotion produit.

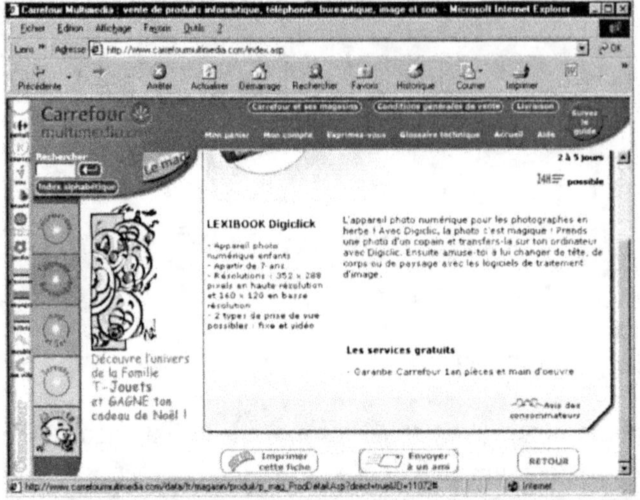

La recommandation récompensée

Le principe est le même, mais dans ce cas l'internaute est incité à faire la recommandation. Plus il aura fait de recommandations, plus la récompense sera importante, elle peut prendre la forme de réductions, de bons d'achat, de points de fidélité ou même être financière.

La recommandation financière a conduit à l'élaboration de systèmes de parrainage viraux. Il y a alors mise en place d'un système pyramidal où le parrain va être récompensé sur plusieurs niveaux en fonction des actions (simple visite, inscription à une newsletter...) faites par ses filleuls. L'un des exemples les plus impressionnants est la *success story* américaine du service de paiement par mail Paypal qui a bâti son réseau de dix millions de clients, non pas sur des investissements publicitaires, mais sur une prime de 5 $ offerte pour tout compte ouvert. Le mécanisme viral du service Paypal illustre parfaitement le concept de réseau consumériste.

Marc a dix amis qui n'ont pas de compte Paypal, il leur envoie à chacun un mail Paypal de 2 $, si les dix amis acceptent d'ouvrir un compte chez Paypal, ils touchent chacun les 2 $ de Marc plus une prime de bienvenue (soit un cadeau de 7 $), tandis que Marc reçoit de Paypal 50 $ de prime de parrainage, soit un gain total de 30 $.

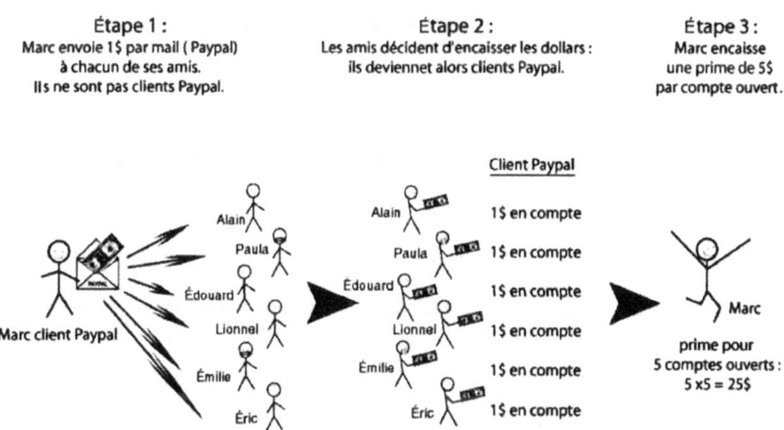

Le danger majeur de ce type de système est sa simplicité et l'absence de coût pour l'internaute. Ainsi, la recommandation récompensée peut donner des résultats quantitatifs impressionnants et ceci en peu de temps, ce qui génère parfois pour l'entreprise des risques financiers. De plus, son utilisation excessive de la part des *e-arrivistes*, des chasseurs de primes peut générer des problèmes d'image lorsque ces derniers recourent au *spamming* pour augmenter leurs gains.

OBJET CONSUMER TO CONSUMER

L'objet « Consumer to Consumer » est un outil pensé pour faciliter au quotidien les communications interpersonnelles du consommateur. Il permet à l'individu de satisfaire son besoin chronique d'être en contact avec les autres, en contournant la barrière classique de la timidité, c'est donc un outil à vocation socialisante.

L'objet « C to C » rend possible l'expression d'une gamme de sentiments extrêmement large, allant même jusqu'à la déclaration amoureuse. Les valeurs positives véhiculées par ce type d'outil lui permettent d'être le support de choix de nombreuses campagnes de buzz marketing pour des marques de produits de grande consommation, non-impliquant. Il est de nature à la fois high tech (il va du programme de jeu au message SMS) et plus traditionnel (packaging événementiel de bouteille). On dénombre trois grandes familles d'objets « C to C ».

Les objets C to C de charme ou outils d'aide à la séduction

Le buzz marketing a trouvé dans la séduction un territoire d'expression sans limites. Ainsi, ces outils se sont avérés des objets simples, réconfortants, inattendus et efficaces pour tous les individus cherchant à séduire. Quel que soit le type de séducteur, l'objet « C to C » représente pour lui une occasion de surprendre la personne désirée, et ainsi de lui montrer à quel point son esprit est créatif et qu'il est attentionné.

« L'objet C to C de charme » est souvent perçu comme naïf et inoffensif, pourtant ses effets sont réels, il est un soutien sans stress à l'individu face à un domaine éminemment anxiogène : la séduction. Il véhicule des valeurs éminemment positives. Sa « consommation » par l'envoyeur et le récepteur se déroule dans un contexte fait d'attention et de sensibilité. Ces forces ont séduit à leur tour les grandes marques, qui ont décidé de l'utiliser comme catalyseur privilégié de buzz. Ces marques font partie de l'univers de la grande consommation, elles sont à la recherche du buzz image indispensable pour transcender la nature non-impliquante de leur produit.

Les baisers virtuels

L'inventeur de « l'objet C to C de charme » est celui développé par la marque SCOPE (de PROCTER & GAMBLE). SCOPE est un produit au service de l'hygiène buccale, dont le bénéfice consommateur est d'avoir l'haleine fraîche, aux douces senteurs de menthe.

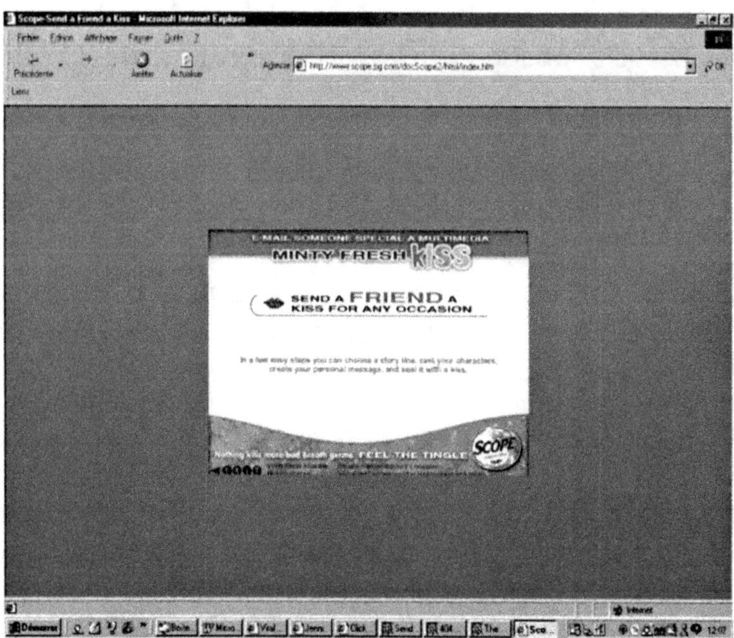

Dans sa communication publicitaire, SCOPE a transformé ce produit classique d'hygiène buccale, de nature bien peu séduisante, en véritable accessoire indispensable à tout amoureux voulant partager des baisers langoureux à la fraîcheur mentholée.

Avec un positionnement aussi fort, la marque se devait de développer une présence totalement innovante sur Internet, loin des habituelles plaquettes de produits. L'idée d'utiliser le site comme un lieu d'envoi d'« objet C to C de charme » vint naturellement. L'objet fut une déclinaison du message développé en publicité offline.

SCOPE inventa donc le premier baiser virtuel par mail : le « minty fresh kiss ». Ainsi l'internaute se vit proposer d'envoyer le baiser virtuel de son choix. Le mode de fabrication du baiser garantit un produit final totalement sur-mesure. Tout d'abord, l'ensemble des communautés sexuelles fut pris en considération à travers la proposition d'un baiser hétérosexuel ou homosexuel. La mise en scène du baiser se devait d'être très travaillée, ainsi l'internaute put choisir entre différents types d'embrassades (du « smack » généreux et humide à la bise rapide et timide). Le cadre du baiser ne fut pas oublié, avec au choix une balade à ski au grand air pour amoureux sportifs ou une atmosphère beaucoup plus cocooning prenant pour cadre le confort douillet d'un chalet suisse. La technologie employée permit de modifier à loisir le fond sonore du « minty fresh kiss ». L'opération fit grand bruit, les internautes intégrèrent immédiatement l'outil comme un outil de communication interpersonnelle du quotidien. Par ce fait, la marque SCOPE se retrouva à la fois à l'origine et au coeur du buzz consumériste, le tout pour un investissement très faible.

Les bouquets virtuels

Le bouquet virtuel est un service aussi répandu sur l'Internet anglo-saxon que la classique e-mail card. Il a toujours occupé une place prépondérante dans le coeur des internautes qui l'associent naturellement à un vrai bouquet alors qu'au départ il s'agit d'un véritable objet publicitaire.

Title: Roses
Brought to you from FTD.COM

To: vous

Pour vous lecteur

- les auteurs

Le mécanisme du bouquet virtuel est d'une simplicité confondante : le consommateur choisit parmi de nombreuses photographies de bouquets celui qui est le plus en affinité avec les goûts de la personne à qui il veut l'adresser. À lui de rédiger ensuite un texte d'accompagnement.

Cet objet « C to C de charme » est aujourd'hui une fonctionnalité de base de tout grand portail Internet. Il fait l'objet d'une véritable compétition économique, dans le sens où les grands marques de la livraison de fleurs comme FTD (voir le visuel) se battent pour être le fournisseur floral officiel de ces nouveaux types de bouquets. Les fleuristes ne sont plus les seuls annonceurs cherchant à utiliser ce vecteur de buzz. Les grandes marques de cosmétique comme Reflect.com (développée par PROCTER & GAMBLE) conscientes de la qualité d'attention du receveur d'un tel envoi, enrichissent le bouquet virtuel par une offre de couponnage.

Coca-Cola Pack St-Valentin Castelbajac	Dernier exemple objet « C to C de charme », le coffret collector COCA-COLA LIGHT spécial Saint-Valentin développé par Jean-Charles de

Castelbajac intitulé « For lovers ». Le pack se veut être une démonstration voyante et branchée de l'amour que se porte un couple sous le patronage de la marque d'Atlanta.

Construit autour d'un packaging argent très voyant et très branché COCA-COLA, il se définit comme le « pack de l'amour ». À l'intérieur résident des bouteilles siamoises de COCA-COLA LIGHT, associées à un couple de pailles et un pendentif « 2 en 1 » sur lequel est incrusté un cœur qu'on partage lorsqu'on le rompt. Ici, la marque et le couple moderne entretiennent une relation à deux niveaux. :

COCA-COLA fournit un outil de communication dédiée à l'expression en société de l'amour du couple, tandis que le couple accepte de jouer le rôle de support de communication de la marque. Nous sommes donc face à deux concepts forts qui se lient : « *Brand becoming the medium of people* » et « *People is message* »

Objet C to C ludique

Le jeu a toujours fait partie du quotidien des internautes. Il en existe une multiple variété sur le Web : loterie en ligne, jeux classiques, jeux en réseau intégrant des univers persistants, ROM[1] ou le dernier témoignage des premiers jeux vidéo des années 80, jeux de pronostics en ligne… Les marques ont pris en compte le phénomène, en émettant un postulat simple : pourquoi ne pas tirer parti de l'engouement des joueurs et utiliser le jeu, non seulement comme un vecteur publicitaire, mais au-delà comme un vecteur de buzz. Ce nouvel outil de communication se nomme

---

1. Terme usité chez les *hardcore gamers* désignant des jeux anciens (*Packman…*)

« objet C to C ludique » ou « Advertgaming ». Son extension à la publicité dans le jeu a donné naissance à l' « advertainment » contraction d'*avertising* et d'*entertainment*.

Cette outil à bien une double fonctionnalité pour les marques. La première est la qualité du contact généré par un jeu, en effet le spectateur est actif par rapport au message publicitaire, il interagit avec lui (ce qui explique les taux de mémorisation du média jeu vidéo mesuré par Ipsos Médiangle). La deuxième est la nature virale de l'outil, puisque le plus grand plaisir d'un joueur (nous l'avons constaté à travers le cercle de causalité virale) est de se mesurer à d'autres joueurs par l'envoi récurrent de nouveaux défis. Le jeu vidéo support de la marque fait ici office de défi.

L'« objet C to C ludique » n'en est qu'à ses débuts. Il n'est pas limité au seul média Internet, puisqu'il peut exister sous forme de CD-ROM et d'application Palm Pilot. Ses capacités en terme de monitoring des actions du joueur pendant la partie sont étendues. De plus, ses résultats en terme de retour sur investissement ont séduit de grands annonceurs américains comme PROCTER & GAMBLE, NABISCO, BELL SOUTH.

Cas Verado

Verado est une société du Colorado spécialisée dans la protection de systèmes informatiques en réseau, en particulier pour les sites e-commerce.

Au premier trimestre 2000, Verado a voulu mener une campagne de communication susceptible de développer sa notoriété et de générer de nouveaux prospects. Aidée par la société Intrapromote, elle a développé un « objet C to C ludique » aux qualités ludo-éducatives étonnantes[1].

En effet chaque niveau du jeu expose en situation tous les différents types de menaces pouvant être rencontrés par le système informatique d'une entreprise tant en interne qu'en externe (virus, hacking…) et bien sûr toutes les solutions spécifiques apportées par Verado. Le cocktail est parfait entre :

---

1. http://www.verado.com/forms/get_verado_game_1.shtml

– le fort plaisir ludique indispensable à la séduction du joueur ;

– le haut niveau de challenge proposé pour satisfaire le besoin chronique du joueur de mettre au défi sa communauté ;

– la mise en scène intelligente du produit qui transforme le jeu en démonstration produit.

Les résultats enregistrés par le jeu Verado sont étonnants, ils montrent une croissance suivant un rythme exponentiel :

– 20 000 téléchargements durant le premier mois ;

– 50 000 téléchargements durant le deuxième mois ;

– 250 000 téléchargements au bout de quatre mois ;

– augmentation significative du chiffre d'affaires et de la part de marché au bout de six mois.

Nous voyons que le buzz n'est pas simplement un média de l'instantané. Une campagne de buzz réussie laisse une trace dans l'esprit du consommateur bien au-delà de l'exposition aux messages.

Cas lastminute.com Au premier semestre 2000, l'entité anglaise de lastminute.com est allée plus loin dans l'utilisation « d'objets C to C ludiques » via une infiltration des communautés des utilisateurs de *Palm Pilot*. Au début de l'année 2000, lastminute.com lança la déclinaison *Palm Pilot* de son service. Or, les utilisateurs de *Palm Pilot* partagent deux particularités fondamentales aux yeux de tout praticien du buzz marketing :

– l'utilisateur de *Palm Pilot* aime jouer sur sa machine ;

– la pratique du transfert programme via infrarouge de palm à palm est un élément fondateur de « la culture palm », elle porte même un nom spécifique le « Bim ».

Afin de développer la notoriété de son nouveau service, lastminute.com mixa deux moyens du buzz marketing « l'objet C to C ludique » et le « street marketing ». Le jeu ainsi développé était un jeu de football pour un ou deux joueurs à télécharger directement sur le site de l'annonceur. La campagne de *street marketing* eut lieu à l'intérieur des gares des grandes villes anglaises. Des hôtesses, un *Palm Pilot* à la main, passaient de wagon en wagon offrant aux voyageurs utilisateurs de palm la possibilité de leur « bimer » le jeu. La marque avait ainsi fait l'effort de déclencher le phénomène de diffusion. Naturellement le jeu fut approprié par les premiers consommateurs qui à leur tour le diffusèrent à leurs amis. Le buzz portant sur l'offre *Palm* lastminute.com pouvait alors se propager.

Objet C to C de communication

Une des composantes fondamentales du cercle de causalité virale est la logique sociale. Ainsi, une arme de buzz marketing doit apporter une valeur ajoutée à l'intérieur des communications de personne à personne. « L'objet C to C de communication » n'a qu'une finalité : aider l'individu à mieux communiquer avec sa communauté. Il peut être un prétexte à la reprise de contact avec une ancienne connaissance ou à la création d'un événement venant bousculer une correspondance devenue trop routinière.

E-mail card online et offline

L'e-mail card est un véritable phénomène de société. Cet objet extrêmement simple est devenu une offre de service à la fois incontournable pour tout site aspirant à générer une forte audience et indispensable pour tous les internautes soucieux de mieux communiquer.

L'e-mail card est le moyen le plus simple d'agrémenter la communication quotidienne d'un internaute vis-à-vis de sa communauté, habituée à recevoir toute la journée un type de mail unique par sa forme (le classique mail à fond blanc).

Les marques ont parfaitement intégré ce besoin et se sont mises ainsi à développer ce type de service sur leur site, voyant ici l'opportunité qui leur était offerte de diffuser sans le moindre coût leur communication. L'univers du cinéma s'est particulièrement distingué dans cet exercice en proposant des produits de qualité largement supérieure à la moyenne du marché tant en matière de direction artistique développée que de technologies utilisées.

E-mail card offline

La société Cardmine a enrichi le concept de l'e-mail card en lui donnant une nature offline et en devenant ainsi la première vraie carte postale d'Internet.

Le principe mis en place par cette société est d'une simplicité étonnante. L'internaute a la possibilité d'aller sur le site Cardmine.com ou sur le site de l'annonceur. Là, il choisit une carte publicitaire, il l'accompagne d'un message et donne l'adresse du destinataire, tandis que la société Cardmine s'occupe du reste : elle imprime la carte postale et l'affranchit. Ce procédé a multiplié les effets de buzz d'une e-mail card classique. De nombreux annonceurs prestigieux comme PROCTER & GAMBLE, BMW et même dernièrement Michael Jackson (pour la sortie de son dernier album *Invincible*) ont utilisé avec succès ce nouveau moyen.

Cas Boss Woman et Hugo

Ainsi PG utilisa en août 2000 la solution Cardmine pour le lancement mondial de son nouveau parfum BOSS WOMAN. Les objectifs attribués à l'opération étaient d'encourager l'essai, d'intégrer Internet dans la mécanique globale de mailing et de qualifier le public prospect. Les résultats furent éloquents :

– 75% des visiteurs du site bosswoman visitèrent la zone dédiée à l'échantillonnage ;

– 95% des visiteurs de l'espace Cardmine envoyèrent des cartes à leurs amis ;

– Plus de 210 000 cartes furent envoyées en douze semaines ;

– 22% des receveurs se transformèrent en envoyeurs de cartes Cardmine à leur tour ;

– Plus de 350 000 adresses e-mails et postales furent ainsi collectées.

Nous le voyons, les taux de retour sont largement supérieurs par rapport à ceux constatés en marketing direct. De plus, l'effet buzz créé est remarquable puisqu'une personne recevant ce type d'objet est conquise à son tour et se transforme elle-même en agent viral.

Devant de tels résultats, PROCTER & GAMBLE renouvela l'expérience avec son autre marque HUGO BOSS. Les retombées de cette opération furent ainsi commentées par Shuvo Saha global brand manager d'HUGO parfums : « *Cardmine nous donne l'outil pour atteindre notre cœur de cible plus efficacement. Le taux d'acceptation d'un échantillon par un consommateur est beaucoup plus important comparé au résultat du marketing direct traditionnel si la proposition est envoyée par un ami* ».

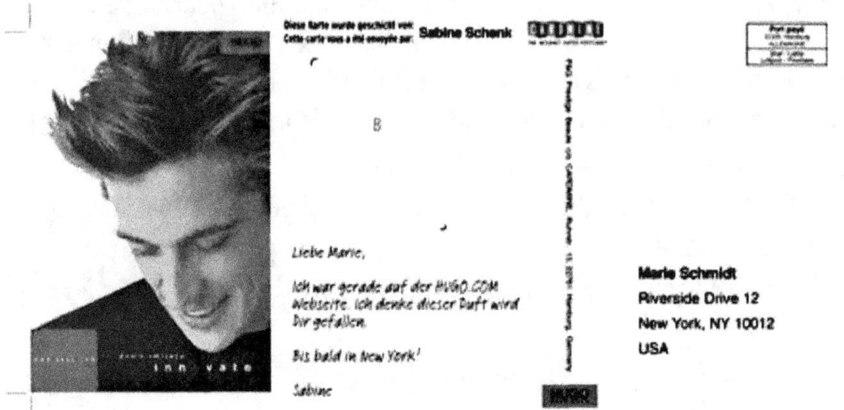

Coca Cola opération
« Drôles de messages »

Le service « drôle de message » développé en France par COCA COLA montre que la marque peut ne pas simplement se rattacher au buzz existant, mais être initiatrice elle-même de buzz.

Le « drôle de message » est un outil de communication de personne à personne, défini comme « des petits clins d'œil à partager entre amis » selon Éric Laurencier, responsable des relations presse et relations publiques de COCA-COLA.

La mécanique de l'outil offre plusieurs moyens de communication digitaux : le téléphone mobile et Internet. Le consommateur se voit offrir la possibilité d'envoyer à ses amis 250 messages pré-enregistrés à l'attention des répondeurs de tout téléphone mobile. Les messages se divisent en cinq univers thématiques : « félicitation », « être ensemble », « sans queue ni tête », « événements » et « fan ». Pour envoyer un message, le consommateur doit communiquer un code unique et non réutilisable, présent sur chaque produit COCA-COLA en appelant un numéro de téléphone facturé 2,21 francs la minute plus le coût de la communication facturé par l'opérateur depuis un téléphone portable. Une fois le code révélé, il lui suffit de rentrer le numéro de téléphone du destinataire. Quant à l'offre sur le site www.cocacola.fr, l'internaute a la possibilité d'écouter tous les messages proposés et également d'envoyer un e-mail sonore véhiculant le message choisi.

La marque peut tirer trois bénéfices clés par rapport à cette opération :

– initier et développer un buzz important auprès de son public cible grâce à ces drôles de messages ;

– entretenir une relation forte avec son public via la mise en place d'un service en affinité avec ses attentes ;

– enrichir sa base de données grâce à la qualification réalisée sur le site ;

– développer un CA supérieur par la vente supplémentaire de cannettes et de bouteilles ainsi que par les revenus générés grâce au service téléphonique développé pour l'occasion.

Message de répondeur téléphonique « Ex-Psycho Girl »

Ce dernier cas n'a jamais été démontré comme une opération marketing montée de toutes pièces par une marque. Il montre néanmoins le pouvoir du buzz sur Internet.

En février 2001, Mark McElwain lança son site personnel[1] dans le but d'exorciser la fin douloureuse de la relation qu'il entretenait avec son ex-petite amie. Le site ne contint pas moins de cinquante messages hystériques de la petite amie en question, pouvant être réutilisés à loisir (fichier diffusé en format MP3) selon l'auteur pour « égayer » les répondeurs téléphoniques de ses visiteurs ou plus perfidement pour ennuyer les ex ayant laissé un souvenir amer aux internautes.

____

1. http://www.psychoexgirlfriend.com/

Le site psychoexgirlfriend.com devint en quelques jours un phénomène de société, une icône pour internautes vivant une rupture. En dix jours, le site enregistra une moyenne d'un million de hits, les fameux fichiers furent téléchargés par des millions d'individus et utilisés dans l'optique dictée par l'auteur. Mark McElwain devint une star des médias toujours fascinés par la sacralisation du quotidien. Il fut successivement interviewé par *Newsweek*, *The Washington Post*, *The Wall Street Journal*, *The New York Press* et *USA Today*. Aujourd'hui, de nombreux observateurs accusent McElwain d'être un agent incognito d'une marque, mais aucune preuve n'a été révélée à ce jour.

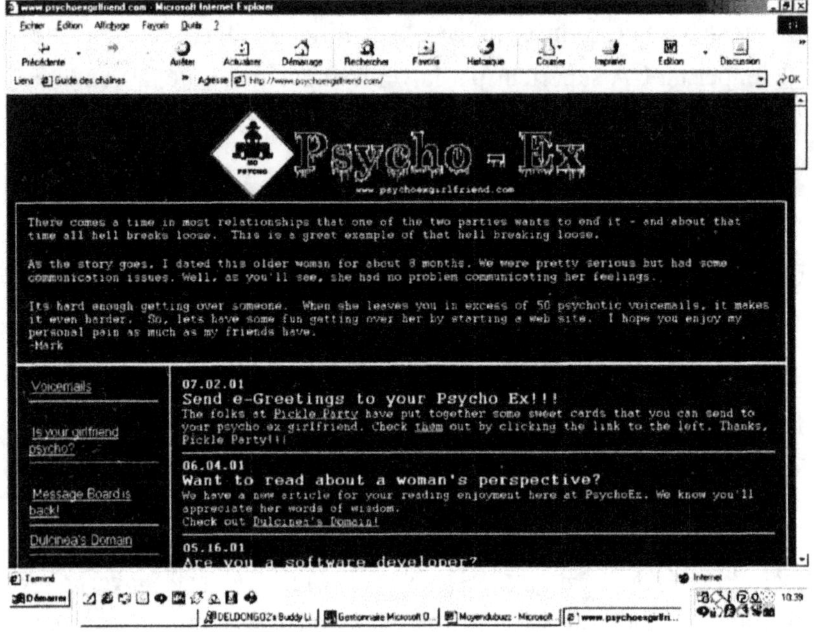

Les différents objets « C to C » sont des outils principalement de branding dédiés au développement de la notoriété et de l'image des marques. Néanmoins, ils peuvent se transformer en véritable levier de recrutement à condition qu'ils soient intégrés dans une réflexion globale de marketing direct.

LES FAUX SITES PERSONNELS

Le faux site personnel occupe une place particulière dans l'arsenal du buzz marketing. C'est un outil construit pour initier l'influence. Il imite le discours du consommateur afin de lui démontrer que le sujet qu'il voit ainsi exposé prend des tournures de phénomène de société, puisqu'il génère spontanément de nombreuses conversations. Un engrenage peut alors se mettre en place : l'internaute, au contact du faux site personnel, croit détenir un scoop. Il va donc, dans un souci de valorisation de son ego, le propager dans sa communauté et lui donner ainsi encore plus de véracité. L'annonceur qui a démocratisé ce type d'outil est le film *The Blair witch project* qui a conçu une série de faux sites personnels dans le but d'amener l'internaute à se poser deux questions cruciales pour le succès de la diffusion en salle : « Suis-je en face d'une fiction ou d'un véritable fait divers ? » et « *Blair witch* est-il le film le plus effrayant jamais réalisé ? ». On peut le penser au vu des témoignages horrifiés sur les pages personnelles des quelques privilégiés qui ont eu la chance de le voir.

Le cas Nescafé   NESCAFÉ s'est risqué à l'exercice au premier semestre 2000, à l'occasion du lancement de son nouveau film publicitaire « Nes ». Le film mettait en scène une version modernisée de *Blanche-Neige*, où l'héroïne du conte de Jacob Grimm se transforme en serveuse d'un bar à la mode. La sorcière arrive, lui propose une pomme empoisonnée mais au lieu de l'accepter, *Blanche-Neige* lui décroche un redoutable coup de tête qui l'envoie s'écraser sur une chaise à quelques mètres de là.

Le faux site[1] met en scène le film comme un fait divers, à l'image du *Blair witch project*, mis en ligne quelques jours avant la diffusion à la télévision du spot. Il est consacré à un avis de recherche portant sur *Blanche-Neige*. L'appel à l'aide est sans équivoque : « Envoyez les

---

1. http://www.rech-jf.com/envideo.htm

éléments de l'enquête (…) à votre patron, un collègue, votre belle-mère, vos amis, vos ennemis, un cousin… ». Le visiteur est invité à regarder le « drame » vu d'une caméra de surveillance, tout en ayant la possibilité d'envoyer cet avis de recherche… buzz oblige.

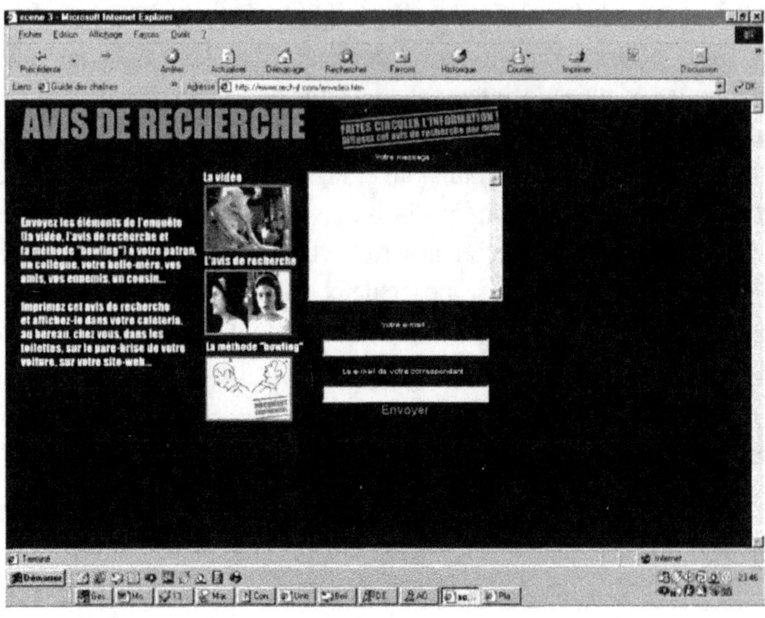

Le cas A.I.

Le cas *A.I.* est un des cas les plus passionnants du buzz marketing, de par son mécanisme de propagation qui est initié par la communication offline officielle vers sa communication online clandestine (ce qui montre que définitivement le buzz n'est pas qu'un moyen réservé à Internet) et sa couverture média tant internationale qu'exceptionnelle.

Nous sommes donc en présence de la première campagne de buzz mondiale et synchronisée.

L'opération démarre dès la diffusion de la première bande-annonce du film et en particulier son générique de fin où est mentionnée une certaine Jeanine Salla dont la fonction est d'être « thérapeute pour machine intelligente ». Le jeu de piste peut alors commencer. Ainsi quelques internautes se sont mis à rechercher des informations autour de cette mystérieuse femme. Avec l'aide de moteurs de recherche, ils trouvent nombre de sites qui ont pour sujet Madame Salla et qui partagent un autre point commun : ils viennent tous du futur. Jeanine Salla a une vie fantasmée, elle est professeur d'université spécialiste de la question de l'intelligence artificielle et elle est plus ou moins liée à une association de défense des droits des robots.

De même son nom est rattaché à une page anti-robot et à un service de détectives spécialisés dans la filature.

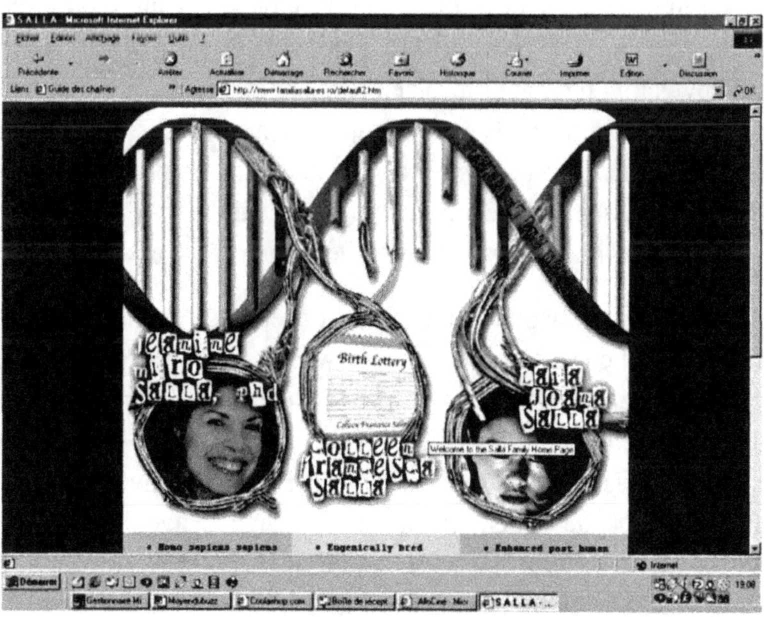

L'histoire spécifiquement développée pour Internet rattrape le scénario du film grâce à la découverte d'un autre internaute. Les affiches du film *A.I.* renferment un code secret. En effet, si on les retourne, on peut observer des carrés de couleur or et des cercles couleur argent autour de certaines lettres. Une fois ces lettres rassemblées on peut lire deux messages « Jeanine est la clé » et « Evan Chan a été assassiné ».

Le site, bien connu des fans de cinéma *Coming Attractions,* rentre alors en action. Il révèle l'existence d'un numéro de téléphone pour contacter la scientifique. Ce numéro bascule sur un répondeur téléphonique qui donne des informations sur l'enterrement de Evan Chan tout en renvoyant vers une autre femme : Nancy. Le site personnel de la famille Chan est à son tour découvert, il nous enseigne que Nancy est la femme de Chan et que le site coronersWeb renferme des informations capitales sur le meurtre d'Evan. Il a été tué suite à un coup porté avec force sur son crâne. Les indices se multiplient alors sur Internet témoignant de la mise en place d'un univers aussi riche que celui développé par un jeu de rôle, puisqu'il est composé de plus de 700 « pages indices ». La SPCB, le FBI du futur devient un protagoniste clé en révélant les prémices d'un grand complot où pro et anti-robots s'affrontent. Les puzzles ainsi développés deviennent de plus en plus complexes, ils intègrent les personnages du film leur donnant une épaisseur psychologique avant même la projection et semblent interagir avec chacun des visiteurs que ces sites accueillent.

Une véritable communauté virtuelle s'est développée autour du jeu de piste comme peut en témoigner le site www.cloudmakers.org. L'origine même des opérations était il y a peu de temps inconnue. On sait aujourd'hui qu'elle est l'œuvre du génie marketing de MICROSOFT (développeur du jeu officiel du film qui sortira sur sa nouvelle console Xbox). La campagne a démarré au mois de mars avec treize sites personnels et un rythme de mise en ligne hebdomadaire de trois nouveaux sites. Son bilan est remarquable :

– plus d'un million de visiteurs uniques ;

– plus de trois millions de sessions ;

– 28 % des visiteurs sont restés plus d'une demi-heure sur les sites ;

– la campagne a obtenu le prix Adweek de la meilleure opération de viral marketing.

> *Le faux site personnel est un outil créateur d'influence. Il donne une nouvelle dimension à n'importe quel concept. Il le dote d'un contenu, d'un passé, de témoignages passionnés de consommateurs virtuels. Ainsi il peut transformer une simple idée posée sur le papier en phénomène de société.*

LE FILM VIRAL

Le film viral est un film publicitaire dont le but est de générer naturellement l'envie ou le besoin chez le consommateur de le diffuser au plus grand nombre. Exclusivement centré dans la forme et l'effet immédiat créés chez le spectateur, il se détourne radicalement de la promotion du produit pour se concentrer sur l'image de marque. Il représente un exercice créatif complexe qui répond à des contraintes draconiennes. Il prend sa source non seulement chez les publicitaires, mais aussi dans l'univers du cinéma qui peut être une mine précieuse de conseils pour une marque, tant en termes de mise en scène que de mécanisme de diffusion.

Le film viral comique

C'est la forme de film viral la plus ancienne et la plus développée aujourd'hui. Son mécanisme repose sur un exercice d'humour universel, dans sa plus simple expression. Le film viral comique est entièrement construit sur un gag unique.

Il existe deux types de films viraux comiques : le clandestin et le classique.

Le film viral comique clandestin — Le film viral comique clandestin se caractérise par une mise en scène radicalement minimaliste. Cette recherche de simplicité peut aller très loin. Le film doit être 100 % authentique, il doit se rapprocher de ce que pourrait réaliser un caméraman amateur, c'est pourquoi il prend souvent la forme d'une imitation de reportage TV, voire même d'un recyclage des codes du film amateur (image de très mauvaise qualité, tremblotante et prise de son approximative…). C'est donc un instantané de vérité forcément ridicule qui répond à la tendance dite « du real people » qui transforme monsieur tout le monde en nouvel héros de la société .

Le cas « Bad Day » — Le premier film viral comique clandestin a été diffusé sur Internet en 1997, il s'agit du mythique Bad Day[1] , qui provoque encore quatre ans après la polémique.

Le film « Bad Day » a construit son succès autour d'un constat sociologique à la fois juste et partagé par le plus grand nombre : l'informatique est un facteur de stress fort pour tout employé de bureau susceptible de l'utiliser.

Sa forme repose sur la recherche de la simplicité et de la crédibilité. Elle est constituée par un plan fixe, tiré d'images provenant d'une caméra de surveillance. Là, un employé bedonnant commence à être agacé par son ordinateur. La tension monte jusqu'à son paroxysme, l'homme prend

---

1. On peut y accéder sur le Net : http://sites.inka.de/~sleipnir/badday/

son clavier et le fracasse sur son moniteur et part. À l'arrivée, l'ordinateur est détruit tandis que l'internaute devient le témoin d'un « bad day » hilarant.

Ce film a été envoyé et renvoyé par des millions d'internautes à travers le monde entier. Des sites personnels se sont spontanément créés pour l'héberger donnant naissance à un véritable *webring*[1] « Bad Day » . Il a généré en parallèle une controverse planétaire (en tout cas sur le Web) autour de son origine supposée. Les internautes décortiquèrent une à une les images du film, guettant la moindre erreur (le clavier s'avéra ne pas être réellement branché). Rapidement, Microsoft fut accusé à tort d'être le commanditaire de « Bad Day ». Puis la vérité éclata par la voix du héros du film. Vinny Licciardi avoua alors être le manager des opérations de livraison client de la société Loronix's, entreprise spécialisée dans la surveillance de parcs informatiques.

La valeur ajoutée de l'opération s'est révélée double pour Loronix :
– développer sa notoriété au-delà de ses espérances ;
– faire accéder à une audience large un film de démonstration produit.

Quand à Vinny Licciardi, il a connu son quart d'heure de gloire avec la multiplication éphémère de pages personnelles consacrées à son personnage devenu mythique.

Les films viraux Lee Dungarees ou l'arme du comique non sensique

Au premier semestre 2000, la marque de jeans LEE DUNGAREES utilisa le buzz marketing pour combattre la sous-consommation chronique de ses produits par le segment de population masculin des jeunes adultes (17- 22 ans). Elle fit intervenir l'agence de publicité Fallon Mc Elliot pour bâtir une campagne d'image et de recrutement basée exclusivement sur le bouche-à-oreille.

---

1. Anneau virtuel constitué par un ensembles de sites Internet reliés entre eux.

L'analyse sociologique de la cible faite par l'agence montra une tendance commune à cette classe d'âge : la passion pour les jeux vidéo et au-delà pour les mécanismes ludiques les plus sophistiqués. L'idée d'un cyber jeu de piste découla rapidement de ces observations. La marque décida de jouer le jeu jusqu'au bout en acceptant de rester masquée jusqu'au dernier instant de la campagne. Le démarrage des actions eut lieu en mai 2000 par la constitution d'une base de données spécifique d'internautes *e-influents* ayant entre 17 et 22 ans. 200 000 adresses e-mails furent ainsi récoltées. Un envoi de trois films viraux s'en suivit. Ils reprenaient la forme typique du court métrage réalisé par des étudiants et diffusé sur Internet. Chaque film mettait en scène de façon grotesque, via un humour non sensique directement inspiré des *Monty Python*, un des trois personnages « extrêmes » suivant : Curry (un coureur automobile obsédé par sa coiffure ridiculement glamrock), Rod (une brute épaisse au look néandertalien qui casse tout sur son passage) et DJ Super Greg (un DJ au faciès monstrueux et à l'hygiène douteuse).

Deux points commun à ces trois films : les personnages sont tous des caricatures de « bad guys » hollywoodiens et une même fin sous forme de *pack shot* communiquant l'adresse du site personnel du personnage ainsi présenté soit : www.rubberburner.com, www.borntodestroy.com et www.supergreg.com

L'effet de cet e-mailing hyper ciblé ne se fit pas attendre. Le buzz enregistra une croissance exceptionnelle en moins de sept jours. Les résultats communiqués par l'agence sont éloquents. Ainsi chaque *e-influent* touché par e-mail envoya en moyenne les films à six de ses amis. Un rapide calcul nous enseigne qu'uniquement à la deuxième génération de la campagne de buzz marketing (niveau intégrant la population des individus contactés par l'opération d'e-mailing + population touchée par les forward des *e-influents*), 1 400 000 internautes ont vu les films DUNGAREES.

Effet de boomerang classique d'une campagne de buzz marketing réussie, constaté par les responsables de l'agence Fallon : l'enregistrement de la multiplication des réceptions dans leurs mails privés et professionnels des films anonymes LEE DUNGAREES provenant de leur réseau d'amis qui n'étaient absolument pas dans la confidence.

Le succès se confirme également au niveau des sites personnels de Curry, Rod et Greg. Ils n'enregistrèrent pas moins de 100 000 visiteurs uniques lors de la première semaine de diffusion, provoquant même la saturation des serveurs.

À l'image du film « Bad Day », la rumeur enfla sur Internet autour de l'origine supposée des films. La méchanceté clairement politiquement incorrecte affichée par les créations séduisit les internautes, toujours très bon public face aux communications hors normes. Ainsi, une communauté de fans des trois personnages 100 % « méchants » naquit naturellement. Quelques mois après la campagne d'e-mailing, les faux sites personnels enregistraient plus de 500 000 visiteurs uniques.

La révélation de l'origine de la campagne se réalisa quelques semaines après, en août 2000, via des spots TV et radio. Les trois personnages devenus des stars grâce à Internet sont les protagonistes d'un film publicitaire ayant pour sujet le retour triomphal du personnage emblématique de la marque LEE DUNGAREES : Buddy Lee (une poupée en plastique représentant un bambin en jeans). Les méchants bien sûr combattent Buddy, mais le héros triomphe. Cependant l'opération ne s'arrête pas là puisque les spots invitent les spectateurs à leur tour à participer à cette lutte en venant jouer sur le site officiel de Buddy Lee[1].

---

1. http://www.buddylee.com

Ils peuvent ainsi gagner de nombreux lots, mais aussi avoir le plaisir de corriger les trois bad guys.

Le génie marketing de l'opération ne s'arrêta pas là. Tous les joueurs ayant passé le premier niveau, se virent obligés d'entrer un code secret afin de pouvoir se mesurer au prochain challenge. Or ce numéro tant désiré se trouvait exclusivement sur les jeans LEE DUNGAREES en vente dans les magasins américains. Les visites en magasin grimpèrent et générèrent une augmentation des ventes de 20 % par rapport au résultat obtenu en 1999.

LEE DUNGAREES a donc tiré deux avantages majeurs de cette campagne :

– le buzz s'est mis au service du retour du personnage vedette de la marque en recréant le dialogue rompu avec la population masculine des jeunes adultes ;

– le buzz a permis de créer du trafic vers le réseau de distribution et, *in fine*, de multiplier les ventes auprès d'une cible stratégique mais sous-consommatrice.

Le film viral comique classique

Le film viral comique classique ne joue pas la carte de la réalité fiction ni de la dissimulation de la marque, il s'agit simplement d'un film publicitaire traditionnel drôle ou dont le mode de diffusion est original. Le film repose sur une scène épurée de comédie dont l'élément comique est le produit lui-même. Figure récurrente de la création publicitaire, plébiscitée par tous les publics et régulièrement couronnée par tous les jurys professionnels, le film viral comique classique tire son originalité de son appropriation par le consommateur spectateur et, *in fine*, par les médias. L'objectif de ce moyen est unique : initier un buzz autour d'un film publicitaire. Ce type d'opération est à intégrer comme une action de soutien lors d'un lancement de campagne classique de publicité offline sur les médias télévision ou cinéma.

Le film *John West Red Salmon*

La campagne John West Red revêt tous les attributs que peut prendre une campagne de buzz marketing.

Le film de John West Red fut réalisé par l'agence de publicité Léo Burnett. Il égaya les journées des internautes au cours du premier semestre 2001. Construit à la base comme un reportage animalier, il se transformait rapidement en un combat « à la Jackie Chan » ridiculement drôle entre un pêcheur et un grizzli dont l'enjeu était la possession d'un délicieux saumon. Le film est un pur moment de plaisir qui provoque, si ce n'est le fou rire, au moins la surprise chez tous ceux qui le regardent, et où la présence de la marque sait se montrer discrète mais efficace. Toutes les conditions sont donc réunies pour susciter l'envie chez les internautes de se transformer en « média » du film. Uniquement diffusé à la télévision britannique, le film s'exporta grâce aux envois d'e-mails de consommateurs en France et surtout aux États-Unis. Le succès de ce buzz fut particulièrement ressenti sur le Web américain où John West Red Salmon devint le film le plus téléchargé sur le célèbre site consacré à la diffusion de campagne publicitaire adcritic.com, détrônant au passage le spot événement et parodique des derniers jours de la présidence Clinton.

Une aubaine pour la marque anglaise qui n'avait pas les moyens d'investir dans une campagne internationale.

Le succès commercial fut aussi au rendez-vous puisque la marque enregistra une augmention de ses ventes de 10 %.

<table>
<tr><td>

Campagne MinutePay

</td><td>

MinutePay est un service de paiement par mail lancé en France au deuxième semestre 2001. L'agence Publicis

</td></tr>
</table>

e-brand responsable de ce lancement, décida de développer une communication de nature virale basée sur la création d'un buzz minutepay. Le cœur de la stratégie des moyens alors développés, s'articula sur un pré-lancement de deux films viraux comiques classiques en exclusivité sur Internet. L'opération se construisit en deux temps.

Le premier temps : conception de deux films 100 % esprit Web. Les deux films furent pensés pour faire cohabiter une démonstration produit avec une histoire respectant les conventions d'humour plébiscitées par les internautes, soit un registre comique reposant sur l'humour noir, le non-respect des conventions sociales et une mise en scène hors norme. Le premier film propose une vision infernale du personnel hospitalier, tandis que le second offre une représentation extrême des paris entre employés de bureaux.

Le deuxième temps : constitution d'une base d'*e-influents*. La réussite de l'opération reposa sur la récolte d'adresse de mails d'internautes et en particulier de Webmasters potentiellement diffuseurs des films, voire même hébergeurs des deux créations à l'intérieur de leurs sites personnels. Les créations avaient un fort potentiel viral du fait de leur humour communicatif et de la valorisation que pouvait entraîner la réception en exclusivité par mail de ces films. En effet, un leader d'opinion sur Internet cherche à voir son statut reconnu par des entités aussi puissantes que les marques.

L'opération fut aussi une réussite professionnelle en obtenant le prix stratégie 2001 dans la catégorie Internet des meilleures communications de produits financiers.

> *Un annonceur voulant utiliser un film viral comique rencontrera certaines contraintes :*
> *– avoir les capacités créatives pour réaliser un film qui a « le goût de la réalité » ;*
> *– déclencher le buzz et protéger par le secret les origines du film ;*
> *– maîtriser la révélation de la marque auprès du public qui a été en contact avec le film ;*
> *– posséder un film à la valeur ajoutée ludique forte ;*
> *– disposer d'une base d'e-influents.*

Le film viral nostalgique

Le film viral nostalgique est un produit de communication pensé pour satisfaire les envies de souvenirs du passé exprimées par la génération des 25-35 ans appelés également « adulescents ». Ce public est extrêmement demandeur de souvenirs audiovisuels des programmes télé de leur enfance, en particulier les dessins animés. Ainsi, il existe aujourd'hui un buzz fort autour du thème de la nostalgie.

Les sites personnels hébergeant les génériques de programmes comme *Candy* ou *Albator* se multiplient, tout comme les échanges de fichiers MP3 et de bandes-annonces de ces mêmes émissions. Le film viral nostalgique reprenant un extrait de telles émissions, brandé par un annonceur, peut s'avérer une arme de buzz marketing redoutable. En effet, il est en parfaite affinité avec un élément du cercle de causalité virale : être en contact, « be in touch ».

Le film viral totem : offrir un instant de complicité avec sa communauté

Dans la même veine que le film viral nostalgique, le film viral totem répond au besoin de sociabilité exprimé par le nouvel individu. Ce désir s'exprime à travers la recherche d'une communauté. Une fois la communauté fondée, elle se dote de codes de communication, de véritables signes de reconnaissance entre chaque membre et, au-delà, de l'appropriation d'un symbole totem. Le film viral totem cherche à occuper le rôle de signe fédérateur, de totem au sein du cercle communautaire.

BUDWEISER avec sa campagne « Wassup » fut l'inventeur de ce moyen. La campagne se plaça radicalement sous le signe de la simplicité et de la complicité. Chaque film reprend des instants conviviaux de cercles d'amis provenant de communautés plurielles (afro-américaine, asiatique, wasp, sénior), avec pour leitmotiv le cri de ralliement « wassup » contraction de *what's up*. Le buzz créé par l'appropriation du « wassup » par tous les types de communautés se transforma en phénomène de société. Ainsi aujourd'hui en France, il est quasiment devenu impossible d'assister à un événement pour la jeunesse, sans entendre le célèbre cri de BUDWEISER. Le buzz fut tel que le film passa sur les écrans de télévision français jusque dans les émissions prime time alors que la loi Evin ne permet pas à la marque d'accéder aux écrans publicitaires télévisés.

La contrainte de ce type de film repose dans la résolution d'une contradiction, celle d'un discours qui doit à la fois rassembler un public large et initier l'idée d'unicité indispensable à tout totem de communauté.

Diffuser le scandale ou le film viral gossip[1]

Le film viral *gossip* repose sur les désirs de voyeurisme plus ou moins révélés de chaque individu. Il est à ce titre le résultat des travers des médias qui ont placé le consommateur/spectateur au cœur d'un système d'accoutumance au sensationnel, appelant de façon permanente à la violation de la vie privée des célébrités mais également aujourd'hui d'inconnus. Le film viral *gossip* est un programme « interdit », uniquement diffusé par Internet (« média libre » par excellence, vecteur de toutes les rumeurs), révélant en exclusivité une vérité trop extrême pour être diffusée dans les médias reconnus.

Le premier film *gossip* français porte sur l'émission *Loft Story* de M6 de mai 2001. Il s'agissait de deux séquences interdites diffusées uniquement sur Internet (puis reprises par les médias offline) reprenant les images de la douche que prirent ensemble deux candidates et la scène de la piscine devenue célébrissime où l'on pouvait distinguer les ébats de Loana et de Jean-Édouard. Aujourd'hui personne n'a pu remonter aux origines de ces films. En effet, M6 a toujours nié être à l'origine de la diffusion de ces images. La chaîne a déclaré être victime d'un acte de piratage informatique ayant conduit à la diffusion de ces images. Néanmoins, c'est à partir de leur diffusion à travers des sites personnels créés pour l'occasion, que le buzz *Loft Story* pris toute son ampleur sur le Web. Les premiers endroits contaminés furent les boîtes mails des internautes (en particulier au bureau, puisque les entreprises jouissent en principe d'une vitesse de téléchargement supérieur à celle offerte par une connexion à domicile), puis ce fut au tour des forums du Web français de ne parler que de *Loft Story* et ainsi renvoyer vers le site officiel de *Loft Story*, où certains venaient pour guetter la prochaine image interdite. Ce fut enfin aux grands médias dans un laps de temps extrêmement court (moins de 48 heures) de relayer l'existence des films scandales. Les films « interdits » de *Loft Story* sont riches d'enseignement, ils nous montrent

---

1. Nom anglais employé communément par la presse *people* signifiant ragots, commérages.

que le buzz laisse une trace. Ainsi, est-il fortuit que la séquence ayant généré le plus de buzz soit celle qui porte sur Loana (la communauté des fans de la jeune femme apparut pour la première fois à cette occasion). Or aujourd'hui, il est indiscutable que Loana reste la participante du *Loft* la plus médiatique .

Les sites Internet, en particulier américains, sont des consommateurs récurrents de films viraux *gossip*. Ils sont les seuls films viraux capables de garantir la création immédiate de trafic vers l'adresse du site diffuseur. Ce transfert d'audience s'explique par le désir de l'internaute de vérifier par lui-même que ce film est un « vrai » et l'envie de voir, d'être le témoin, d'aller plus loin dans l'expérience du voyeurisme.

La limite de cet outil redoutable de buzz est bien sûr morale. Il est néanmoins l'expression d'une époque où le consommateur souffre de schizophrénie en célébrant à la fois les marques respectueuses de valeurs éthiques et les vecteurs de communication incitant au voyeurisme.

Le film viral d'effroi : offrir un instant d'angoisse

Si un univers a depuis longtemps mesuré l'importance du buzz dans toute sa réussite marketing, il s'agit bien de l'industrie du cinéma. Le cinéma d'épouvante en particulier s'est érigé en spécialiste de la création de bouche-à-oreille. Ainsi, en 1982, la suite du célèbre *Massacre à la tronçonneuse* développa une campagne publicitaire dont la signature ne fut autre que : « *Come to hear the buzz !* ». Cette annonce faisait elle-même écho à la signature de la bande-annonce originelle : « *Vous en parlerez !* ».

Avec l'avènement d'Internet, le cinéma d'épouvante a inventé un nouveau moyen de buzz marketing : le film viral d'effroi. Sa mécanique reprend les bases formelles du film viral comique clandestin dans le sens où il tente d'imiter au mieux la réalité. Ici, le film ne compte pas sur une histoire drôle, mais se veut plutôt être un témoignage unique d'un drame humain monstrueux. Nous sommes toujours dans le registre du voyeurisme comme pour le film viral *gossip*, cependant le morbide atteint ici des limites extrêmes, puisqu'il flirte parfois avec la légende urbaine des *snuffs movies*[1]. Deux campagnes de film viral d'effroi ont marqué les esprits. Chacune a mis en scène la fiction comme une transcription de la réalité. Il s'agit de la campagne de promotion du film *Blair witch project* (1999) que nous traiterons comme cas transversal des moyens du buzz marketing et, plus proches de nous, des actions marketing menées autour du film japonais *Ring* (2001).

Ring

Avant de décrire la campagne de buzz développée pour *Ring*, il est indispensable de livrer le pitch du film : « *une série de morts violentes inexpliquées frappent une région du Japon, une rumeur commence à courir les rues : le responsable de ces morts serait une cassette vidéo maudite qui condamnerait toutes les personnes qui la visionneraient* ».

Les premières actions anonymes de promotion du film commencent un mois avant sa sortie par l'envoi de milliers de mails d'un certain Titi portant comme titre « *tu as reçu une vidéo* ». Le corps du mail intègre un lien pointant vers un site personnel. Le site a pour seul objectif de développer la paranoïa chez le visiteur. Il intègre une courte vidéo amateur qui révèle l'existence d'un fait divers, soi-disant étouffé par les médias. Une vidéo tueuse est arrivée en France, les personnes qui la visionnent meurent au bout de huit jours. Puis Titi passe de la révélation à la menace en déclarant que le visiteur vient d'être intégré à « *la liste noire* » des internautes maudits !

Quelques jours après, les personnes ayant reçu le premier mail, reçoivent un second mail de Titi. Il déclare que le rythme de contamination des

---

1. Film amateur censé restituer en direct la mort violente et criminelle d'un inconnu.

internautes par la vidéo est à l'image d'une épidémie, puis il se met à agresser le lecteur en lui rappelant que son sentiment de sécurité n'est qu'illusion. Le mail intègre un nouveau lien qui bascule vers une page[1] contenant des interviews en vidéo de personnes témoignant de disparitions mystérieuses.

Le mail se termine par une dernière provocation de Titi, qui reproche à l'internaute de n'avoir pas rempli sur son site le champ de saisie, censé prévenir ses amis de la menace. Pour lui, cet acte inconsidéré de l'internaute causera la mort de ses proches.

À nouveau, un laps de temps se passe et l'internaute reçoit un troisième mail de la part d'un collectif des victimes de Titi : « *On a piraté la base de l'autre dingue qui envoie des vidéos. Il semblerait que tu sois sur sa liste. On a monté un forum pour essayer de le coincer. Viens nous rejoindre* ». Le forum en question est rempli de victimes des envois clandestins de mails recherchant l'origine de la manipulation, la tension s'accélère, la mise en scène de la panique est bien orchestrée. Enfin, un quatrième et dernier mail est envoyé aux internautes de la part de Titi : « *C'est re-moi et aujourd'hui tout va mal. Alors, je ne suis pas de très bonne humeur, aujourd'hui c'est cadeau. Je vais enfin vous dévoiler LA VIDÉO* ». La vidéo s'avère être la bande-annonce officielle du film. Le film viral a parfaitement joué son rôle en initiant tour à tour l'intérêt de l'internaute pour le film et fait monter le buzz autour de son lancement. Au final, le film a réalisé un score plus qu'honorable pour un film japonais sans acteurs ni metteur en scène connus.

Au-delà des qualités de réalisation évidentes, une opération de buzz marketing articulée autour d'un film viral d'effroi nécessite une scénarisation très minutieuse de l'événement en plusieurs étapes, le film étant le cœur d'une histoire dont l'internaute est la victime virtuelle. Une confidentialité totale jusqu'à la révélation finale est bien sûr obligatoire.

---

1. http://212.208.179.253/titi/lotrevideo.cfm?id=182711271678

L'usage des films viraux n'est pas réservé au marketing des entreprises. Depuis quelques années, le monde associatif américain a régulièrement utilisé le film viral comme arme de sensibilisation et de recrutement. Les exemples sont nombreux, nous mettrons particulièrement en avant les actions menées par la Bradly Campaign et Amnesty International. Bradly Campaign est une association qui milite depuis de nombreuses années pour l'abolition de la vente libre d'armes aux États-Unis. Elle a en particulier une « cible de choix », le président de la toute puissante NRA (association militant pour la conservation de l'amendement qui légalise la vente d'armes), la star hollywoodienne Charlton Heston.

En juillet 2001, la Bradly Campaign a produit un film de 90 secondes en technologie Flash, envoyé à 14 000 internautes dans le but de toucher la cible des moins de 25 ans et ainsi de rajeunir sensiblement la moyenne d'âge des membres de l'association qui est supérieure à 40 ans. Le film ainsi développé reprit un style visuel proche du célèbre dessin animé *South Park* (mécanisme déjà exploité dans les films parodiques de « Wassup » réalisés par des consommateurs). On peut y voir Charlton Heston prendre en otage un avion rempli de passagers aux ethnies plurielles, en chantant *America the Beautiful.*

Le film, à la fin de l'opération, a été téléchargé plus de 35 000 fois, générant 1 700 abonnements à la newsletter, 3 000 lettres de condamnation envoyées à Charlton Heston et quelques appels anonymes provenant des militants « pro gun ». Quant au film produit par Amnesty International en 2000 avec l'assistance de l'agence FreeRangeGraphics, il caricature le spot de la marque de DEBEER en mettant en avant le rôle joué par les diamantaires dans la guerre au Sierra Léone. L'opération a permis à Amnesty International de générer une base qualifiée de 10 000 adresses mails.

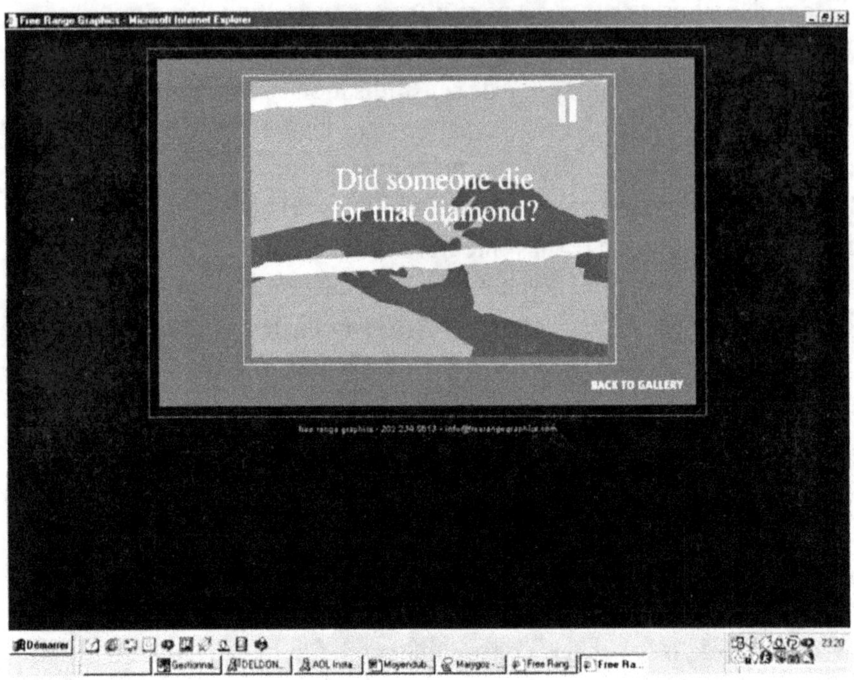

Le film viral est par excellence une arme de branding. Il peut participer activement au développement de la notoriété et de l'identité d'une marque. Il possède également des vertus en matière de création de trafic et, au final, de recrutement.

INFLUENTIAL MARKETING OU LE MARKETING DES INFLUENTS

Le buzz marketing a apporté un nouveau point de vue au marketer, en complément des principes établis par le marketing one to one. En effet, nous sommes passés d'une perception du marché en tant que somme de consommateurs aux besoins uniques, à une vision du marché construit par un nouveau postulat : « *Tous les consommateurs ne sont pas égaux devant l'influence, il faut donc en privilégier certains : l'ensemble des influents* ».

L'*influential marketing* regroupe tous les éléments servant à mettre en application une approche relationnelle réservée à une cible clé qui a pour but de transformer l'influent :

– en acheteur fidèle de la marque ;

– en prescripteur efficace des produits de la marque ;

– en source d'information pour le service marketing de la marque.

Cette mission n'est pas aisée car l'influent, qu'il soit internaute ou non, n'est pas une cible facilement identifiable. Ainsi, sans un travail spécifique de qualification sur le terrain (offline et online) de l'influent, il n'est possible de communiquer que de façon très parcellaire à travers des communications aux messages discriminants à l'intérieur de médias pointus (presse *trendy*, émission sur la tendance, newsletter très spécialisée…).

Si le praticien en *influential marketing* doit nécessairement réussir à identifier ses influents et trouver un canal de communication spécifique avec eux, un autre challenge se présente immédiatement à lui : « dompter » leur comportement.

En effet, un influent est une personne complexe qui vit une existence à la fois stimulante et stressante. La vie d'un influent est stimulée par la prise de conscience de son pouvoir consumériste. Il sait que sa préconisation vaut chère pour une marque, qu'elle peut participer grandement à la réussite de lancement d'un produit. Cela le flatte et peut même attiser sa cupidité. Il se délecte également du pouvoir de nuisance qu'il peut facilement exercer.

La vie d'un influent est également stressante du fait de la prise de conscience de ses responsabilités vis-à-vis de sa communauté qui l'écoute et le suit (la relation tissée dans certains forums de discussion entre les quelques influents et les autres membres de la communauté est symptomatique. Dès qu'un influent n'est pas présent pendant quelques jours, c'est une véritable angoisse qui s'empare de la communauté. Ceci montre également la fragilité du statut même d'influent. Être considéré comme influent entraîne des jalousies et une remise en question permanente de sa crédibilité par des « challengers » de son titre.

Il faut compléter cette observation par un fait fondamental qui ne peut être occulté d'aucune action d'*influential marketing* : les influents se caractérisent par un ego particulièrement développé et susceptible.

L'*influential marketing* construit ses actions comme autant de réponses aux trois besoins fondamentaux exprimés par l'influent :

1- Besoins permanents d'informations permettant de consolider son leadership.

Le cœur du leadership de l'influent réside dans sa capacité à être la source exclusive des informations les plus pertinentes pour la communauté. Si l'influent vient à manquer de matières informationnelles, c'est toute son autorité qui commence à vaciller pour bientôt être menacée d'extinction par l'arrivée d'un nouvel influent mieux informé. La marque doit se glisser dans cette brèche et ainsi créer avec l'*influential marketing* un canal informationnel entre elle et l'influent. Cela nécessite donc de partager l'exclusivité de l'information entre les journalistes et le consommateur influent.

2- Besoins permanents de reconnaissance de son statut par les marques et au-delà.

Être un influent demande du temps et donc des sacrifices. Le plaisir généré par le statut particulier d'*e-influent* a ses limites. En effet, être le leader d'opinion d'un forum de discussion amène bien peu de gloire dans le monde réel, ce qui entraîne souvent une frustration. La marque peut satisfaire ce besoin de reconnaissance inassouvi.

3- Besoins réguliers de jouir des plaisirs qui sont réservés aux privilégiés.

Aimer être au cœur des tendances et consacrer un budget temps important à sa vie sociale sont les caractéristiques d'une personne aimant jouir de la vie et de ses plaisirs les plus inaccessibles. Par conséquent, un influent est un hédoniste chronique, qui sait se faire plaisir et faire plaisir à ceux qui savent le rendre heureux. Son bonheur est d'autant plus grand s'il est la résultante de son statut social. Les approches VIP sont au cœur de l'*influential marketing*.

Les modalités d'approche d'un influent sur Internet

Prendre contact avec un influent n'est pas une chose aisée. Si nous prenons le cas d'un leader d'opinion d'une communauté virtuelle, deux possibilités s'offrent à la marque.

Prise de contact de l'e-influent par mail

Le premier canal de communication est le mail. Néanmoins cette solution présente des contraintes. La CNIL est très restrictive par rapport à toutes activités d'e-mailing commerciaux. En effet, il est obligatoire de passer par une démarche d'*op-tin*. Le mail de l'*e-influent* récolté ne peut être conservé dans une base de données que s'il en donne l'autorisation à la marque. La démarche est donc la suivante : le prestataire de la marque pour ses activités d'influential marketing fait partir un premier mail demandant l'autorisation à l'*e-influent* de lui envoyer un deuxième mail en spécifiant l'activité mais non le nom de l'annonceur. Si l'internaute répond alors positivement, le deuxième mail peut partir et son adresse intègre la base de données de l'annonceur.

L'ensemble de ce long processus a pour conséquence de faire baisser la performance de l'opération.

La deuxième contrainte réside dans la rédaction du mail publicitaire. Nous sommes face à un public très exigeant et parfaitement bien informé sur les opérations de recrutement sortant de l'ordinaire grâce à son réseau d'autres *e-influents*. En conséquence, il est grandement conseillé de rédiger un mail différent pour chaque *e-influent* contacté. Ce type d'e-mail obéit à des règles spécifiques qui sont les suivantes :

Règles de base d'un e-mail envoyé à un e-influent

Première partie : reconnaissance du statut d'e-influent par la marque. Cette reconnaissance passe par des salutations utilisant le pseudo de l'internaute.

Ex : « Chère OceaneBlue ».

Puis la marque décrit avec précision l'expertise et le lieu d'influence de l'*e-influent*.

Ex : « *Nous vous félicitons de l'expertise que vous démontrez chaque jour en matière de Warrant dans les forums de traderpro.com* ».

La première partie se termine par la reconnaissance par la marque du statut particulier de son interlocuteur.

Ex : « *Vous êtes à ce titre, OceaneBlue, un leader d'opinion* ».

Deuxième partie : publication d'une information exclusive réservé à l'e-influent. La marque va donc révéler une information à forte valeur ajoutée à son interlocuteur. Cette révélation doit servir à consolider le leadership de l'*e-influent*. Si elle possède un réel intérêt, elle sera immédiatement propagée dans la communauté. Nous vous conseillons de scénariser cette partie en lui donnant un caractère secret, ce qui est particulièrement apprécié par les *e-influents* qui vivent dans la culture du secret.

Ex : « *OceanBlue nous vous donnons en exclusivité l'adresse de notre site qui est encore en bêta test ainsi qu'un login et un password. Nous vous demandons de bien avoir l'obligeance de rester discret par rapport à cette information* ».

Troisième partie : invitation à la mise à contribution de l'expertise de l'e-influent. La marque demande l'avis de l'*e-influent* par rapport à une problématique donnée, en lui garantissant que ses remarques seront étudiées avec la plus grande attention.

Ex : « *Votre avis d'expert sur notre nouveau site est de la plus grande importance pour nous. Il servira de base à la conception d'une version 2 du site avant la fin d'année* ».

Quatrième partie : proposition d'un nouveau rendez-vous marquant le démarrage officiel d'un programme relationnel d'*influential marketing*. La dernière partie a pour but de gagner la permission de l'internaute afin d'obtenir un deuxième rendez-vous prétexte à faire rentrer l'*e-influent* dans un programme relationnel.

Ex : « *Je me permettrai si vous le désirez de vous recontacter mercredi prochain, cependant si vous souhaitez me contacter mon adresse mail est C@c.com ou par téléphone au numéro vert suivant...* ».

Le mail doit être signé par un employé de la marque dont le nom est clairement identifié ainsi que la fonction afin de crédibiliser l'ensemble de la démarche one to one mise en place. De plus, d'expérience, il est plus efficace que l'employé ainsi nommé soit une femme.

Prise de contact de l'e-influent par forum de discussion

Une autre approche permet de contourner les approches de prise de contact fastidieuses par mail, il s'agit de celle plus directe par forum de discussion. L'exercice est néanmoins périlleux car il doit être le moins visible possible pour les internautes. La mécanique la plus simple est de répondre directement à une intervention de l'*e-influent* et de l'inviter à un chat privé.

Comment faire travailler un e-influent

Arriver à faire se rallier un *e-influent* à la cause d'une marque est un travail qui réside en quatre étapes :

• Étape I : Observer

Nous l'avons vu, cette étape est fondamentale, elle permet de référencer les leaders d'opinion les plus influents pour la marque tout en dressant un portrait comportemental qui sera riche d'enseignements pour la phase de mise en relation.

• Étape 2 : Mise en relation

Nous l'avons décrit précédemment, la marque doit adopter une approche totalement one to one dans cette prise de contact. La personnalisation du discours est la clé de la conversion ou non de l'*e-influent* en supporteur de la marque.

Il faut prendre en compte une constante de l'*influential marketing* : on n'obtient jamais le soutien d'un leader d'opinion qui n'aime pas votre marque et vos produits. L'*e-influent* ne force jamais sa nature. Son buzz n'ira pas à l'encontre de ses convictions. La marque pratiquant l'*influential marketing* sera plus considérée comme un mécène supporteur de l'ensemble des sacrifices consentis par le leader d'opinion vis-à-vis de sa communauté.

• Étape 3 : Mise au travail

Cette étape doit être particulièrement travaillée en amont. Tout d'abord il faut définir une mission prioritaire à l'*e-influent* : doit-il faire partie d'un panel de consommateurs dédié au R&D marketing ou plutôt faire partie d'une « online street team »[1] c'est-à-dire une équipe d'*e-influents* vecteur du buzz pour la marque.

---

1. Source Forrester Research.

Une fois que l'*e-influent* rentre dans le programme relationnel, il convient simultanément de lui proposer un programme de formation et de rémunération attractif. La période de formation est par essence courte du fait du niveau d'expertise de la cible. Quant à la rémunération, elle dépend radicalement de l'univers produit. Ainsi les influents liés aux univers des biens culturels (cinéma, DVD, musique) seront sensibles à la distribution de produits dérivés en particulier « collector » tandis que les leaders d'opinion virtuels de la finance sont plus sensibles à la mise à disposition gracieuse de services payants.

• Étape 4 : Communiquer ensemble

L'*e-influent* commence à diffuser le buzz pour la marque. Son territoire d'influence n'est pas nécessairement qu'online, il peut, et cela est vivement recommandé, s'étendre à la rue.

Quelle que soit l'action d'*influential marketing*, il convient de monitorer l'ensemble de ses contributions afin de contrôler sa loyauté mais, au-delà, d'analyser les réactions suscitées par ses interventions.

Un système de feed back mutuel doit se mettre en place, tout en minimisant la masse de travail de l'*e-influent* sous peine de le voir fuir sa tâche. À la marque d'éclairer son travail et d'enrichir son niveau d'expertise.

Les quatre étapes de l'influential marketing

1 – OBSERVER

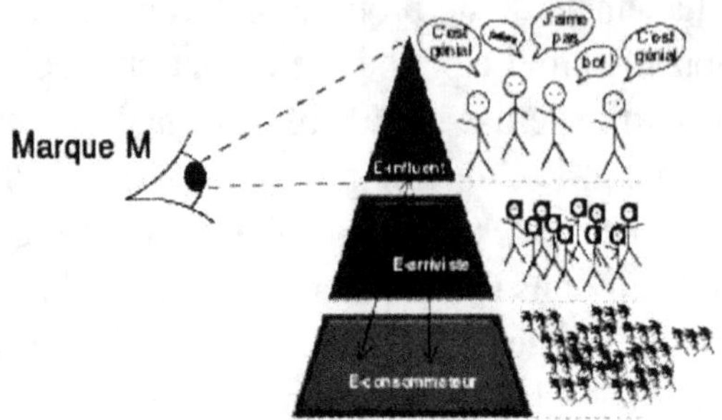

2 – MISE EN RELATION

3 – MISE AU TRAVAIL

4 – COMMUNIQUER ENSEMBLE

Exemples de campagnes d'influential marketing

Nous allons vous présenter une série de cas internationaux montrant la mise en application de l'*influential marketing* par des marques ayant développé un savoir-faire reconnu dans les approches de marketing classiques. L'*influential marketing* n'a pas comme unique territoire d'expression Internet, certains exemples nous le montrent.

Cas PG et Toejam.com

Un des objectifs premiers de la stratégie Internet 2001 de PROCTER & GAMBLE (PG) sur les États-Unis, était la constitution de communautés virtuelles d'adolescentes. Cette prise de position s'explique par les observations faites en 2000 par A.G. Lafley, Président CEO de PG qui faisait part de l'influence grandissante prise par les *e-influents* de chats d'ados sur ses différents marchés.

La réponse de PG s'est réalisée à travers deux sites d'*influential marketing* aux objectifs différents : Toejam.com et Tremor.com.

Toejam.com porte une signature pour le moins explicite « *Be you, Be heard* » (Soyez vous, Soyez entendu). La marque PG est ici presque totalement invisible. Le site se veut un refuge psychologique pour toutes les adolescentes loin du stress de l'école, de la violence quotidienne et surtout des complexes. Il est un endroit pour écouter et être entendu.

Les internautes sont ainsi invitées à envoyer leurs poèmes, leurs essais. La publication de ces travaux dépendant uniquement du jugement réalisé par tous les membres de la communauté.

Le message sous-jacent de Toejam est clair : en chacune des jeunes femmes sommeille un leader d'opinion, le site et ses sponsors (PG) vont aider soit à le révéler, soit à lui donner de nouveaux moyens d'expression afin d'être encore plus influent.

Les *e-influents* du site sont invitées à devenir des VIP Toejam. Être VIP demande de participer à des activités totalement offline : « les Majorettes Toejam » et surtout les « Toejam street team ». La « Toejam street team » est l'arme de buzz marketing par excellence. Elle est composée d'équipes de deux adolescentes et son lieu d'intervention est pour l'instant limité aux manifestations faites pour les jeunes en Californie. Les deux filles portent les couleurs du site et sont invitées à en faire la promotion à travers un discours rondement travaillé et par l'échantillonnage de produits PG (comme nous pouvons le voir sur cette photographie) intéressant les adolescentes. Les produits de la marque viennent donc soutenir le pouvoir d'attention de l'influent. La marque est donc supportée par le buzz qui participe également, par toute l'infrastructure qu'il met en place, à transformer ses leaders d'opinion virtuels en leaders d'opinion du monde réel. Les « Toejam street team » ont rencontré ainsi plus de 10 000 adolescentes.

Le site Tremor.com est pensé pour une autre fonctionnalité : recruter et animer un panel d'influents afin de leur faire pré-tester les produits et les communications PG. La sélection ainsi réalisée est draconienne, seules les plus influentes sont recrutées. Le questionnaire de qualification est un modèle d'application de buzz marketing.

Les différentes questions ont pour vocation de quantifier le nombre d'organisations (équipes de sport, clubs d'élèves, cercles religieux, centres culturels) fréquentées par l'adolescente (choix entre 0 et plus de 7), le cercle d'influence de la jeune femme (jusqu'à plus de 21 personnes), le nombre d'individus contactés hebdomadairement à travers Internet ou par le téléphone.

La question subsidiaire étant bien sûr : « *Aimez-vous informer vos amis quand un nouveau produit sort ?* ».

Dans les deux cas, nous voyons que PG crée une relation win-win avec ses influents.

D'un côté la marque satisfait les différents besoins de l'influent, c'est-à-dire : les besoins de reconnaissance (via les événements offline Toejam), les besoins informationnels (par le processus de pré-tests), les besoins de jouissance (grâce aux multiples cadeaux-produits envoyés), et de l'autre côté, l'influent est vecteur de buzz et d'informations stratégiques pour la marque.

Cas Hebrew National

HEBREW NATIONAL est une marque américaine de produits alimentaires cascher qui s'est distinguée par ses actions d'*influential marketing* en 2001.

En effet, celle-ci a créé le concept de « Mom Squad » traduit littéralement par « Commando de Mamans ». Ce concept repose sur le recrutement dans douze villes, de 250 mères reconnues en tant que véritables leaders d'opinion à l'échelle de leur quartier.

Chacune des mamans est invitée à être le maître de cérémonie d'un grand barbecue communautaire entièrement organisé par HEBREW NATIONAL et gratuit pour tous.

La marque donne à l'influent les moyens de promouvoir son barbecue dans les rues de la ville, via des véhicules utilitaires mis aux couleurs de HEBREW NATIONAL et une masse de coupons de réduction à distribuer lors de ces tournées.

Le barbecue est une grand fête communautaire dont le centre de gravité est la « Mom Squad ». En effet, l'événement est toujours ponctué d'un discours de l'intéressée sur la place que doit occuper la diététique dans la vie quotidienne de chacun et le rôle positif joué dans cette recherche par les produits HEBREW NATIONAL.

La maman conseille elle-même les participants sur les produits HEBREW NATIONAL les plus en affinité avec leurs goûts.

La générosité n'est pas oubliée puisque le barbecue permet également de récolter des fonds pour l'association « Mieux nourrir les enfants » qui aide à combattre la faim à un niveau local.

Cette campagne d'*influential* répond elle aussi à une « logique win-win ». En effet, la marque et l'influent tirent de grands bénéfices de l'opération. La mère voit l'expression de son leadership prendre une tournure à la fois événementielle et généreuse. Quant à la marque, elle développe une proximité inédite avec son public et trouve en la personne une formidable force de préconisation et de vente.

Cas Levi's

L'*influential marketing* fait partie intégrante de la stratégie marketing de la marque LEVI'S.

En effet, celle-ci développe un panel de jeunes consommateurs influents (ici les individus appartenant au sommet de la pyramide consumériste virale soit les *cool hunters*) appelés « Leading Edge » à l'échelle internationale, recrutés dans les villes de Londres, Paris, Berlin et Milan. La mission de ce panel est de mettre en avant les nouvelles tendances de notre société. Le comportement de l'influent est analysé, non par de classiques focus groupes, mais via une surveillance qui s'effectue dans son lieu de vie même (lieu de sortie, de consommation, d'habitation). Les enseignements du « Leading Edge » nourrissent le magazine bi-annuel sur les tendances produits de la marque intitulé *Youth Pulse*. Le panel a également joué un rôle fondamental dans la création et la stratégie de distribution de l'*Engineered jeans*…

Cas Scooby Doo

L'*influential marketing* peut être utilisé comme une arme défensive contre un buzz consumériste négatif.

L'expérience a été menée en 2001 par les studios WARNER en réaction aux critiques violentes émises par de grands sites de cinéma réalisés par des *cool hunters* comme le site Comming Attractions Corona. Les critiques portaient sur le scénario, le casting, et en particulier sur les costumes du film du fait de la publication, par erreur, de la première photo de la troupe d'acteurs dans des uniformes de show télévisé. Néanmoins, la remarque qui fait le plus mal vient d'un des grands responsables du succès de *Blair witch project*, Harry Knowles, qui proclame que le projet *Scooby Doo* est « *fait pour être le pire film jamais vu* ».

WARNER BROS, conscient du risque de voir se propager ce bouche-à-oreille sur Internet et au-delà, décide de réagir de façon spectaculaire. Warner invite les responsables des neuf sites personnels les plus importants dans l'univers du cinéma en Australie, sur le tournage même du film. Les influents acceptent l'invitation (à l'exception de Harry Knowles) et sont traités comme de véritables VIP. Ils peuvent discuter longuement avec le metteur en scène et les acteurs qui leur font partager leur vision du film et visitent les différents décors prévus.

Les résultats se font immédiatement ressentir : les critiques vis-à-vis du film se font plus nuancées, les avis positifs se multiplient, certains même font référence au style sombre d'un Burton. L'*influential marketing* peut donc également se transformer en arme contre la crise. Ainsi, pouvoir compter sur l'appui des consommateurs les plus influents se révèle une garantie contre la propagation d'une crise.

Le co-parenting, au-delà du buzz

Dès 1997, Robert Rochefort directeur général du Credoc, annonçait l'arrivée du consommateur entrepreneur... aujourd'hui nous sommes rentrés dans l'ère du *co-parenting* entre le consommateur et sa marque.

L'idée du *co-parenting* est simple, il s'agit d'une construction à deux (la marque et le consommateur) du produit et de sa communication. Cette idée semblerait bien illusoire à un marketer des années 90. Ses origines sont évidentes, elles proviennent des fondements du nouveau consommateur :

une rejet total de la logique de production du *mass market* (un produit pensé pour le plus grand nombre) et une implication croissante de l'individu dans sa consommation.

Le nouveau consommateur aspire à posséder un produit unique conçu en total adéquation avec ses besoins. Ce produit véritablement one to one, ne peut se faire que si le consommateur est associé en amont à la conception de celui-ci. Ce type d'application est aujourd'hui de plus en plus développé, il repose en grande partie autour de plates-formes d'e-commerce pensées pour retranscrire au mieux les besoins du client. Nous avons déjà vu comment NIKE a appliqué ces stratégies[1] mais les applications de *co-parenting* peuvent aller plus loin, un secteur privilégié est celui des sites communautaires féminins.

Le site leader féminin aux États-Unis Ivillage.com (4,2 millions de membres), fait office de pionnier dans l'art du *co-parenting*. En effet, dès 1998, le site a appelé à contribution ses membres les plus actifs : ses leaders de communauté.

Chaque internaute acceptant de devenir leader de communauté se voyait doté d'une mission à la fois d'amélioration du site et d'implication dans les campagnes publicitaires.

Ainsi, les *community leaders* avaient pour fonction d'être le thermomètre de satisfaction et le révélateur des attentes du public. Ceci représente une implication forte. En effet, à chaque lancement d'applications nouvelles, les webmasters d'Ivillage.com les sondaient et travaillaient avec eux pour trouver de nouvelles fonctionnalités.

Un procédé similaire était mis en place pour les campagnes de publicité où systématiquement les leaders d'opinion étaient consultés sur la présence publicitaire développée pour les actions sponsoring, voire même étaient invités à des séances de brainstorming online sur le concept de communication que l'annonceur souhaitait développer.

---

1. Voir p. 45

Le site communautaire pour adolescentes Bolt.com est la deuxième référence en matière de *co-parenting*. Au premier semestre 2000, ce site a offert une opportunité exceptionnelle à ses internautes : concevoir la prochaine campagne télévisée du site. L'opération s'est faite avec le partenariat du studio cinématographique indépendant Haxan Film (producteur du film *Blair witch projet*). La participation fut un raz de marée et les films furent tournés d'après des scénarios originaux de leaders d'opinion des forums de discussion de Bolt.com.

Aujourd'hui, ces deux sites sont toujours en pleine activité, ce qui est une réelle performance dans le marché américain des dot.com

Le *co-parenting* apporte une double valeur ajoutée à la marque qui le développe :

– une meilleure satisfaction et donc à terme, la fidélisation du consommateur qui se sent totalement impliqué dans la construction au jour le jour de son produit ;
– un élément déclencheur de buzz positif du fait de la reconnaissance du statut particulier du consommateur communicant.

TRANSFERT DE COMMUNAUTÉ

Une expression tout à fait impressionnante de l'*influential marketing* est le transfert de communauté virtuelle. La mécanique est conceptuellement simple : il s'agit de transférer les sites communautaires les plus influents associés au produit au sein du site officiel de la marque. L'expérience a été menée par l'équipe marketing du film *Lord of the Ring* et en particulier son directeur Gordon Paddison. Tout est parti d'un constat avant le début du tournage. La communauté des fans des ouvrages de Tolkien est très soudée et importante en particulier sur Internet. Ils représentent dans leur globalité la population des influents qui vont par leur buzz décider du succès ou non du film. Paddison conscient de ce fait, décide de travailler avec, et non contre, les plus grands sites communautaires. Il rentre en contact avec eux en suivant les règles de base d'un e-mail envoyé à un *e-influent*. Il expose en toute transparence sa stratégie de communication : il reconnaît le rôle indispensable joué par tous les *e-influents* et leur propose un statut quasi officiel. La proposition ne s'arrête pas là, il leur propose de leur envoyer en même temps que les journalistes les communiqués de presse. L'écrasante majorité des sites répondent positivement au mail de Paddison. La relation avec les *e-influents* prend une nouvelle tournure avec la création de l'espace communautaire au sein du site officiel du film lordofthering.Net. Ils sont bien sûr invités à faire héberger gratuitement leurs sites dans cet espace. La migration est immédiate, elle représente deux bénéfices forts pour l'*e-influen*t.

Le premier est statutaire. Le passionné se voit reconnaître par le Saint des Saints ; soit le rêve d'une vie pour certains. L'autre bénéfice est matériel. En effet, le site personnel se voit hébergé à l'intérieur d'un formidable carrefour d'audiences (en un week-end 1 700 000 internautes ont téléchargé sur le site officiel la première bande-annonce du film). Fort de cette opportunité, le site personnel peut facilement prévoir une multiplication de son audience.

Lord of the ring a donc réalisé un transfert de communauté. Par cette action, il s'est doté d'un outil redoutable de contrôle du buzz généré par ses fans les plus influents. Curieusement ce contrôle du buzz s'est vu vérifié à travers deux faits divers.

Le premier appelé affaire Gollum a pour cadre le vol d'une capture d'écran représentant le Gollum, un des personnages clés du roman. La photo commence à circuler sur Internet et l'équipe du film désapprouve cette diffusion. Spontanément, les sites appartenant au réseau tissé par Paddison, décident de stopper la diffusion du visuel. Certes, ils ont reçu la photo mais se refusent à la diffuser à leur tour, cassant donc la dynamique du buzz.

La deuxième affaire est liée au vol pendant le tournage d'une épée, de deux scripts et de 12 VHS. L'ensemble se retrouve en vente sur Internet sur un site d'enchères. La communauté du *Seigneur des anneaux* prévient la police au lieu de se porter acheteur de ces objets « totalement collector ». La police tend un piège au voleur et fait tomber tout le réseau avec lui.

Voici donc deux cas extrêmes qui symbolisent toute la portée que peut prendre une stratégie d'*influential marketing* conçue avec le respect permanent des *e-influents*. Par ce transfert de communauté, les producteurs du film ont non seulement contrôlé le buzz mais l'ont également bonifié car aujourd'hui pour beaucoup *Le Seigneur des anneaux* est considéré comme le film de la prochaine décennie. Le transfert de communauté nous permet également de réaliser qu'une communauté unie peut véritablement s'autogérer et ainsi limiter les excès de ses membres.

> *L'influential marketing est une arme à l'efficacité redoutable, mais qui est particulièrement complexe à mettre en place. En effet, la marque doit construire ici une relation qui se veut totalement « one to one » avec des clients pour le moins difficiles. La valeur ajoutée de ce moyen est multiple, puisqu'il inscrit son influence dans le cœur du buzz, c'est-à-dire les consommateurs les plus influents. Cette stratégie crée la prescription, développe l'image de la marque et crée des conditions optimales à la vente.*

STREET MARKETING

Le buzz est naturellement véhiculé par des médias dont la nature est à la fois interactive et officieuse comme peuvent être Internet et la rue. C'est pourquoi le *street marketing* est un vecteur de buzz. Le principe fondateur du *street marketing* est de bousculer l'ordinaire des passants en créant l'événement dans la rue ou dans un lieu plus spécifique. Cette brutale rupture dans le quotidien que représente l'action de *street marketing* est au regard du consommateur de l'ordre de l'exceptionnel. Or cette expérience exceptionnelle représente une formidable occasion de renouveler le dialogue avec les autres et au-delà de se valoriser car l'événementiel permet immédiatement de captiver l'auditoire, il est naturellement séduisant. L'ensemble de ces raisons font que le *street marketing* est une arme du buzz marketing. De plus, il intègre des capacités de ciblage qui sont en totale résonance avec les exigences de l'*influential marketing*.

Actions Grand Turismo 3   SONY et l'agence M-Communication ont développé en juin 2001 une action de street marketing répondant en tout point aux principes de street *marketing*.

Cette opération s'est déroulée pendant les 24 heures du Mans. Quelques mois avant eut lieu un jeu concours appelant tous les *hardcores gamers* du jeu *Gran Turismo 2* faisant partie de la base de données clients SONY à envoyer leur carte mémoire pour enregistrer leurs meilleurs scores et ainsi sélectionner « les plus grands pilotes virtuels » afin qu'ils participent aux 24 heures du Mans Gran Turismo.

Les 39 vainqueurs du concours furent invités le 17 juin 2001 aux 24 heures du Mans. Ils eurent la surprise de découvrir en plein milieu des paddocks, un stand SONY qui leur était réservé. À l'intérieur une divine surprise pour tout fan de jeux vidéo les attendait : des consoles Playstation 2 avec à l'intérieur le jeu tant attendu *Gran Turismo 3,* quelques semaines avant sa sortie officielle.

L'événement était donc placé sous le signe de la mise en scène. La valorisation du consommateur de jeux vidéo influent était portée à son paroxysme car le message véhiculé par cette action de *street marketing* était limpide : conduire une voiture sur *Gran Turismo 3* et piloter une voiture d'endurance aux 24 heures du Mans reviennent à la même chose !

Cette opération a permis d'initier le buzz consumériste autour du jeu, en partant des prescripteurs qui se trouvent au sommet de la pyramide consumériste virale.

Actions marques de vêtement

Une enquête a montré que sept des dix premières marques préférées des ados sont des marques de sport. Pourtant, la publicité télévisée de certaines est quasi nulle (QUICKSILVER, FILA...). Ces habits sont en fait portés par des leaders d'opinion (NTM est toujours habillé par ELLESSE, Doc Gynéco par LACOSTE...). C'est de la promotion indirecte par le biais de la télévision mais pas par les spots publicitaires. Parfois les chanteurs populaires ne suffisent pas. Des individus charismatiques sont repérés à la sortie des lycées ou facs et sont habillés gratuitement par ces grandes marques. Ceux-ci sont en quelque sorte « anoblis » par la société de consommation qui fait d'eux des leaders d'opinion, des exemples médiatisés à suivre.

VIRAL MÉDIA

Le viral média est la partie la plus obscure du buzz marketing. Il en dépasse certainement les frontières. Mais, parce qu'il est employé par certains, nous nous devions de vous le présenter. Il sort parfois de l'univers des marques et des produits, c'est lui la vraie star du film de Barry Levinson *Des hommes d'influence* sorti en 1997. Sur Internet, il est le frère jumeau du faux site personnel, sa fonction est de créer de toutes pièces la préconisation consumériste et ainsi d'entraîner un buzz produit massif, il s'apparente à de la publicité masquée. Il se pratique par l'intermédiaire d'un surfeur qui joue l'agent de la marque, qui va infiltrer les différents lieux de communication Internet et développer un buzz produit favorable. Ce type de pratique est complexe et dangereux à mener. Elle est le plus souvent l'apanage des univers du jeu d'argent et de la pornographie et elle nécessite un lourd travail de préparation construit autour de quatre clés.

Étape numéro 1 : Identification des lieux d'influence et des influents

Chaque produit a un univers de communautés virtuelles qui lui est associé. Ces communautés sont hébergées dans des lieux aussi divers que les newsgroup, les sites personnels, les forums de sites communautaires, les canaux de chat *irc* et grand public…

Il est donc important de réaliser un travail d'identification des lieux d'influence et des *e-influents* qui y habitent. Cela mène donc le praticien en viral média à réaliser la pyramide consumériste liée à son produit. Une fois cette étape réalisée, il est capable de définir l'ensemble des lieux d'intervention masquée, ainsi que les internautes clés à ne pas froisser, sous peine d'exclusion du lieu voire même de dénonciation.

Étape numéro 2 : Étude des us et coutumes liés à ces communautés

Définir précisément où se trouve le lieu de conversation d'une communauté est une chose, savoir parler le même langage utilisé au sein d'une communauté en est une autre. Une communauté virtuelle est par essence une entité refermée sur elle-même, c'est pour cela qu'elle a développé des réflexes d'anti-agression par rapport à l'extérieur. Un nouvel entrant, à moins qu'il soit parrainé par un membre, sera immanquablement observé de près lors de ses premières interventions. Toute arrivée hautaine se verra automatiquement rejetée.

Le nouveau sera ainsi questionné sur sa situation professionnelle, ses goûts et les motivations qui l'ont poussé à vouloir intégrer le groupe.

Il est donc fondamental d'étudier les conversations entre les membres d'une même communauté, sous peine de voir son pouvoir d'influence réduit à néant. Chaque communauté développe ses propres codes de communication (vocabulaire, smiley…) voire même, pour les plus anciennes, sa propre histoire.

La communauté qui se trouve au sein du forum de dvdrama.com est symptomatique. Elle possède son groupe d'*e-influents* qui ne cessent de rappeler avec nostalgie l'ambiance qui régnait sur le forum à ses débuts.

Étape numéro 3 : Création et entretien de faux leaders d'opinion

Une communauté virtuelle se construit autour d'une hiérarchie. Mais au-delà, plus une personne à une grande ancienneté au sein de sa communauté, plus elle est influente, et au final plus elle se rapproche des sommets de la pyramide consumériste virale.

Un annonceur qui veut mener une opération de viral média affrontera cette dure réalité. Ainsi, s'il cherche à mener une action à court terme, il verra irrémédiablement l'influence de son agent se limiter du fait de sa trop faible ancienneté.

C'est pourquoi, il est important de considérer une action de viral média comme un exercice qui se pense dans le long terme et qui passe par une étape fondamentale et totalement déconnectée de toute préconisation pour la marque : la création intrinsèque de *e-influents*.

Cette création est un véritable travail de scénarisation basé sur les enseignements donnés par l'étape 2.

Ainsi, comme nous l'enseigne l'*influential marketing*, soit la marque arrive à convaincre les *e-influents* de générer du buzz pour elle, soit elle est dans l'obligation de créer ses propres *e-influents*.

La marque va donc créer un être virtuel doté d'une identité visible pour tout le réseau, avec son caractère, son passé, son mode d'expression online, son site personnel et bien sûr son pseudo, véritable carte d'identité virtuelle.

Une fois ce travail effectué, il faut faire vivre ce personnage, jusqu'à ce qu'il gagne la confiance des membres de la communauté. Le bon capital confiance atteint, il peut exercer son pouvoir d'influence au nom de la marque.

Être surfeur dans le cadre d'une action de viral média nécessite donc de bons talents d'acteur.

***Étape numéro 4 :
Définition
d'une plate-forme
de discours***

Le viral média est un travail qui demande une grande aptitude à improviser. Néanmoins, il ne peut y avoir d'improvisation possible sans la constitution au préalable d'une plate-forme de discours. Ce document représente « la Bible » du surfeur. Il lui donne la base de toute argumentation, il complète sa connaissance de l'identité de la marque (en particulier la définition d'un vocabulaire propre à la marque) et il lui donne une vision de l'ensemble de l'environnement concurrentiel.

Une fois ces quatre étapes effectuées, le surfeur peut aller infiltrer les forums de discussion et les newsgroups. Il est conseillé de ne pas demander au surfer de mener à la fois des actions de communication et de reporting, cela nuirait à la qualité de ses prises de parole et aux enseignements du reporting. C'est pourquoi le tandem optimal pour le viral média est : un surfer dédié à l'intervention masquée accompagné d'un chargé d'étude dont la mission est de contrôler les communication postées par le surfeur et d'analyser les réactions provoquées à ces « posts » au sein de la communauté.

Le viral média est un outil de buzz marketing qui n'a pas l'instantanéité d'un film viral ou d'un objet C to C. Il demande du temps afin de pouvoir constater ses effets directs. Il est néanmoins indispensable pour la marque, car il est initiateur du buzz produit et, *in fine*, de la préconisation à la différence des outils du buzz marketing qui sont plus axés sur la constitution du buzz image. Le viral média a une autre fonctionnalité peu connue, mais pourtant tout aussi fondamentale : il sert de pare-feu utilisable lors de temps de crise. En effet, le surfeur est « le soldat du front » aux ordres de la marque. Il est de ce fait en première ligne. Il peut à la fois prévenir l'annonceur qu'une rumeur commence à courir à son sujet et proscrire la rumeur s'il est à la fois considéré comme un *e-influent* par la communauté et convaincant (à condition qu'il puisse fournir les bons arguments pour désamorcer la rumeur). Le viral média peut donc être considéré aussi comme un outil possible de réponse dans le cadre de communication de crise.

On peut classer les différents moyens du buzz en fonction de leur capacité à générer un buzz image ou un buzz produit :

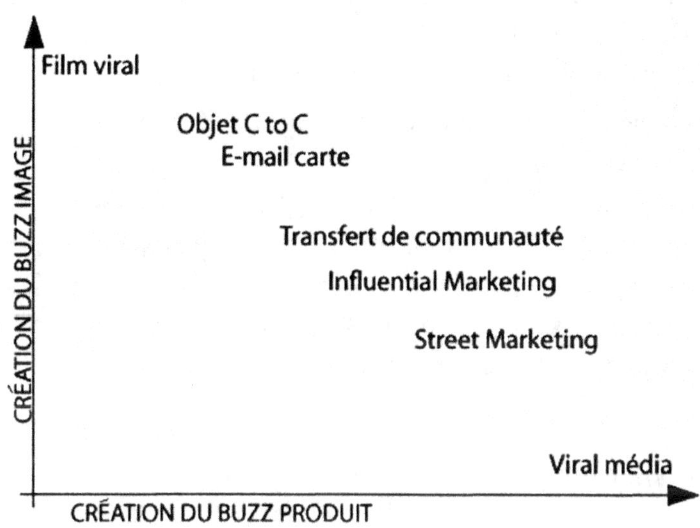

UN CAS TRANSVERSAL : BLAIR WITCH PROJECT

Le fameux film *Le projet blair witch* réalisé par Myrick et Sanchez pour moins de 30 000 $ (et qui au final à remporté 140 millions de dollars au box office américain) est un cas transversal du buzz marketing puisqu'il met en scène l'ensemble de ces moyens avec un chef d'orchestre : le site Internet officiel du film.

Avant d'analyser, il convient de rappeler la mécanique du film qui est en elle-même initiatrice de buzz . En octobre 1994, trois étudiants d'une école de cinéma partent pour la forêt de Blair Witch dans le Maryland pour tourner un reportage autour des disparitions mystérieuses qui touchent la région depuis plus de deux cents ans et qui seraient causées par le fantôme d'une sorcière qui résiderait au fond des bois. Quelques jours après leur arrivée, ils disparaissent, personne ne les retrouvera, seules leurs bandes en 16 mm ont été retrouvées, elles ont été regroupées dans un long métrage : *Le projet blair witch.*

Comme vous pouvez l'observer, dès le sujet du film, les auteurs jouent la confusion entre réalité et fiction. Toutes les opérations de buzz marketing vont s'inscrire dans une même logique : créer une rumeur.

Voici le déploiement stratégique qui a permis au film de connaître son incroyable succès.

Juin 1998 : Création du site Web Blair Witch.com qui ne ressemble en rien à un site classique de film de cinéma. Le contenu présente à la manière d'un rapport de police le fait divers « Blair Witch ». Avec le temps le site s'enrichit de nouveaux contenus qui présentent la mythologie Blair Witch à travers l'histoire cauchemardesque de cette région depuis plus de deux cents ans.

Actions d'influential marketing

L'*influential marketing* mis en place vise deux types de communautés :

- la communauté virtuelle regroupant les *cool hunters* du cinéma fantastique, avec en premier lieu Harry Knowles et son site ainitcoolnews qui sera la principale source du bouche-à-oreille Blair Witch sur Internet ;
- la communauté des défenseurs du cinéma indépendant américain, avec en particulier les créateurs de l'émission culte américaine *Split Screen* sur la Independent Film Channel.

Ces actions visent à créer une relation unique avec ces différents influents. La relation se construit autour d'envois quotidiens d'informations exclusives et de la projection privée de la pré-version du film. Les premiers résultats sont immédiats : Knowles reproduit sur la homepage de son site ces informations donnant à *Blair Witch* un statut de film événement, alors que ses metteurs en scène sont totalement inconnus et que l'émission *Split Screen* diffuse un court documentaire sur le film.

Le buzz commence à prendre forme, *Blair Witch* se dote d'un statut de film culte auprès d'un petit cercle d'individus très influents.

Actions de faux sites personnels + viral média
L'équipe marketing du film a toujours nié avoir créé de toutes pièces de faux sites personnels et d'avoir fait de la promotion masquée à l'intérieur des lieux de communication interpersonnelles du Web. Néanmoins, de nombreux médias, en particulier le site salon.com, se sont interrogés sur les origines suspectes de ces multiples sites personnels qui, avant même la sortie du film, lui ont voué un culte farouche.

Ces sites ont une particularité troublante, ils semblent être réalisés pour servir la promotion du film à travers la propagation de la rumeur « Blair Witch ». On retrouve dans leurs contenus les mécanismes utilisés pour créer une rumeur. Ainsi, après la mise en ligne de sites « adorateurs » du phénomène, on peut observer quelques sites anti-*Blair Witch*, avant même que le film soit diffusé sur les écrans. La réaction de l'internaute face à cette invasion de sites personnels est prévisible : « il pense avoir à faire à un véritable film événement ». Certains même, plus crédules, parlent de véritable fait divers.

<table>
<tr><td>Février 99 : Opération de street marketing sur le festival du film indépendant de Sundance</td><td>Le festival de Sundance est une des manifestations les plus importantes du cinéma américain. C'est en particulier le lieu vecteur de bouche-à-oreille par excellence pour tous les films à petits budgets. Tout le</td></tr>
</table>

« gratin » d'Hollywood s'y donne rendez-vous.

Cet événement, Myrick et Sanchez ne peuvent le rater. Pour créer un buzz autour de la première projection publique du film, ils utilisent le *street marketing*. Ainsi, des dizaines d'individus, appelés par *Newsweek*[1] « *les marketing street team* » envahissent la ville de Sundance, en placardant sur les murs et en distribuant des flyers intitulés « missing person », qui reprennent exactement la forme des avis de recherche de personnes disparues.

Nouvelle réussite pour les réalisateurs puisqu'ils obtiennent, suite à la projection du film, la garantie d'être distribués (par la société Haxan Film) et des premières retombées presse dans la presse internationale.

Alors que le site officiel continue à diffuser de nouveaux contenus autour du fait divers « Blair Witch » (multiplication des faux articles de presse, photos des lieux du drame), l'équipe marketing du film décide d'intensifier ses actions de *street marketing* en réalisant une tournée des plus grandes universités des États-Unis. Chaque étape est l'occasion d'organiser une projection privée du film, médiatisée par la distribution faite par des étudiants de flyers « missing person » devenus collectors.

<table>
<tr><td>Actions d'influential marketing</td><td>L'influential marketing continue sur Internet. Ainsi le site Aintitcoolnews se voit donner le droit de diffuser en</td></tr>
</table>

exclusivité mondiale la bande-annonce du film. Quelques jours plus tard,

---

1. *Newsweek*, 16 août 1999.

sur le même site, on peut voir se multiplier des critiques plus que positives, à tel point que Salon.com suspecte les créateurs d'Aintitcoolnews de faire partie de l'équipe *Blair Witch*.

12 Juillet 99 : Utilisation d'un média de masse pour donner au buzz une dimension grand public

Pierre ultime apportée à la stratégie de buzz marketing, le *Projet blair witch* utilise le média télévision pour multiplier la portée de son bouche-à-oreille à quelques jours de la distribution du film dans les salles.

Sanchez et Myrick font preuve de créativité média en contournant la classique émission « making of » dont aiment tant abuser les grands majors américains. Au contraire, ils passent un partenariat avec la Sci Fi Channel et tournent un faux documentaire intitulé *Curse of the Blair Witch* qui va donner une nouvelle dimension à la rumeur déjà initiée depuis presque un an et faire battre des records d'audience à la chaîne.

La manipulation tourne au chef-d'œuvre. Le reportage de trente minutes contient des interviews bouleversantes des familles ainsi que des amis et professeurs des disparus. Le cas est éclairé par l'avis de spécialistes en paranormal et autres universitaires.

Fin juillet 99 : Le film enregistre au box office 43 millions de dollars lors de son premier week-end de diffusion dans tout le pays

Blair Witch a remis sur le devant de la scène des marqueteurs, le bouche-à-oreille. Le lancement du film est l'illustration d'une stratégie de buzz marketing parfaitement maîtrisée, sachant mettre en scène des actions tant dans le domaine du offline que du online.

Les conséquences du succès *Blair Witch* sont encore particulièrement visibles aujourd'hui. Elles s'expriment avec l'invasion de la Reality TV (*Loft Story*, *Star Academy*) dans nos téléviseurs.

LA MATRICE DES MOYENS DU BUZZ MARKETING

Il est possible d'établir un pupitre de pilotage des outils de communication au service de la création et de l'entretien du buzz. Cet outil permet d'avoir une vision globale des armes du buzz marketing ainsi que leurs valeurs ajoutées en fonction de cinq objectifs :

– la création de notoriété ;

– le développement de l'image de marque ;

– le déclenchement et la diffusion de préconisation ;

– la création de trafic (problématique essentiellement online) ;

– le recrutement de prospects et clients.

La hiérarchisation ainsi faite permet d'obtenir la matrice des moyens du buzz marketing :

Matrice des moyens du buzz marketing

	film viral	objet C to C	e-mail carte	faux sites personnels	influential marketing	transfert de communauté	street marketing	viral média
Notoriété	+++	++	++	++	+	+	+++	++
Image	+++	++	++	++	++	++	+++	+
Préconisation	+	+	+	++	+++	+	+	++
Trafic	+	+	++	+	+	+++	+	+
Recrutement	+	+	+	+	++	++	++	+

UNIVERS PRODUITS ET MOYENS DU BUZZ MARKETING

Toute campagne de buzz marketing peut utiliser l'ensemble des moyens du bouche-à-oreille. Mais chacune de leurs caractéristiques les rend plus efficaces dans tel ou tel univers de produits. Parce que les modes de diffusion du buzz suivent des mises en œuvres déjà identifiées pour certains produits, parce que chaque univers de produits a déjà des codes et des *early adopters*, il est possible d'établir une corrélation entre l'univers de produits et les moyens du buzz les plus efficaces qui lui sont associés. Le tableau qui suit et qui met en évidence ces associations moyens/produits ne peut à lui seul constituer la base de vos réflexions sur les choix à adopter en terme de moyens du bouche-à-oreille. Il donne seulement de premières pistes définies, pour la plupart, de manière empirique.

	Musique	Vidéo/DVD	Films	Livres
PRODUITS LOISIR	• film viral • objet CtoC • e-mail carte • marketing des influents	• objet CtoC • e-mail carte • marketing des influents	• film viral • objet CtoC • viral média • e-mail carte • street marketing • transfert de communautés • marketing des influents	• objet CtoC • viral média • marketing des influents
	Matériel électronique	**Téléphone mobile**	**Software**	**Équipement informatique**
PRODUITS HIGH TECH	• stratégie marketing • marketing des e-influents	• street marketing • marketing des e-influents • viral média	• objet CtoC • street marketing • marketing des e-influents • transfert de communautés	• marketing des influents • viral média
	Matériel financiers	**Produits éducatifs**	**Produits para-pharmaceutiques**	**Produits automobiles/ motos**
PRODUITS TRÈS IMPLI-QUANTS	• film viral • viral média • marketing des influents	• marketing des e-influents • viral média	• e-mail carte • film viral • objet CtoC • marketing des influents • viral média	• e-mail carte • film viral • objet CtoC • marketing des influents • viral média
PRODUITS IMPLIQUANTS ↓ **FAIBLEMENT IMPLIQUANTS**	**Produits de grande consommation (produits ménagers)**	**« Food »**	**Mode**	**Voyages/Sorties**
	• film viral • objet CtoC • street marketing	• film viral • objet CtoC • viral média • marketing des influents	• film viral • objet CtoC • e-mail carte • marketing des influents	• marketing des influents • viral média

Phénomène communautaire & marketing[1]

En France, Michel Maffesoli a été l'un des premiers à mettre l'accent sur la dimension communautaire des relations sociales. Selon lui, la société telle que nous la connaissons est marquée par la fluidité et l'incertitude. En retour, ceci amène une nouvelle demande de lien social, d'identité communautaire.

RETOUR SUR LA TRADITION SOCIOLOGIQUE

La notion de communauté n'est pas une innovation récente des sciences sociales. Bien au contraire, c'est l'un des concepts les plus anciens de l'analyse sociologique. Elle désigne à la fois un processus et un état. Les fondateurs de la sociologie comme les Allemands Tönnies ou Weber, le Français E. Durkheim ont eu recours à ce concept pour exprimer une différence dans la nature et la densité du lien social.

F. Tönnies est le premier à avoir opposé communauté et société. Selon lui, la communauté traduit un regroupement d'individus reposant sur l'affect, l'habitude et la tradition. Le collectif prime sur

---

1. Cette partie a été rédigée par Jacques-Olivier Barthes, spécialiste de la communication. Il est membre du Centre de Recherche Politique de la Sorbonne (CRPS).

l'individu et les relations sociales restent fondées sur le sang, le lieu partagé et les mentalités communes. En bref, des liens de forte densité, vécus au jour le jour.

À l'opposé, la société se caractérise par une agrégation impersonnelle, contractuelle résultant essentiellement de l'intérêt et de la volonté des individus. Le lien social est de densité nettement plus faible.

UN CONCEPT ANALYTIQUE ET NORMATIF DE LA PENSÉE AMÉRICAINE

L'étude de la notion de communauté dans le champ intellectuel américain et plus largement anglo-saxon conduit à la conclusion suivante : la communauté s'est vu conférer une pluralité de sens qui en fait un mot équivoque à portée à la fois analytique et normative.

R. Booth Fowler[1] pense que cette dernière bénéficie d'un statut fondateur dans la pensée américaine. Aux États-Unis, c'est avant tout un but, une sorte d'âge d'or perpétuellement recherché car mythifié qui renvoie aux premiers arrivants groupés en communautés paroissiales. Elle pose le collectif en tant qu'unité et non en tant que simple agrégation d'individus. En définitive, la notion de communauté implique le consensus social autour de la notion de bien commun et minore le conflit social dans l'apaisante sérénité de l'homogénéité. Elle est ainsi présentée comme un correctif à la crise du lien social liée à l'individualisme des sociétés libérales modernes.

Dans un tel contexte, le livre d'Howard Rheingold ne pouvait passer inaperçu. En 1993, ce membre de la communauté WELL (*Whole Earth Lectronic Link*), s'emploie à décrire et analyser les interactions entre les membres de cette communauté et en tire la conclusion de l'existence d'un esprit communautaire.

---

1. *The Dance with Community : the contemporary debate in American political thought*, University Press of Kansas, 1991.

« *Social aggregations that emerge from the Net (WWW CMC network) when enough people carry on those public discussions long enough, with sufficient human feeling, to form webs of personal relationship in cyberspace* ».

Cette analyse est fortement influencée par les travaux de Marc A. Smith, docteur en sociologie de l'université de Californie (UCLA). Smith utilise la notion de « communauté imaginée » développée par Benedict Anderson selon laquelle une communauté est moins le fruit objectif de l'agrégation de personnes partageant des traits communs que le produit d'un travail idéologique de construction d'un sens commun, de valeurs communes au travers des interactions.

Selon Marc A. Smith, le liant social des communautés électroniques repose sur la réunion de trois « biens communs » :

1. le capital social composé des réseaux sociaux ;

2. le capital informatif ;

3. la communion émotionnelle entre individus.

Les communautés en ligne doivent donc être comprises comme des communautés électroniques imaginées. Prenant de l'épaisseur, elles deviennent progressivement l'objet d'un intérêt grandissant du marketing.

LA CONVERSION DU MARKETING AUX COMMUNAUTÉS EN LIGNE

L'émergence de la notion de communauté électronique comme objet d'un intérêt pour les marketers s'est faite en trois temps[1].

1. Le premier temps se cristallise autour du livre de Laurence Canter et Martha Siegel, *How to Make a Fortune on the Information Superhighway*, Harper-Collins, 1994.

---

1. « Imagined Electronic Community : Representations of Online Community in Business Texts » in Werry (C.), Mowbray (M.) *Online Communities. Commerce, Community Action and the Virtual University*, Prentice Hall, 2001.

Ces deux avocats de Phoenix s'étaient fait connaître en 1993 pour avoir pratiqué le *spamming* sur Usenet News en violation de la netiquette. Cet abus avait provoqué une protestation générale de la part des utilisateurs de Usenet News.

Ce livre est précurseur dans l'évocation de la notion de communauté en ligne. Les auteurs développent une rhétorique traditionnelle aux États-Unis en identifiant l'Internet à la nouvelle frontière avec ses autochtones qui sont principalement des acteurs non-commerciaux (universitaires, ingénieurs) et des pionniers de l'Internet commercial. Pour réussir, ces derniers doivent juste maîtriser un minimum de codes culturels et linguistiques afin de communiquer avec les natives. Selon Canter et Siegel, ce territoire vierge sera la propriété de ceux qui voudront le faire fructifier. Les auteurs jugent les communautés en ligne superficielles et vides et leur récusent une véritable existence. La notion de communauté fonctionne ici plus comme une métaphore commode.

2. La communauté comme nouvelle dénomination du segment dans l'« interactive marketing ». À partir de 1995, les notions de « cybermarketplace » et de communautés en ligne sont de plus en plus répandues dans la *Harvard Business Review*.

En réalité, l'utilisation de la rhétorique communautaire vise surtout à permettre une présentation, en adéquation avec la culture de l'Internet, de réalités qui ne sont autres que celles des segments de marché. Nombre de sites commerciaux vont introduire des dispositifs ergonomiques permettant l'interactivité entre les utilisateurs afin de créer un sentiment communautaire.

3. *Net Gain* : le premier exemple d'analyse commerciale du phénomène communautaire.

En 1997, J. Hagel et A. Armstrong sont les premiers à tirer les conséquences commerciales des mécanismes communautaires et en particulier de la circulation et du partage de l'information.[1]

« La vraie nature des réseaux est dans les connexions qui s'établissent entre personnes.[2] »

Pour cela, ils ont mis au centre de leur analyse la notion d'infomédiation. Ils entendent par là le rôle d'intermédiaire, de facilitateur de transactions que joueraient les communautés en ligne. En réalisant une cristallisation affinitaire, les communautés permettent dans le même temps une agrégation potentielle du pouvoir d'achat, une réduction des coûts de contact entre l'offre et la demande et finalement un meilleur ajustement au profit du consommateur.

La relation marchande ne repose plus uniquement sur le postulat implicite que l'offre crée la demande. Au contraire, elle doit maintenant s'établir sur l'agrégation de clients potentiels à la recherche de services et produits les plus appropriés à leurs besoins. Les communautés en ligne amènent donc un changement de perspectives dans les relations commerciales en mettant le client, et non le produit, au centre de l'échange.

Pour qu'une communauté en ligne soit viable quatre besoins essentiels doivent être satisfaits :

1. Intérêt (centre d'intérêt privilégié et contenu informatif attenant) ;
2. Relation (espace de rencontres et d'échanges interpersonnels) ;
3. Jeu (jeu sur l'identité comme dans les jeux de rôle) ;
4. Transactions (la réciprocité est une valeur communautaire).

La satisfaction de ces besoins repose alors sur l'existence de cinq caractéristiques essentielles à toute communautés en ligne :

1. Une vocation propre à chaque communauté ;
2. La capacité d'intégrer contenu et communication ;

---

1. H. Rheingold, *The Virtual Community : Homesteading on the Electronic Frontier*, Minerva Edition, 1993.
2. J. Hagel et A. Armstrong, *Bénéfices sur le Net*, Éditions d'Organisation, 1999.

3. La prise en compte du contenu émanant des membres ;

4. Un accès à des éditeurs et fournisseurs concurrents ;

5. Une orientation commerciale.

L'un des apports de cette analyse est de mettre en perspective l'utilisation, à des fins commerciales, d'informations et de connaissances produites par les membres de la communauté. Hagel et Armstrong théorisent donc une approche marketing reposant sur l'information, la construction des valeurs et l'identification des consommateurs.

À LA RECHERCHE DU LIANT SOCIAL

Comme le note J. Fernback[1], la notion de « communauté » est une notion particulièrement polysémique. Son sens varie selon que l'on renvoie à une acceptation fonctionnelle ou symbolique, que l'on fonde le processus d'identification sur la mise en commun d'un espace-temps existentiel (relations sociales déterminées spatialement) ou sur le partage de valeurs, d'intérêts, de sentiments, de comportements avec une certaine intensité relationnelle[2].

Quel que soit son support, le point essentiel du phénomène communautaire est l'idée de mise en commun. G. Crow et G. Allan[3] en arrivent à poser que, finalement, la notion de communauté est un terme commode pour désigner l'ensemble des transactions, arrangements sociaux qui se déroulent hors de la sphère privée et hors du cadre des institutions et de leurs relations impersonnelles. La communauté ne serait, en définitive, qu'une structure intermédiaire reposant sur une diversité de liens mais

---

1. J. Fernback, « There Is a There There: Notes Toward a Definition of Cybercommunity » in Jones (S.) *Doing Internet Research, critical issues and methods for examining the Net*, Sage Publications, 1999.

2. C. Calhoun, « Community : Toward a variable conceptualization for comparative research », Social History, 5, 1980, pp.105-109.

3. *Community life : an introduction to local social relations*, Harvester Whetsheaf, 1994.

avec un principe fondateur : avoir quelque chose en commun comme un lieu, une religion, un intérêt ou une activité.

La première conclusion qui doit être adoptée est de rompre avec une approche essentialiste de la communauté. Qu'elle soit individualiste, en se fondant sur une réduction à une unité sociale individuelle ou d'approche holiste, en pensant en terme d'unités collectives comme les groupes sociaux, cette approche statique en terme de stocks doit être rejetée au profit d'une approche dynamique qui pense le social en terme de flux, de relations, de transactions, de liens, de supports à l'échange de ressources. La communauté est avant tout un processus permanent de redéfinition-renégociation de ses fondements (communauté de sens, de culture, de structure et d'existence).

Ce renversement de perspective met la question de la densité des liens sociaux au centre de son fondement. Elle réintroduit aussi des problématiques mises en avant, au début des années 70, par des économistes américains comme Albert A. Hirschman et Mark Granovetter.

Penser en termes de portefeuille de liens

En 1973, dans un article à forte répercussion[1], M. Granovetter mettait l'accent sur la dimension interpersonnelle des processus sociaux et la densité différentielle des liens interpersonnels.

Selon lui, la force d'un lien social pourrait être appréhendée comme le résultat de la combinaison de quatre éléments :

1. La somme de temps passé ;
2. L'intensité émotionnelle ;
3. L'intimité ;
4. Les services réciproques.

---

1. M. Granovetter, « The strength of weak ties », *American Journal of Sociology*, vol.78, n°6, May 1973.

Ces combinaisons permettent ainsi une gradation entre liens fort/faible/négligeable/absent.

Deux points méritent de retenir l'attention :

1. Les liens forts influent de façon décisive sur les comportements sociaux. La circulation de l'information dans un milieu marqué par une forte confiance interpersonnelle comme la famille ou les cercles d'amis offre un meilleur pouvoir de modification des structures de préférences individuelles. Les individus sont toujours plus sensibles aux prescriptions venant de personnes avec qui ils partagent une caractéristique commune comme l'âge, le statut social ou les centres d'intérêts. Cette homophilie sociale est un fort catalyseur d'empathie entre individus et donc d'identification.

2. En permettant la circulation des informations entre univers sociaux hétérogènes, les liens faibles sont fondamentaux au maintien dans la cohérence sociale car ils permettent un ajustement des valeurs autour d'un noyau dur qui fait consensus.

Ils confèrent de la cohérence aux sociétés complexes comme les nôtres. De part leur plasticité et la faiblesse de leurs coûts en terme de dépense de temps, les liens faibles sont les plus fréquents et les plus nombreux. Ils jouent un rôle décisif dans la constitution de la confiance, dans la diffusion des innovations, des informations et surtout dans la constitution des valeurs.

La circulation de l'information au travers de ce type de liens donne la possibilité d'interactions entre personnes de situations sociales hétérogènes (différences de statut social, d'identités sexuelles, religieuses, culturelles)[1].

---

1. B. Wellman & S. D. Berkowitz, « Introduction : Studying social structures » in Wellman (B.), Berkowitz (S. D) (Ed.), *Social Structures: a network approach*, Cambridge University Press, 1988.

Cet échange, en construisant de l'expérience commune car partagée, permet ainsi la constitution de nouvelles identités ou plus exactement une complexification du processus d'identification de chaque individu.

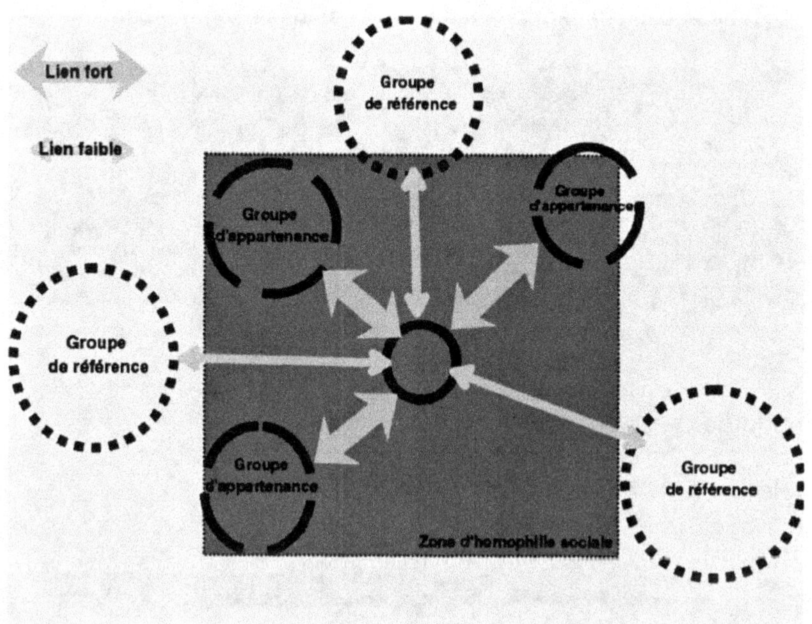

En conséquence, ces liens dits « faibles » forment une sorte de « glutinum mundi » pour reprendre le terme de M. Maffesoli, de liant social qui fait tenir les choses et les identités ensemble. Pour mieux faire ressortir cette multi-affiliation communautaire (symbolique et/ou physique) des acteurs propres aux sociétés contemporaines[1], Peter Carrington, Alan Hall et Barry Wellman mettent l'accent sur la notion de *portefeuille de liens*[2]. À l'image des cartes de crédit ou du portefeuille boursier, les individus

---

1. A. Etzioni, « Old chestnuts and new spurs », in Etzioni (A.) New Communitarian thinking : Persons, virtues, institutions, and communities, University Press of Virginia, 1995.
2. P. Carrington, A. Hall, B. Wellman, « Network as personal communities » in Wellman (B.), Berkowtitz (S. D) *Social Structures: a network approach*, Cambridge University Press, 1997.

thésaurisent des liens sociaux qu'ils peuvent mobiliser comme autant de ressources d'action face à la diversité de configurations sociales à laquelle ils ont à répondre dans la vie quotidienne.

Synthèse des conceptions sociologiques de la communauté[1]

La communauté comme lieu	Approche structuro-fonctionnaliste ou formelle de la communauté ; L'interaction sociale est vécue au quotidien dans un espace commun fondé par la conscience de la spécificité partagée par chaque membre ; La proximité spatiale est au centre de la construction du lien communautaire.	Tönnies, Weber, Durkheim.
La communauté comme symbole	Approche culturaliste et constructiviste ; La communauté est une entité de sens qui n'est pas obligatoirement inscrite dans un espace physique ; L'accent est mis sur la construction symbolique de la communauté par l'agrégation de codes et de valeurs qui offre un sens de l'identité pour ses membres.	Cohen, Geertz.
La communauté imaginée par ses membres	Accent sur le sentiment personnel d'appartenir à une catégorie collective ; Dans cette optique, les communautés virtuelles sont bien réelles pour les membres qui participent à leur construction en créant et partageant du sens mais aussi des procédures, des règles, des engagements, des identifications, des croyances, des valeurs.	Anderson, Rheingold, Smith
La communauté comme réseau de liens	La communauté est conçue comme un réseau ; L'accent est mis sur les liens et non les sentiments ou la proximité géographique.	Carrington, Hall, Wellman, Granovetter.

---

1. Ce tableau est adapté de l'ouvrage de J. Fernback précédemment cité.

Développer la loyauté communautaire pour fidéliser les internautes

La fluidité comportementale de l'individu contemporain n'est pas sans amener certains problèmes pour les entreprises. Cette socialité élective et plurielle faite de multi-affiliations et de désaffiliations perpétuelles pose la question des moyens les plus appropriés pour maintenir une relation de fidélisation avec le consommateur.

En réponse à ce défi, la constitution de communauté peut se révéler un programme de fidélisation d'une certaine efficacité. En offrant des mécanismes de gratification psycho-émotionnels comme l'identité, les espaces communautaires contribuent à la construction d'un sentiment de loyauté de l'individu à l'égard des marques associées à la communauté.

On sait que dans un espace de forte concurrence comme les marchés mondialisés, toute insatisfaction à l'encontre d'une marque est sanctionnée par la défection du consommateur. Certes, l'élasticité de la demande est fonction de la qualité et des prix proposés sur ces marchés, mais il est bien rare qu'une entreprise garde longtemps un positionnement monopolitisque sur un marché.

La mise en place d'espaces communautaires de prise de parole est un garde-fou utile contre cette volatilité du consommateur. En donnant la possibilité d'une prise de parole, l'entreprise peut contribuer à créer une affiliation qui dépasse la simple relation utilitariste client-entreprise en s'approchant d'un type de relation comme la citoyenneté, autrement dit une relation sociale qui repose sur un attachement, une loyauté forte. A. Hirschman[1] note que la prise de parole est un registre d'action qui s'impose aux acteurs quand la défection semble trop coûteuse. C'est le cas de communauté reposant à la fois sur des liens denses et sur la loyauté comme la famille, l'État ou l'Église.

---

1. Albert O. Hirschman. *op. cit.*

Cette mise en place d'un rapport de loyauté peut amener les internautes à renoncer aux certitudes de la défection en échange d'une amélioration toujours possible du service ou du produit auquel ils restent fidèles. Bien entendu, le consommateur doit avoir de bonnes raisons de croire que ces récriminations aboutiront à un résultat.

La communauté doit fonctionner comme un club

La dynamique des réseaux implique ce que Nicolas Curien[1] appelle un effet club. Les réseaux créent, par leur architecture, une communauté ou un club pour leurs utilisateurs. Chaque usager représente un interlocuteur potentiel pour chacun des autres et augmente à ce titre l'utilité individuelle d'appartenir au réseau où la rentabilité des services est proportionnelle au nombre d'utilisateurs. Cet effet club fonctionne comme une externalité positive de consommation qui se manifeste lorsque chaque acheteur présent sur un marché tire avantage, non seulement de sa propre consommation, mais aussi de celle des autres.

Sur un réseau numérique comme l'Internet, le fonctionnement de cet effet est à la fois direct et indirect :

– effet direct par la mise en relation des internautes et des sites sur la toile ;

– effet indirect par la rétroaction du développement du réseau physique sur l'amélioration de la qualité des transmissions, la multiplication des sites et le foisonnement des services.

La communauté se construit autour de l'acquisition et de la maîtrise d'un dispositif technologique. Mais à l'image des biens-systèmes mise en avant par N. Economides[2] comme les micro-ordinateurs ou la hi-fi, l'utilisation finale n'est possible que si plusieurs composantes sont

---

1. *Économie des Réseaux*, La Découverte, 2000.
2. N. Economides, «The Economics of Networks», *International Journal of Industrial Organization*, n°14, 1996.

réunies et assemblées par le consommateur. Par conséquent, la logique des réseaux est en elle-même fortement inclusive et amène à un développement hyperbolique des nœuds de liens entre individus.

Penser la communauté virtuelle comme le prolongement d'une communauté réelle

Il est certain qu'Internet et les NTIC amènent un changement dans l'approche du modèle communautaire. À un lien communautaire reposant sur la proximité physique (spatio-temporelle) et existentielle (caractéristiques sociétales communes) fortement ancré sur la notion d'homogénéité se substitue un modèle communautaire centré sur la communication et les intérêts partagés.

Évolution du lien social[1]

<table>
<tr><td>Proximité physique</td><td></td><td>Communication & intérêts partagés</td></tr>
<tr><td>Être en situation de coprésence au même lieu et au même moment.
L'individu fait partie du paysage social par son inscription dans un réseau social fortement délimité géographiquement.</td><td></td><td>Accent sur la construction de l'identité par sélection et affiliations multiples et fluides.</td></tr>
</table>

---

1. Adapté de Steven G. Jones, « The Internet and its Social Landscape », in Jones (S.) *Virtual Culture. Identity and Communication in Cybersociety*, Sage Publications, 1997

Il convient d'éviter de recourir à un mode d'analyse binaire opposant le en ligne et le hors ligne[1]. Pour cela, il est conseillé d'éviter d'utiliser l'adjectif « virtuel » qui connote trop d'irréalité dans l'environnement des internautes.

À l'opposition virtuel/réel, clavier/vie, substituons le couple réalité numérique/réalité physique. Les acteurs sociaux ont une dimension plurielle et ne dissocient que très rarement de façon étanche les rôles qu'ils jouent dans un contexte physique et dans un contexte numérique. Leur réalité est à la fois immatérielle (numérique) et matérielle (physique). Les pratiques sociales sont marquées par la fluidité, l'adaptation et la conversion de comportements en ligne dans les contextes hors ligne et inversement. On peut même avancer que la réintroduction de la dimension sociale « matérielle » des internautes est nécessaire pour bien appréhender certaines dimensions des comportements identitaires des internautes.

Comme le remarque Olivier Creusy[2], cofondateur d'Epoc Dynamiques :

« Parallèlement, l'internaute teste le site et éventuellement son prolongement dans la vie réelle (commander c'est bien, être livré c'est encore mieux), en même temps qu'il définit consciemment et inconsciemment la place qu'il va donner à Internet dans sa vie personnelle. Autrement dit, tous les paramètres de l'expérience variant en permanence, l'analyse est acrobatique.

Nous apprenons alors que les comportements du consommateur/citoyen, dans la réalité et sur Internet sont imbriqués et instables. Puisque les deux univers communiquent, le marketing doit concentrer son attention sur les dynamiques qui font passer de l'un à l'autre. Plus que deux réalités, nous avons à maîtriser une réalité en extension permanente ».

---

1. L. Kendall, « *Recontextualizing "cyberspace" Methodological Considerations for On-line Research* », in Jones (S.) Doing Internet Research, critical issues and methods for examining the Net, Sage Publications, 1999.
2. O. Creusy, « Que pouvons-nous apprendre de notre expérience Internet ? », ABC Net-Marketing.com.

Les contextes « physiques » sont en effet déterminants dans les regroupements communautaires sur l'Internet. Ainsi, Teresa Harrison et Timothy Stephen[1] notent que très souvent les « réseaux communautaires» ne sont que la traduction sur l'Internet de communautés d'intérêts hors ligne comme des institutions, groupes d'intérêts, ONG, associations, projets sponsorisés par une université.

Nombre de sites communautaires renvoient principalement à des segmentations de la population ayant bien dans la réalité concrète des intérêts ou des positionnements sociaux communs ou tout au moins analogues. Ainsi les sites féminins comme Auféminim.com ou ivillage.com attirent principalement des femmes ou des mères, même s'ils ne sont pas exempts des visites d'hommes.

Il est donc nécessaire de comprendre que le marketing dédié à certaines communautés doit intégrer de façon homogène des opérations en ligne et

1. T. Harrison, T. Stephen, « Researching and Creating Community Networks » in Jones (S.) *Doing Internet Research, critical issues and methods for examining the Net*, Sage Publications, 1999.

hors ligne. Prenant le parti de cette porosité entre les identités numériques et physiques, l'entreprise pourra jouer d'autant plus efficacement sur la modification de l'échelle des préférences de ses cibles que son discours sera émis « click & mortar », en contexte numérique et physique.

VERS UN MARKETING COMMUNAUTAIRE

Pour l'année 2001, 84% des internautes américains ont contacté une communauté en ligne et 60% d'entre eux ont eu des échanges, principalement par e-mails, avec ces communautés ou leurs membres[1]. On comprend dès lors aisément pourquoi la prise en compte des communautés en ligne apparaît comme fondamentale. Cependant, il y a communauté et communauté. En effet, on a trop souvent tendance à considérer toute forme d'interaction numérique comme une communauté virtuelle en puissance. Mais une juxtaposition de pages personnelles n'est pas synonyme de communauté en ligne. En effet, au centre de la communauté est le lien social et ce lien doit être porteur de signification. De plus, pour qu'il y ait communauté, il faut que des individus échangent réellement des ressources matérielles et immatérielles comme des informations, des photos, etc.

On identifie quatre traits permettant de parler de communauté en ligne[2].

1. Des gens en interaction sociale ;

2. Un but partagé (intérêt, besoin, goût, service, échange d'informations) ;

3. Un cadre normatif fait de rituels, protocoles, normes, règles, lois afin de contrôler les interactions sociales ;

4. Un réseau d'ordinateurs interconnectés.

---

1. « Online Communities », *E-marketer*, 06/11/2001.
2. J. Preece, *Online Communities : Designing Usability, Supporting Sociability*, John Wiley & Sons, 2000.

Si les points 1 et 4 sont évidents, ce sont les traits 2 et 3 qui doivent retenir notre attention. Ils nous ramènent au lien social et aux valeurs partagées fondant la communauté.

Créer un esprit communautaire

Une communauté en ligne ne peut se développer qu'en construisant une affiliation communautaire forte au sein de ses membres.

> *Affiliation* : adhésion et participation d'un sujet à un groupe. C'est un processus sélectif et interactif d'identification à et par autrui et de représentation de soi.
>
> Le sentiment d'affiliation participe de l'évaluation de soi à partir des images sociales élaborées en fonction des représentations valorisées par le groupe choisi.
>
> En tant que procédure d'intégration, l'affiliation peut s'effectuer après un rituel d'épreuves initiatiques.

Tout site communautaire doit donc développer des lignes d'actions communes permettant un sentiment d'appartenance fort chez les membres de la communauté.

La politique de l'identité : créer une communauté de sens[1]

Le propre d'un site communautaire est d'offrir de l'identité car le sentiment d'appartenance se fonde sur une « *communauté de sens[2]* ». En effet, la communauté se construit grâce à la construction d'un sens commun.

L'objectif d'un service « communautaire » sera de renforcer le sentiment d'appartenance par l'appropriation du site et de son contenu par les internautes et d'en faire ainsi les acteurs centraux du site.

---

1. Calhoun C., « Social theory and the Politics of Identity » in Calhoun (C.) *Social Theory and The Politics of Identity*, Oxford, Blackwell, 1994, pp.9-36.
2. A. Cohen, *The symbolic construction of Community*, Routledge, 1985.

Au quotidien, la pratique sociale des échanges entre internautes est un facteur de constitution du lien social à elle toute seule. L'historique des moments passés en commun sur les chats et/ou forums, la répétition d'événements vécus en commun de façon synchrone permettent la mise en scène et la constitution d'une identité commune partagée par les membres de communautés.

« On the Internet, community is what happens when one is making other plans that gives the sense of community »[1].

Au fur et à mesure des échanges d'informations et du partage des expériences, les interactions communautaires voient naître une forme d'empathie entre certains membres. Ces membres se recrutent souvent parmi les premiers membres de la communauté. Leur trait commun est principalement un usage intensif et régulier de l'Internet qui débouche sur la création d'un réseau d'interconnaissances où les participants ont l'impression de se connaître pratiquement physiquement. Cette sociabilité de proximité qui se construit au fil des interactions est l'un des ressorts qui constituent la fidélité. Au bout d'un certain temps, les coûts de sortie (Switching cost) de la communauté rendent toute défection particulièrement coûteuse. La communauté en ligne devient alors une partie intégrante de l'identité de l'individu.

En définitive, l'espace communautaire prend la forme d'un stock de ressources composé de relations sociales auxquelles accède et participe celui qui est en contact avec la communauté. Cependant, il serait excessif de faire de l'inscription dans un tissu de relations sociales la principale source de connexion aux communautés en ligne. Selon Nielsen/NetRatings (mai 2001), cet aspect social ne représente que 49% des connexions.

---

1. S. Jones, « Virtual Culture. Identity and Communication in Cybersociety », Sage Publications, 1997.

N'oublions pas que l'identité d'un internaute est avant tout un certain ton et un certain contenu de mots. Le propre des communautés en ligne est de faire passer les interactions par l'écrit et l'échange d'informations. Le fait que le lien social passe par l'écriture et son appropriation doit être pris en compte pour comprendre la perception des internautes. Le monde d'Internet est un monde de mots où on communique avec l'autre par l'écrit[1].

Certes, les formats multimédias permettront rapidement une communication visuelle et/ou orale, mais à l'heure actuelle le lien social garde une dimension essentiellement scripturale. En conséquence, la quantité des informations échangées, leur formatage et surtout leur pertinence sont déterminants. L'information en tant que telle n'est rien. Elle prend sa valeur dans l'échange et son contexte.

Rendre l'échange d'informations le plus facile possible

Une étude Nielsen/NetRatings de mai 2001 note que 76% des échanges entre les internautes et les communautés en ligne se font à des fins de collecte d'informations. Les portails ou moteurs de recherche communautaires restent d'ailleurs la catégorie la plus recherchée. C'est en tant que sources d'informations que les communautés en ligne sont un acteur central de l'Internet.

À partir de ce constat, la politique de contenu éditorial d'un site communautaire devient un des enjeux stratégiques de toute action de marketing. Elle doit définir clairement les lieux d'expression, le contenu et la fréquence de la remise à jour des contenus. Elle doit aussi être centrée sur le principe d'un contrat de cocréation du contenu. C'est aux internautes d'alimenter et d'enrichir le contenu du site. Cet appel à contribution permettra de fidéliser les utilisateurs.

---

1. S. Jones, « The Internet and its Social Landscape », in Jones (Steven G.) *Virtual Culture. Identity and Communication in Cybersociety,* Sage Publications, 1997.

L'un des points essentiels à prendre en compte est le fait que le contenu éditorial d'un site est le seul élément permettant de différencier un site communautaire d'un autre, et plus le contenu est en adéquation avec l'identité communautaire, plus l'implication sera forte.

Pour cela, la vigilance sur l'accessibilité des échanges d'informations et sur la dimension impliquante du dispositif d'échange sont de mise. Il faut donner la parole, il faut susciter l'échange car cet échange généralisé permet la création de plus-value informative pour les membres qu'ils pourront mettre en commun. En un mot, l'échange d'informations doit être une relation excitante.

De nombreux dispositifs peuvent être utilisés pour solliciter la participation des membres.

Les sondages

Des sites comme Bolt.com ou auféminin.com ont mis en ligne des sondages et autres quizzs pour solliciter l'avis de leurs visiteurs. La prise de parole est d'autant plus intéressante qu'elle se fait dans un cadre de confiance et que les informations que l'on peut récolter en temps réel évitent à une entreprise de se lancer dans des études qualitatives coûteuses. On peut ainsi sonder ces sites pour obtenir des avis positifs ou négatifs sur certains produits ou pour déterminer des indices sur l'évolution des tendances de consommation.

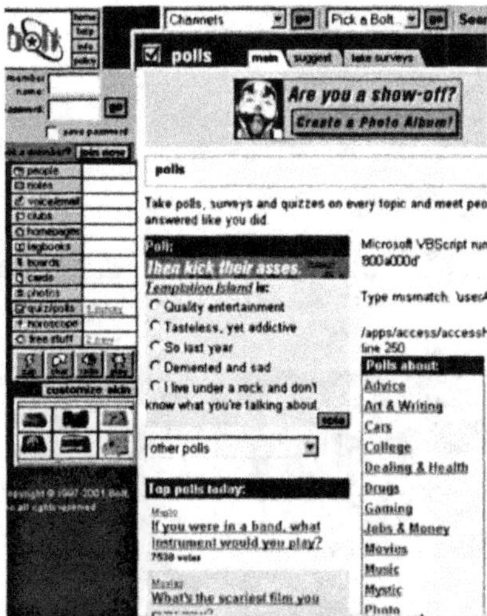

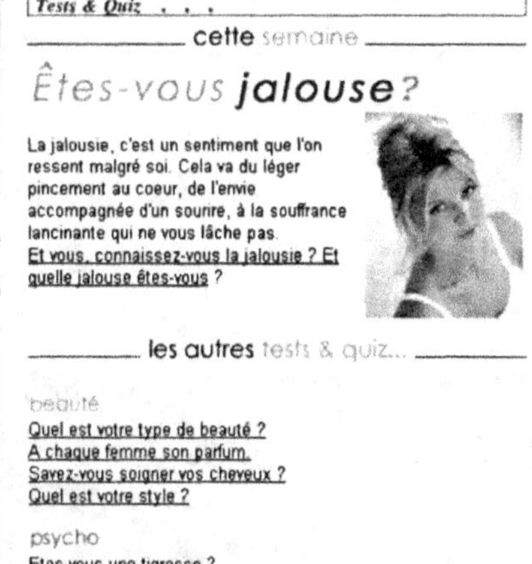

La collecte et l'utilisation des témoignages.

La collecte et l'exposition de témoignages est une source particulièrement intéressante de valorisation de l'implication des internautes à la vie de la communauté.

Le témoignage est identifié au parler vrai, à la révélation de son vécu, de son intimité, à l'opposé de la froide rationalité des chiffres. Il est synonyme d'une forte implication du locuteur dans le récit. Ici, l'internaute veut faire partager son expérience vécue et le récit se déroule à la premier personne permettant la création d'une proximité propice à la confidence, à l'empathie, et donc à la confiance. Le témoignage donne un aspect de proximité avec les membres qui s'inscrit dans la logique de construction de toiles de signification propres à tout site communautaire. D'un point de vue marketing, susciter ces témoignages gratuits, c'est s'offrir une plus-value de crédibilité qui peut influencer la décision d'achat.

Le site médical drkoop.com s'est fait une spécialité de recourir à la publication des témoignages de ces membres pour donner ce caractère « grass-rooted » à ses contenus éditoriaux.

De plus, chaque témoignage, comme toute information, est associé à une procédure de recommandation permettant de faire circuler l'information entre internautes. Ainsi les contenus se diffusent, l'information circule, les mentalités se façonnent.

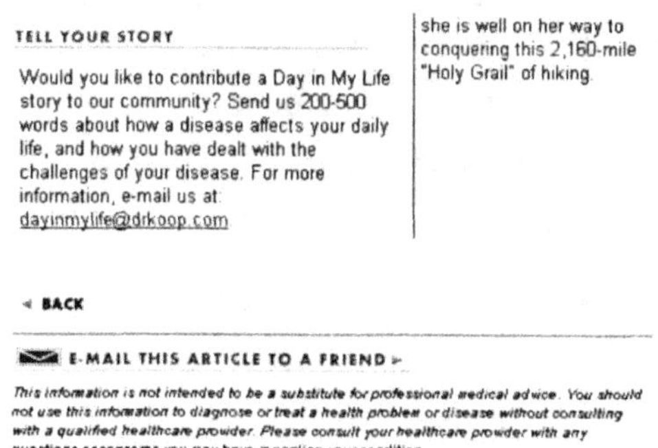

TELL YOUR STORY

Would you like to contribute a Day in My Life story to our community? Send us 200-500 words about how a disease affects your daily life, and how you have dealt with the challenges of your disease. For more information, e-mail us at: dayinmylife@drkoop.com

she is well on her way to conquering this 2,160-mile "Holy Grail" of hiking.

◄ **BACK**

✉ **E-MAIL THIS ARTICLE TO A FRIEND ►**

This information is not intended to be a substitute for professional medical advice. You should not use this information to diagnose or treat a health problem or disease without consulting with a qualified healthcare provider. Please consult your healthcare provider with any questions or concerns you may have regarding your condition.

BeliefNet est un autre bon exemple de l'utilisation des témoignages. Ce site fonctionne comme un portail spécialisé dans la religion et la spiritualité.

L'une des stratégies éditoriales de ce portail est d'utiliser comme *teasers* des citations issues de contenus produits par les internautes. Par ce moyen, le contenu du site et son architecture sont personnalisés et les liens sont perpétuellement remis à jour, donnant par là même l'aspect d'un site en constante régénération.

Les espaces d'exposition personnelle

Les espaces d'exposition personnelle sont des lieux numériques permettant aux membres d'une communauté de s'afficher ou d'afficher des documents ou réalisations personnels. À l'image du sondage, ce type de service fournit une reconnaissance au membre et permet de favoriser l'identification et donc la fidélisation avec le site. En offrant un espace à l'exposition de données souvent privées voire intimes, le site devient un peu le propre site de l'internaute.

• Les pages personnelles.

Certains sites comme respublica ou multimania se sont fait une spécialité de l'exposition des pages personnelles des internautes.

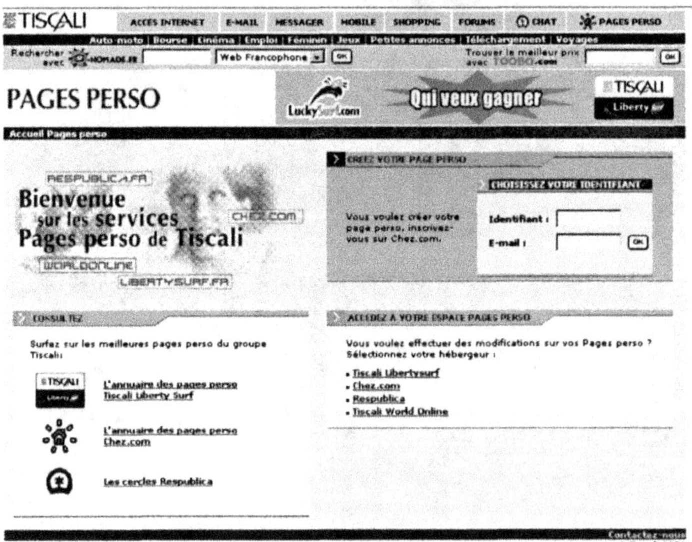

• Les albums photos

Cela peut être la photo d'un membre, mais c'est plutôt celle de quelqu'un qui est cher à l'internaute.

Ce sera son animal préféré dans le cas de aniwa.com…

…ou les photos de son enfant ou encore les meilleurs clichés de ses vacances pour auféminin.com.

• Les mises en avant : « Le meilleur membre du mois »

À l'image de ce que font certaines entreprises, certains sites exposent sur leur page d'accueil la photo du membre du mois. Cette élection répond à des critères divers que la communauté définit au préalable.

Chats et forums : écouter la voix des consommateurs et en particulier leurs besoins

Les espaces de libre expression comme les chats et forums contribuent à établir une proxémie, un lien qui est aussi un liant entre les consommateurs et l'entreprise. Le forum est ainsi le premier lieu où les clients habituels d'un site commercial vont exprimer éventuellement leur mécontentement.

« Quelques temps après le lancement du site d'achats groupés clust.com, nous nous sommes aperçus en visitant régulièrement certains forums que les internautes commençaient à se plaindre du non-respect en général des délais de livraison de leurs achats sur le Net ». (François Collet, ancien directeur du marketing et de la communication de Clust.com[1])

La surveillance de ces espaces est devenue un des points de passage obligé de la veille sur Internet. Aux États-Unis, les communautés construites autour d'intérêts portant sur les voitures, la santé, les hobbies, le shopping produisent des informations à forte plus-value qualitative et

---

1. A. Delcayre, « La réputation se joue aussi sur le Net », *Stratégies*, n°1179.

sont intégrées dans les dispositifs de veille. Ainsi la société Subaru organise-t-elle la veille en ligne des communautés où l'on parle des produits de l'entreprise. Ce moyen d'information est particulièrement compétitif pour obtenir une image en temps réel de ce que les gens pensent d'une société ou de ses produits. L'étude d'un forum ou d'un chat permet d'avoir accès à une enquête qualitative en temps réel. En recueillant les appréciations positives et négatives émises par les consommateurs, les entreprises peuvent améliorer leurs services et produits. Elles peuvent ainsi prévenir l'émergence d'une crise de confiance éventuelle.

Enfin, laisser les clients exprimer leur mécontentement et leur répondre publiquement est un gage de volonté de transparence clairement affichée, valeur positive pour le consommateur.

« Les communautés en ligne sont un moyen très efficace pour recevoir et faire ressortir des messages ainsi que pour générer de l'opinion auprès des leaders d'opinion » (Tim Colbeck, directeur du e-business pour Subaru Amérique).

En France, des sociétés comme Cyberwatch se sont spécialisées dans le recueil des jugements faits par les internautes sur les sociétés. Outre les impératifs d'alertes, cette surveillance permet aussi de collecter des informations sur les tendances de consommation qui se font jour et d'être ainsi toujours en adéquation avec la demande. L'étude des *messages boards* d'un site comme iVillage, le site féminin le plus important aux États-Unis, est devenue l'objet de toutes les convoitises de la plupart des entreprises de cosmétiques. En France, le forum de auféminin.com suscite les mêmes attentions.

RENDRE VIABLE UNE COMMUNAUTÉ EN LIGNE

La circulation de l'information dans une communauté en ligne doit au préalable respecter plusieurs dimensions. La première est la nécessaire existence d'un minimum de sécurité autour des identités. On ne communique pleinement qu'avec un interlocuteur en qui on a toute confiance. D'autre part, il ne faut pas oublier que l'affiliation à un espace communautaire repose sur le respect d'un certain profil et par conséquent amène à l'exclusion d'un certain nombre d'internautes ne répondant pas à ce profil. Toute la question est donc d'accéder à une masse critique sans pour autant entraîner la dilution du sentiment d'appartenance communautaire.

Enfin, au sein des membres de la communauté, il faut particulièrement être sensible à la gestion des groupes de prescripteurs qui participent à la construction des valeurs de la communauté et donc aux normes de comportement.

Mettre en place une sécurité ontologique minimum

Il est illusoire de penser qu'un contrat tacite d'échange d'informations puisse fonctionner sans qu'aucune condition ne soit remplie. Il repose sur une logique de coopération réciproque qui ne peut se bâtir que sur la confiance et sur la sincérité des engagements.

Ceci n'est pas sans problème sur l'Internet où les engagement sont anonymes. La virtualité des identités est un facteur de doute. Ce dernier peut amener les visiteurs à hésiter ou à refuser de laisser leurs coordonnées ou à donner des fausses indications.

En effet, chaque internaute peut mobiliser une multiplicité d'identités dans ses relations en ligne à l'image du jeu de rôle. Le risque principal est l'imposture. À cette contrainte liée à l'anonymat s'ajoute le caractère toujours instable des interactions en ligne. Chaque internaute peut mettre fin aux interactions auxquelles il participe en un temps restreint. Un click de souris et le contact est définitivement rompu. Ceci confère une grande fluidité, voire instabilité aux communautés[1].

Il convient donc de mettre en place des dispositifs permettant d'établir un minimum de « sécurité ontologique ».

« L'expression s'applique à la confiance de la plupart des être humains dans la continuité de leur propre identité et dans la constance des environnements d'action sociaux et matériels. Le sentiment de la fiabilité des personnes et des choses, si essentiel à la notion de confiance, est à la base du sentiment de sécurité ontologique »[2].

Ce sentiment de sécurité psychologique est au fondement des relations sociales quotidiennes. Il trouve ses racines dans l'habitude, la routine et confère à chaque acteur une relative stabilité identitaire. Ce sentiment

---

1. S. Jones, « The Internet and its Social Landscape », in Jones (S.) *Virtual Culture. Identity and Communication in Cybersociety*, Sage Publications, 1997.
2. A. Giddens, *Les conséquences de la modernité*, L'Harmattan, 1994.

implique une confiance envers autrui qui s'édifie sur la mutualité de réponse et d'implication autrement dit, la réciprocité.

L'existence d'un certain nombre de facteurs peut aider à la création de ce sentiment. Au premier rang, on trouve les éléments ergonomiques et technologiques :

1. La présentation générale du site (design, qualité graphique, etc.). Pour cela, il vaut mieux éviter les « détails qui tuent » comme une orthographe approximative ou des informations périmées trop nombreuses ;

2. La qualité de la navigation ;

3. L'usage de technologies récentes.

Ensuite, les éléments informatifs :

1. Le nom de domaine doit être explicite et original ;

2. La présence de témoignages exprimant leur satisfaction qu'ils soient spontanés ou sollicités. Ces témoignages sont d'autant plus efficaces qu'ils sont nominatifs et accompagnés d'une adresse électronique ;

3. Créer une interface indiquant clairement la nature et la source de l'information.

Rien n'est plus préjudiciable à la crédibilité d'un site que la confusion des genres. Il faut clairement distinguer l'information communautaire de l'information institutionnelle, voire de la publicité. L'absence de distinction risque de jeter le discrédit sur l'ensemble des contenus du site qui seront jugés faiblement crédibles car trop souvent manipulés.

Construire un ancrage différentiel

La communauté en ligne est une communauté d'argumentation qui n'en est pas moins excluante selon des logiques affinitaires. Forums et chats jouent le rôle de « centres de potinage[1] » au sein desquels évoluent les normes, représentations et convictions communes à la communauté. C'est au travers de ce flux nourri de potins que se constituent les intérêts et goûts partagés par les membres d'une communauté. Ces espaces ont une fonction intégratrice et discriminante à l'image du commérage que l'on peut trouver dans n'importe quel groupe social. Ils permettent de définir les traits communs endogènes à la communauté qui fonctionnent en même temps comme des traits discriminants, excluant ceux qui ne les partagent pas. En effet, l'identité communautaire se définit aussi, et peut-être avant tout, par une logique exogène d'opposition, de discrimination qui permet de construire une frontière entre le « nous » et les « autres » (insiders/outsiders).

On voit immédiatement la tension qu'apporte cette dynamique dans une démarche marketing. La question est alors de définir le niveau de clôture de la communauté et les critères nécessaires à l'affiliation. Comment atteindre une masse critique de membres sans pour autant diluer l'esprit communautaire, et finalement amener à la disparition de la communauté. C'est la question triviale du verre à moitié vide ou à moitié plein.

L'incitation à l'inscription Certains sites sont à la recherche d'un développement exponentiel. La plupart du temps, ils sont dotés d'une identité communautaire très souple. C'est le cas de Salon.com. La politique de Salon est d'inviter chaque visiteur à se transformer en membre en échange d'un accès à l'ensemble des espaces de discussion.

---

1. N. Elias, *Logiques de l'exclusion (The established and the Outsiders)*, Fayard, 1997.

Le Netlinking

Une autre possibilité pour augmenter le trafic est le recours au référencement croisé ou *netlinking*. Cette opération a pour fin la constitution d'une relation de complicité entre le site et les visiteurs. En multipliant autant que possible les liens réciproques avec d'autres sites, on cherche à s'inscrire dans un réseau de soutien, d'adhésion à certaines thématiques communautaires. Ce référencement croisé fonctionne sur le mode du partenariat ou du parrainage, autrement dit une opération passant par la confiance, par une recommandation croisée. Chaque site met en jeu sa crédibilité auprès de son public en indiquant un site utile ou « ami ». Cette recommandation fonctionne comme une survaleur puisqu'elle repose sur la prédisposition favorable des internautes à l'égard d'informations qu'ils trouvent sur un site dont ils sont familiers. Nous sommes là en présence d'un pratique qui n'est pas sans rappeler les mécanismes de transfert de notoriété du co-branding.

|Accueil| |Membres| |Chat| |Forums| |Se Retrouver| |Aujourd'hui| |Boutique| |Aide|

| forums | forums inscrits | albums photo | sondages |

Les pages amies de Cerclo

Un site pour les filles	Le Monde de Magnum
Le site de Stella	Le site du Petit Pirate
NX Télévision	Le site du Bar de la Quarantaine
La page du clan [FMJ]	Celui qui n'a pas de site original
Big Paradise	La page de Your Lord
Super M@t	Le Pipotron pour Palm pilot
Le site de Maryline	La page de Night
La page de Lauryne	Le Momosite
La page de Killi	La sélection de liens de Géant
Le refuge du Vagabond	The Ykons Web Page
Tecnipass	La page de Pascal et ThierrY
The DJ Micky The Last Poet's Official Web Page	La page du Hibou
Areski's Psyché Web	Le site de Jeremy
Le site de Nicodum	La page de Rahan
Le site de Pyco et ptitcaillou	Les Poésies de Tinou
La page de Nathalie et Nicolas Courtois	Les pages de jpaul31
Le site TURF	Blueweb : Célébrités, musiques, séries...

La mise en ligne de mécanismes d'incitation sélective

Cette question du droit d'entrée peut paraître surprenante mais elle joue à plein sur Internet, la tâche la plus dure n'étant pas de constituer mais de faire vivre une communauté en ligne. Pour cela, il faut développer une forte implication volontaire et souvent bénévole des membres.

Tout ceci renvoie à la gouvernance communautaire et en particulier à la politique de gestion des niveaux d'affiliation. En effet, l'implication, l'engagement, la fidélisation des internautes renvoient à des niveaux différenciés. Il faut donc toujours susciter et retravailler l'appartenance communautaire pour la rendre gratifiante.

Les éléments technologiques jouent un rôle important en tant que ressources communes permettant la construction de la communauté. Cependant, on ne saurait limiter l'aspect communautaire à un usage commun d'un dispositif technologique. Il convient d'y ajouter des éléments symboliques qui jouent comme autant de contraintes et d'obligations des membres à l'égard de leur groupe.

Mancur Olson avait noté en ce qui concerne l'action collective que l'obtention d'un comportement coopératif n'a pas la même portée stratégique selon que l'on est en face d'un groupe inclusif ou d'un groupe exclusif :

1. Dans le groupe inclusif, il n'est pas indispensable que chaque individu participe à l'organisation du groupe. En effet, la non-participation n'enlève pas leur part de bénéfices à ceux dont la coopération est effective. Sur Internet, on pense au comportement des Lukers, ces internautes qui observent mais ne participent pas ;

2. Dans le groupe exclusif, il est nécessaire que chaque membre participe afin d'éviter la captation au profit du non-participant des efforts des participants.

Toute communauté en ligne oscille selon ses objectifs entre ces deux logiques. La philosophie des pères fondateurs de l'Internet repose sur la solidarité et la coopération sans coercition. Cependant, avec le développement du réseau et l'arrivée de nouveaux usagers, les communautés visant la mise en commun de ressources comme l'information ou les logiciels *open sources* deviennent de plus en plus sensibles à la participation de chacun à l'effort communautaire.

Chaque communauté en ligne tend à poser un seuil minimal de coopération tout en permettant une implication différenciée des participants. Des mécanismes d'incitation sélective[1] sont mis en ligne afin de pousser les individus à agir dans l'intérêt du groupe. Ces rétributions positives ou négatives (sanctions, accès limité) permettent un traitement différentiel selon l'engagement de l'individu en faveur de son groupe. Le principe de l'affiliation est un principe qui s'est imposé

---

1. M. Olson, *Logique de l'action collective*, PUF, 1978.

de fait dans les communautés en ligne bien avant de devenir un des axes du marketing de la performance.

L'affiliation rémunérée L'affiliation fonctionne comme un lien contractuel entre un affilieur (un site marchand ou non) et des affiliés (internautes avec leurs pages personnelles ou autres sites). Les seconds ont pour tâche de renvoyer leurs internautes vers le premier. Le fonctionnement est proche du *netlinking*. Mais à l'inverse du référencement croisé qui est peu proactif, l'action est ici dynamique puisque les affiliés qui fonctionnent comme des soutiens, des partenaires touchent des gratifications dans leur action de recrutement.

Amazon a été le premier à initier cette technique de partenariat. Le protocole d'affiliation d'Aniwa.Com répond particulièrement clairement à cette exigence.

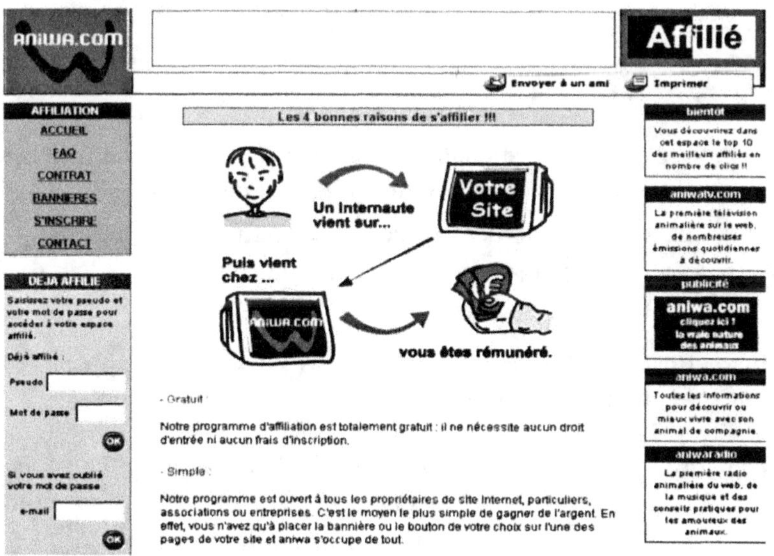

Toute affiliation à Aniwa.com est rémunérée. Le but est de créer le plus possible de trafic et d'atteindre ainsi la masse critique permettant une rentabilité commerciale.

L'affiliation, principe communautaire s'il en est, s'impose donc dans le domaine du marketing comme un moyen de remplacer la recherche de notoriété matérialisée par des bandeaux de publicité au profit d'un service reposant sur le conseil et le transfert de confiance au sein d'un portefeuille de liens faibles et forts.

D'autres formes de gratifications peuvent être utilisées pour fidéliser les internautes et augmenter le trafic.

Les cadeaux

Le site MagicMaman propose des coupons de réduction à ces membres afin de les fidéliser.

Coupons de réduction

PixiBox.com

Notre souhait au sein de l'équipe MagicMaman est de répondre aux attentes quotidiennes de nos internautes...comme vous offrir des coupons de réduction par exemple !
MagicMaman a donc choisi Pixibox comme partenaire, et sélectionne pour vous chaque semaine un panel de coupons de réduction. Vous pourrez les utiliser lors de vos achats dans vos magasins habituels !

Alors pour votre caddie hebdomadaire, pour l'entretien de votre maison et pour votre bien-être, laissez-vous séduire par nos offres et réduisez les prix !

Comment ça marche ? Plus d'info

Catégories

* Tous vos bons de réduction
* Alimentation & Gastronomie
* Maison & Entretien
* Hygiène & Beauté
* Sorties & Loisirs
* Chiens & Chats

Les services personnalisants

SMS vocaux, e-cartes postales, fonds d'écran autant de services permettant de personnaliser l'offre d'un site. Ces gadgets ou *goodies* permettent d'alimenter l'identification entre l'internaute et sa communauté.

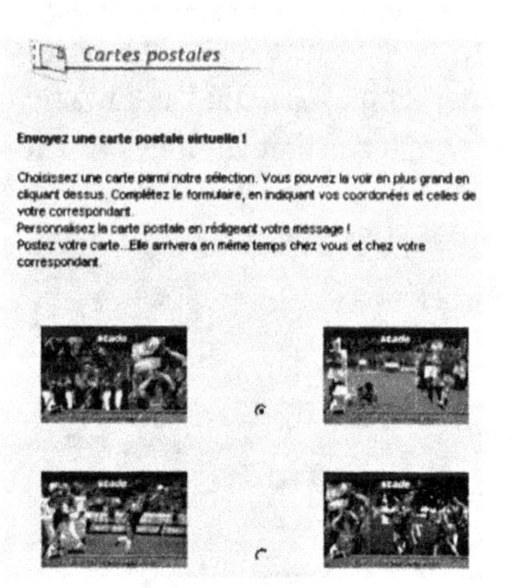

Dans une démarche commerciale, les gadgets permettant la communication interpersonnelle sont sans doute les plus porteurs car ils offrent une relation de confiance comme support à la diffusion d'une proposition publicitaire.

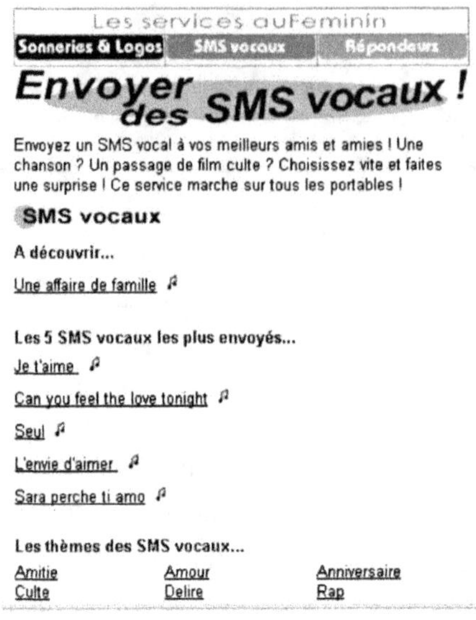

L'accès privilégié à l'expertise

Les sites féminins magicmaman et iVillage proposent à leurs membres d'accéder à un espace où l'internaute peut consulter les conseils d'experts concernant des thématiques portant sur ses préoccupations.

Dans le cas de magicmaman, l'internaute peut consulter plusieurs spécialistes de questions médicales.

Pour sa part, le site iVillage propose de se perfectionner en yoga en choisissant l'expert le plus adéquat sur la question voulue.

Ces sites ont pour point commun de recourir à des « invités extérieurs » pour constituer leur contenu d'expertise. Ce n'est pas toujours le cas, en particulier dans le cas des sites boursiers.

Laisser apparaître et se développer des communautés épistémiques

Le poids des internautes dans le développement d'un site est à l'unisson de leur implication : différentiel. Parmi les habitués d'un site, on isole assez rapidement un groupe spécifique de membres. Ceux-ci bénéficient de la reconnaissance tacite par les autres membres d'une expertise dans certains domaines. Ce statut dérive en général de l'intensité de l'activité et de la qualité des interventions de ses membres. L'identification de ce noyau dur appelé « communauté épistémique »[1] est particulièrement stratégique dans l'optique du marketing viral.

Le terme d'épistémique a été forgé par John Gérard Ruggie. Ce dernier l'a emprunté à M. Foucault en référence à la notion d'*épistémé* autrement dit une façon dominante de voir la réalité sociale[2]. En effet, les membres d'une communauté épistémique par leur influence sur les autres membres jouent un rôle prépondérant dans la construction des connaissances consensuelles qui traversent une communauté. Se mettre en relation avec ce noyau communautaire c'est accéder directement à ceux qui déterminent, en partie, les enjeux, intérêts et valeurs partagés par l'ensemble des membres.

---

1. P. Haas, « Introduction : epistemic communities and international policy coordination », *International Organization*, Vol.46, n°1, Winter, 1992.
2. M. Foucault, *L'archéologie du savoir*, Gallimard, 1969.

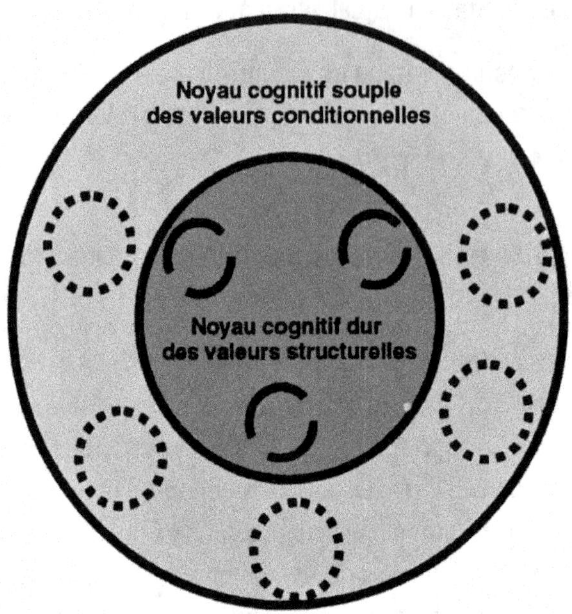

Les sites de courtage en ligne sont particulièrement sensibles à la collecte des avis d'internautes apparaissant comme des leaders d'opinion au sein même de leur communauté. L'un des cas les plus célèbres est le cas de Losure[1]. Losure est l'alias numérique d'un internaute texan passionné de courtage en ligne et désireux de communiquer à ce sujet.

Le site E-trade, société de brokers en ligne, a fait le choix d'encourager Losure à communiquer en faisant de ce dernier un interlocuteur privilégié. Cette reconnaissance d'un statut de leader d'opinion a joué comme un motif de plus pour se connecter. À l'image des témoignages, le dialogue sur un pied d'égalité entre une entreprise et certains

---

1. J. Tidwell et K. Wickre , « In the Key of C: Content and Community Co-mingle », *Econtentmag.com*, Septembre 2001.

internautes particulièrement actifs est un fort moteur à agrégation de connections.

Le site Boursorama s'est calqué sur cette stratégie d'infomédiation. Tout d'abord, il se propose d'offrir à l'internaute et aux entreprises une liste des forums les plus actifs dans le domaine de la bourse.

Mais le site va plus loin en proposant d'avoir accès directement à l'avis de la communauté épistémique qui s'est constituée à partir des membres du site. La cristallisation de l'opinion dominante se fait autour de la notion de « consensus de la communauté Boursorama ».

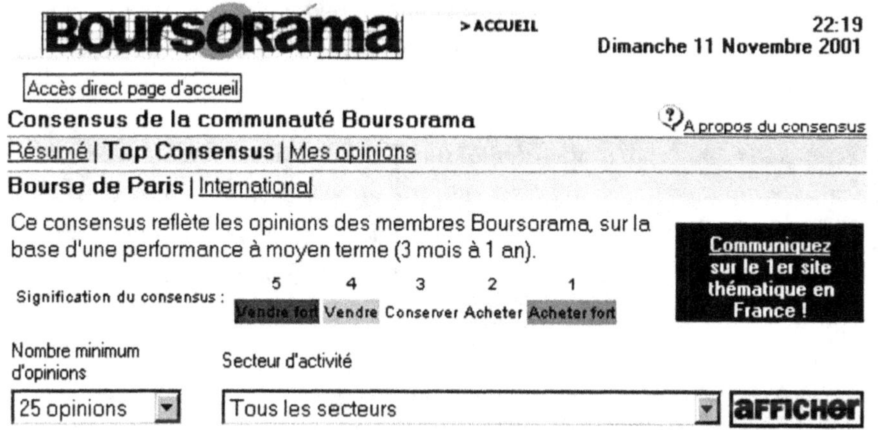

DESIGN ERGONOMIQUE
ET GOUVERNANCE COMMUNAUTAIRE

La complexité de l'étude des communautés en ligne renvoie au fait qu'elles nécessitent la prise en compte à la fois de l'aspect social et de l'aspect technologique.

On ne peut pas traiter l'aspect social sans prendre en compte les contraintes technologiques qui sont au centre de l'interaction entre individus et inversement, ce serait une erreur d'appréhender les moyens technologiques hors du contexte social d'utilisation. Philippe Verhaegen rappelle ainsi que l'agencement des objets et des procédures forme des « dispositifs techno-sémiotiques » qui influent sur le comportement des individus comme autant de contraintes et d'habilitations à l'action.

De par sa nature, Internet apparaît comme une sorte d'hybride. A. Akoun parle au sujet d'Internet de « *technologie socialisée* » au sein de laquelle se mêlent contraintes sociales et technologiques pour former une sorte d'hybride perpétuellement en mutation au rythme des innovations technologiques et de leur appropriation sociale.

« Ce n'est [donc] *jamais à partir des seules caractéristiques d'une technologie et selon une logique purement fonctionnelle ou utilitaire, qui réduirait l'explication à la seule nature intrinsèque de cette technologie, que peut être comprise son acceptation sociale.*

Reçue dans un espace social qui lui donne sens et donc usage, la technologie nouvelle, à son tour réagira sur cet espace, y induira des potentialités latentes et d'une certaine façon provoquera des déséquilibres mais toujours conformément à la signification qui l'a faite accepter dans le corps social »[1].

---

1. Akoun A., « L'imaginaire et le réel dans la communication face-à-face et dans les relations virtuelles », *Sociétés*, n°59, 1998.

L'ergonomie conditionne la sociabilité

L'ergonomie d'un site communautaire est centrale. Elle conditionne son appropriation par les membres de la communauté et donc la densité du lien social. Jenny Preece[1] résume ce fait d'une formule : « *l'ergonomie conditionne la sociabilité* ».

Créer un site communautaire doit donc être un projet réfléchi qui répond à un certain nombre d'impératifs. Avant toute chose, il convient d'établir au préalable un ensemble de grands principes d'action qui vont prévaloir dans la conception des interfaces numériques et des règles de vie communautaires. Ces principes visent à informer, aux deux sens du terme (donner forme et faire circuler l'information), les interactions sociales.

Trois dimensions sont obligatoires :

1. L'utilité : c'est la capacité du site à répondre aux besoins réels des utilisateurs comme rechercher des informations, communiquer, jouer, acheter des articles.

2. L'utilisabilité : elle renvoie à la facilité d'utilisation – caractéristiques des interfaces pour tout ce qui concerne la présentation et le dialogue–. C'est l'interaction des utilisateurs avec le dispositif du site qui est ici centrale.

3. La sociabilité : on regroupe ici tout ce qui a trait aux interactions et comportements entre membres de la communauté.

---

1. *Online Communities, Designing Usability, Supporting Sociability*, John Wiley & Sons, LTD, 2000.

Utilité, utilisabilité, sociabilité[1]

UTILITÉ, UTILISABILITÉ, SOCIABILITÉ

Phase de définition de l'utilité : établir des besoins communautaires

Design de
l'utilisabilité

Planification de
la sociabilité

Définition de l'architecture ergonomique du site (dispositifs de navigation, de communication entre internautes, construction de liens passerelles, de pages personnelles, etc.)

Établissement de règles sociales de la communauté (degré d'ouverture, règle de conduite, sécurité, respect de la « privacy », règles de prises de parole, etc.)

Gestion de stratégies de développement de la communauté
(Community-centered development)

Le confort de navigation comme condition d'une sociabilité maximale

L'impératif ergonomique d'une bonne utilisabilité offrant une sociabilité maximum repose sur le respect de quelques principes simples. En revanche, une mauvaise conception de l'utilisabilité amène la frustration des membres et rapidement la défection et la mort de la communauté.

---

1. Adapté de J. Preece, *Online Communities, Designing Usability, Supporting Sociability*, John Wiley & Sons LTD, 2000

Les programmes et fonctionnalités doivent répondre à un certain nombre d'impératifs :

1. Impératif de cohérence :

Les programmes doivent être cohérents autrement dit, les mêmes procédures doivent amener les mêmes résultats quels que soient les contextes d'interaction ;

2. Impératif de contrôle :

Il faut éviter les fonctionnalités trop automatisées. À chaque étape, l'utilisateur doit pouvoir rester maître de son action et de ses conséquences ;

3. Impératif de prédictibilité :

Les fonctionnalités d'un site doivent être prédictibles dans leurs conséquences. Ceci permet d'établir un sentiment de « sécurité ontologique » que nous avons évoqué précédemment. La prédictibilité permet aussi l'apprentissage et l'utilisation la plus aisée et rapide possible. Elle permet surtout une maîtrise intuitive par le jeu de l'expérimentation ;

4. Impératif d'implication :

Le site doit posséder dans son architecture des fonctionnalités dites « communautaires » qui participent à la consolidation de la communauté en permettant le dialogue, l'échange d'informations dans le sens d'une plus-value de participation. Il faut avant tout attirer et capter l'attention des internautes et les impliquer dans la vie communautaire.

Les dispositifs d'implication

Les dispositifs de dissémination de l'information

Ils offrent l'accès, la circulation et l'allocation de l'information. Pour permettre une visibilité maximale d'un site, il est nécessaire que les contenus éditoriaux circulent dans la communauté et hors de celle-ci. Il convient donc de mettre en ligne des fonctionnalités donnant la possibilité à un individu de recommander un article à liens sociaux de son choix.

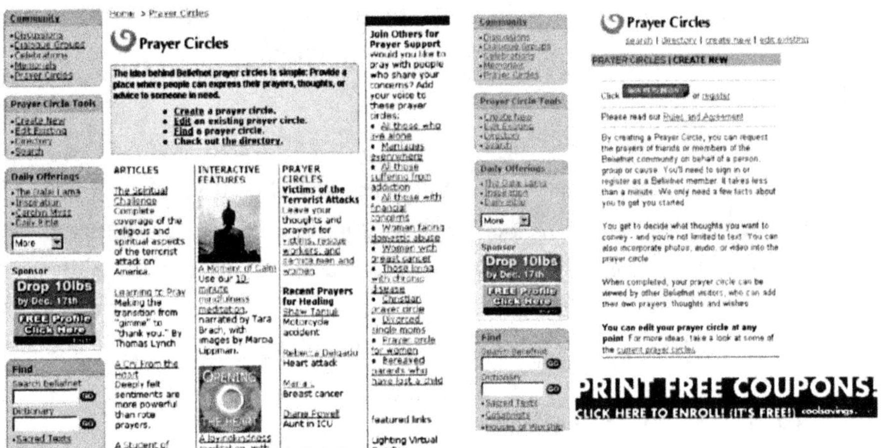

Les dispositifs permettant l'échange interpersonnel et l'agrégation

Les cercles de prières de BeliefNet sont l'exemple même d'un dispositif permettant l'implication des internautes par l'échange d'informations. Pour cela, l'internaute doit s'inscrire comme membre. Une fois membre, il peut éditer une prière sur le sujet qu'il lui tient à cœur ou se joindre à une prière déjà mise en ligne.

Les dispositifs permettant la solidarité et le travail collaboratif

Ceux-ci donnent la possibilité aux internautes de se rendre la vie plus facile. Des communautés de pionniers de l'Internet comme The Well ont fait de ces dispositifs un des piliers de leur identité communautaire.

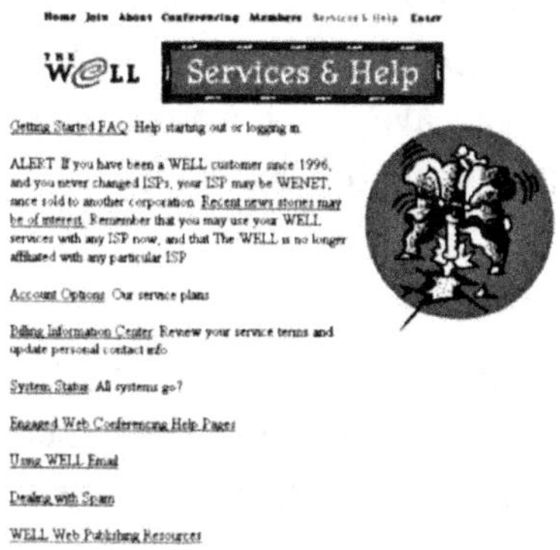

De son côté, Cerclo propose un certain nombre de services comme les aides à la localisation géographique ou le « pipotron ». Ce service est une aide à la rédaction pour les internautes sans idées. Fonctionnant comme une sorte de cadavre exquis, il doit permettre de terminer une rédaction, lorsque l'inspiration a disparu.

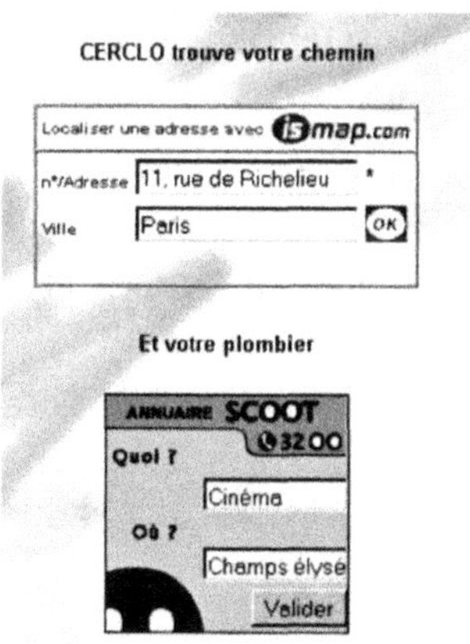

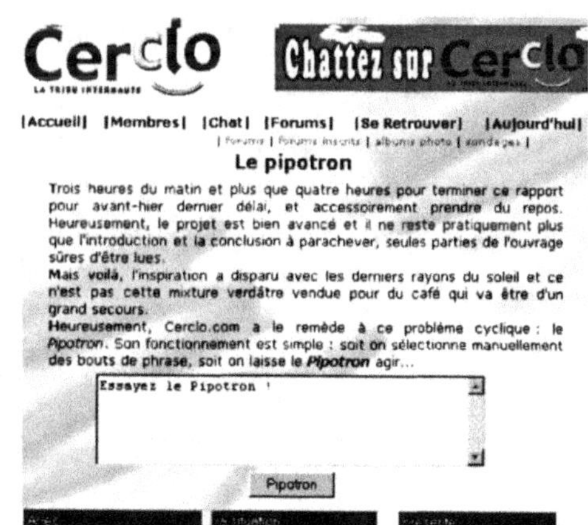

Les dispositifs ludiques   Parce qu'Internet n'est pas seulement un espace de travail mais aussi un espace ludique, on peut mettre en ligne des fonctionnalités permettant le divertissement. Ici, les possibilités sont sans fin : monopoly, quizz, loterie, etc.

Bien entendu, il ne faudra pas oublier de permettre aux membres de la communauté de donner leur avis aux développeurs pour l'amélioration de ces espaces. Ce sont en définitive les leurs.

La gouvernance communautaire

La gouvernance communautaire peut être entendue comme l'instauration d'un ensemble de règles faites pour permettre des relations sociales en ligne respectant les principes sur lesquels est bâtie l'identité de la communauté.

La première étape est donc de définir clairement l'identité communautaire.

On peut distinguer trois points :

1. Donner à la communauté un nom de domaine qui donne des indices sur son objet ;

2. Associer une phrase définissant clairement son but ;

3. Mettre en ligne des informations complémentaires pour permettre de bien identifier le projet communautaire.

La seconde étape consiste à établir les règles de gouvernance communautaire en tant que telles. Là encore, les règles doivent être clairement énoncées et accessibles pour tout internaute souhaitant rejoindre la communauté.

Home Join About Conferencing Members Services & Help Enter

The WELL is an online gathering place like no other. Since 1985 this literate watering hole has drawn thinkers from all walks of life -- people who like an intelligent and uninhibited conversation in a members-only environment.

What makes The WELL different from other online communities?

- **You know who you're talking with:** As a WELL member, you use your real name. This leads to real conversations and relationships.

- **Your privacy and intellectual property choices are assured.** You own your own words at The WELL.

- **You can control access to your discussions:** As a Complete Plan member you can set up your own closed-door "private conference" -- open only to other WELL members you select.

- **You won't be subjected to advertising intrusions.** No blinking banners, no renting of your name or information to

Degré d'ouverture de la communauté

Les traits et qualités nécessaires à l'admission doivent être clairement présentés. Doit-on autoriser ou non les visites des non-membres ? Quelles données sont nécessaires à l'enregistrement ? Cette étape doit être bien préparée car l'enregistrement de formulaires d'inscription sera l'occasion de constituer des profils communautaires.

Ces derniers offriront une image de la composition de la communauté et donc de ses potentialités commerciales.

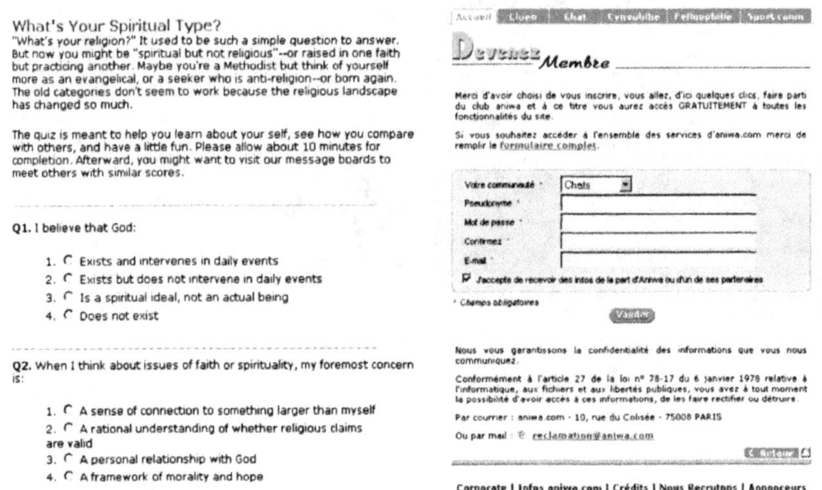

Styles de communication et de conduites autorisés

Cette rubrique regroupe tout ce qui renvoie au respect des autres (modération de propos, respect de l'intimité, de l'anonymat et des données personnelles).

Elle concerne aussi la gestion de l'information (protection du copyright) et la politique éditoriale (liberté de parole, diffamation).

On a vu précédemment que les communautés en ligne sont avant tout des communautés de sens d'où l'importance d'une définition relativement précise de la politique de production de contenu éditorial et de la gestion des lieux d'expression.

Dès sa page d'accueil, la Well communauté définit clairement son identité mais aussi ses principes de gouvernance.

What is The WELL?
Press Releases
Online News Stories
Press Info, Corporate Background

What is The WELL?

The WELL is an online gathering place like no other -- remarkably uninhibited, intelligent, and iconoclastic. For an action-packed fifteen years, it's been a literate watering hole for thinkers from all walks of life, be they artists, journalists, programmers, educators or activists. These WELL members return to The WELL, often daily, to engage in discussion, swap information, express their convictions and greet their friends in online forums known as WELL Conferences.

The WELL is distinguished by its non-anonymous participants, and by uncommon policies. The service does not sell subscriber data to marketers, nor place ads within passworded areas. This unique gathering place is both greatly valued and directly supported by WELL subscribers.

Where Is The WELL?

The WELL is a cluster of electronic villages on the Internet, inhabited by people from from all over the world. A discussion on the great eateries of Paris might include playful banter from people typing to one another from San Jose, Tokyo, Boston as well as the Left Bank. Yet the ambiance is all WELL. More than just another "site", The WELL has a sense of place that is nearly palpable.

Familiarity with one another and a high degree of expressive freedom has resulted in sometimes startling contrasts in atmosphere from Conference to Conference. Each has a distinctly different sense of place and style, and loyal participants. The Books Conference might be a particularly cool coffee house, the Generation X Conference something between a trendy club and a pie fight, and the Legal Conference an informed but contentious seminar.

The WELL's conversations take place on keyboards around the world, but the servers and staff have always been in northern California. The first WELL computer and modem rack were located in Sausalito. The WELL's office is now in San Francisco but the real action is online, and a few keystrokes away for WELLfolk all over.

Where is The WELL? There's no simple answer to that question, but as Gertrude Stein might have said, "There's a **there** there."

How Can I Make A Place For Myself On The WELL?

You can get a taste of WELL culture by sampling a conference anyone on the Web may read without

À l'image du monde physique, le monde numérique doit se préparer à sanctionner plus ou moins durement ceux qui ne respectent pas les impératifs de la vie communautaire. Les sanctions sont variables du rappel à l'ordre, à l'interdiction momentanée de prise de parole jusqu'à la sanction la plus forte : l'exclusion. Cette dernière n'est ni plus ni moins qu'une forme d'exécution électronique. Les espaces de prise de parole doivent être particulièrement canalisés afin que les interactions ne dérapent pas en donnant cours à des propos insultants.

Avertissement

Le STADE FRANCAIS CASG RUGBY ne contrôle ni n'approuve les messages transmis dans les espaces de dialogue. Nous déclinons ainsi toute responsabilité quant à ces contenus.

Toute violation des principes de l'éthique du Net (Netiquette) pourra entraîner l'exclusion immédiate et sans avertissement de la personne qui s'en sera rendue coupable.
Si nécessaire, nous nous réservons le droit de communiquer aux autorités compétentes toutes informations relatives à la connexion et sur un chat.
Nous nous réservons aussi le droit de fermer un espace de dialogue dont le nom serait jugé inapproprié.

Netiquette

Pas de propos racistes ni diffamatoires
Pas d'insulte ni de langage grossier
Pas d'énervement inutile, utilisez l'aide en ligne
Pas de coordonnées privées
Pas de pub
Pas de majuscules (synonymes de cri)
Pas de piraterie, déconnexion d'internautes, vol de canal...
Pas de flood (répétitions excessives) qui pollut le canal et surcharge le serveur
Pas d'énervement inutile.

Dans son dernier ouvrage, David Skyrme[1] note que le nouvel âge du capitalisme est essentiellement centré sur la commercialisation du savoir et du sens. Dans cette optique, les communautés en ligne deviennent des « K-community », des mines de plus-value informative, des réseaux de communication bruissant d'informations et de connaissances émergentes avec lesquels il convient d'établir un partenariat.

Les communautés en ligne s'imposent donc comme des acteurs incontournables de l'échange social sur le Net.

---

1. D. Skyrme, *Capitalizing on knowledge. From e-business to K-business*, Butterworth-Heinemann, 2001.

Les limites à la mise en place des espaces communautaires

Taille critique	Viabilité de l'outil communautaire.
Les risques d'image	Un forum/chat vide est préjudiciable, la non-modération aussi ; Stratégie de décrédibilisation des concurrents.
Les risques juridiques	Diffamation ; Responsabilité d'un directeur de publication.
La dérive des coûts	Coûts cachés ; Faible coût technique (acquisition et mise en ligne des dispositifs) mais coûts d'animation, de gestion et de contrôle.

Intérêt de la communauté

Travail collaboratif et échange d'informations	Mises en commun de ressources, solidarité, entre-aide, SAV interactif ; Diminution des coûts d'élaboration des logiciels.
Fidélisation et proximité	Le fait de délivrer indirectement de la valeur à l'internaute par la mise en place d'un lieu d'échange commun ou d'un lieu d'expression (album photo) est un outil de marketing relationnel qui permet d'améliorer la proximité entre l'internaute et la société.
Un lieu de prise de parole qui permet d'éviter la défection	Image positive, politique de transparence.
Un outil de veille et d'étude	Il est très intéressant financièrement et stratégiquement pour une entreprise de consulter l'avis des consommateurs sur des chats ou des forums où les internautes viennent volontairement, plutôt que de lancer des sondages ou des enquêtes qualitatives souvent coûteuses.
Augmentation du chiffre d'affaires	Les revenus publicitaires ; L'augmentation des achats.

Limites du buzz marketing

LES LIMITES

Le buzz marketing, comme l'ensemble des stratégies de mise en œuvre de moyens de communication, a ses contraintes et ses limites d'utilisation. Mais parce qu'il touche aux relations interpersonnelles, ces limites et ces contraintes, doivent plus que jamais être prises en compte. En effet, pour le buzz marketing les sanctions du non-respect de ces limites peuvent s'avérer puissantes. Elles sont provoquées par le consommateur qui, nous l'avons vu, possède de nombreux moyens similaires à la marque. Le risque majeur est donc de voir un buzz négatif se déclencher, se propager à une vitesse parfois impressionnante et dont la marque aura du mal à se détacher. Chaque campagne est unique et dépend du type de produit, des clients, de la nature de la concurrence…

Ces limites sont de plusieurs ordres, elles sont liées :

– à la nature du produit et de l'univers ;

– à la spécificité d'Internet ;

– à l'utilisation du buzz marketing ;

– aux moyens.

Limites liées à la nature du produit

Il serait illusoire de penser que le bouche-à-oreille peut être un vecteur efficace pour n'importe quel produit. En effet, pour qu'il puisse se déclencher, être propagé et pour que les influents puissent s'approprier le produit, il se doit de répondre à un besoin réel du consommateur. Le produit ou le service doit apporter quelque chose de nouveau soit dans son application, soit dans sa communication. Il doit sortir des sentiers battus du « me too product ».

Limites liées à l'utilisation d'Internet

Internet avec ses nombreuses possibilités (l'interactivité, la vitesse de diffusion de l'information, etc.) augmente considérablement l'efficacité du buzz marketing. Mais il ne faut pas confondre Internet avec un simple média de masse. Son mode de fonctionnement est spécifique. Il offre certes de nouvelles opportunités, mais contient aussi de nombreux pièges. Son utilisation se doit de respecter certaines règles. Les stratégies trop agressives sont généralement contre-productives car elles transgressent le plus souvent deux principes de base de la communication avec l'internaute :

– lui demander son avis ;

– respecter son choix.

Limites liées à la mise en œuvre du buzz marketing

L'un des principaux risques du buzz marketing réside dans le degré de son utilisation. La tentation est grande d'utiliser ce moyen de manière abondante. Mais une sur-utilisation du buzz conduirait à des effets négatifs. Sur-information, messages brouillés sont autant d'éléments qui peuvent conduire une action de bouche-à-oreille à l'échec.

De même, la relation fragile tissée avec les influents et les prescripteurs se doit d'être protégée des excès. Il est impossible d'imaginer un prescripteur ou un influent pouvoir maintenir son statut tout en se transformant en promoteur perpétuel de telle ou telle marque. Le maintien d'un relation forte avec les *early adopters* est une condition *sine qua non* de la réussite de toute campagne de buzz. Construire une relation est une affaire de temps et de partage. Si ces valeurs ne sont pas respectées, le risque est grand de voir son interlocuteur se sentir instrumentalisé et rompre dans le meilleur des cas la relation, ou propager un bouche-à-oreille négatif pour la marque, dans le pire.

La reproduction de telle ou telle stratégie est le plus grand des pièges. Tout d'abord parce que l'univers d'influence et de diffusion du bouche-à-oreille est propre à chaque produit mais aussi parce ce déclenchement et cette propagation du buzz vont se faire à un moment donné dans un contexte social et culturel.

Limites liées aux moyens

Nous l'avons vu, chaque moyen du buzz marketing a ses avantages et ses contraintes mais tous ont en commun une limite forte, celle de l'obsolescence. La sur-utilisation, l'avancée technologique font que tel ou tel moyen pourra conduire dans l'esprit du consommateur soit à du déjà vu, soit à un ras-le-bol, soit à du dépassé. C'est souvent le cas pour les moyens liés à Internet, et notamment les applications ludiques pour lesquelles la personnalisation et les possibilités allant crescendo les rendent facilement obsolètes. Il s'agit donc d'inventer, d'adapter pour pouvoir créer de nouveaux moyens et de profiter de leur utilisation avant que leur sur-utilisation ne leur enlève toute efficacité.

LA RUMEUR : LIMITES À NE PAS FRANCHIR[1]

Les rapports des marques et de la rumeur sont loin d'être évidents. Car les rumeurs ont une structure propre qui peut réduire à néant les projets des communicateurs et qu'il faut analyser et connaître.

L'étude des rumeurs, de toutes les rumeurs, aussi bien orales qu'électroniques, montre qu'elles se séparent en deux structures bien précises. On trouve d'une côté les rumeurs « d'en haut », c'est-à-dire celles qui ont fait l'objet d'une construction volontaire, concertée et visant la poursuite d'un dessein objectif (comme les rumeurs de guerre).

De l'autre côté, on trouve les rumeurs « d'en bas », celles qui ne sont téléguidées et pilotées par personne, qui naissent spontanément, qui appartiennent à la pensée immédiate, à la pensée « sauvage », celle des citoyens. Elles portent sur les sujets les plus divers, passent par le bouche-à-oreille, la messagerie électronique et sont surtout difficilement contrôlables.

C'est sur cette trame que peut tenter de s'insérer le bouche-à-oreille et sa place est instable. En réalité, l'ambition du marketing de bouche-à-oreille est d'occuper les deux espaces de rumeurs, d'être à la fois en haut et en bas, c'est-à-dire d'être une information fabriquée et orchestrée de toutes pièces, patiemment montée, contenant tous les éléments signifiants eu égard aux buts à atteindre, mais d'être aussi une rumeur qui puisse bénéficier de la puissance de circulation des rumeurs spontanées, qui puisse devenir une rumeur banalisée et s'insérer dans le grand mouvement du bouche-à-oreille des rumeurs « électroniques » en touchant un nombre important d'individus.

Si l'ambition du marketing viral est compréhensible, l'occupation des deux espaces est à la fois risquée et difficilement réalisable. Instrumentaliser la rumeur n'est pas chose aisée et, paradoxalement, au

---

1. Ce focus sur les rumeurs est l'œuvre d'Emmanuel Taïeb, sociologue à la Sorbonne, auteur de « Persistance de la rumeur. Sociologie des rumeurs électroniques », *Réseaux*, n°106, 2001.

lieu d'être un support de circulation, la rumeur peut s'avérer en être l'obstacle principal, la limite. Car la rumeur est ambiguë par nature. Un téléguidage ou une rumeur fabriquée qui n'obéirait pas aux « lois » générales des rumeurs ne circulerait pas. Au lieu de profiter du mouvement global, l'opération se heurterait alors à une inertie opaque, personne ne relayant la rumeur. L'accès au médium serait donc interdit à une construction bancale. Et, dans le même ordre d'idée, si la rumeur générée circule convenablement, elle peut facilement échapper à ses créateurs, voire se retourner contre eux. La rumeur, enfin, aux mains de ceux qui spontanément la diffusent, peut devenir un contre-pouvoir capable de tenir tête aux plus grandes entreprises, qu'elles en soient à l'origine ou non. Et, une fois que la rumeur est lancée, le démenti peine à s'imposer...

Logique des rumeurs électroniques

L'apparition de la messagerie électronique et son développement ont amené parallèlement la propagation massive de rumeurs au milieu des messages traditionnels. Malgré leurs particularités, ces rumeurs ne diffèrent pas absolument des rumeurs orales traditionnelles et, comme elles, bien souvent, portent sur des marques et des entreprises.

Morphologie des rumeurs électroniques

Sur la messagerie électronique, le terme de rumeur peut être entendu au sens large. Ainsi, on ne trouve pas seulement des rumeurs proprement dites, mais aussi des alertes au virus, des « chaînes magiques » (qu'il faut faire passer à beaucoup de gens sous peine de malheur), des légendes urbaines, des récits de morts absurdes (type Darwin Awards) et des histoires drôles, l'ensemble pouvant être accompagné de sons ou d'images. Ainsi, la distinction entre ces différents récits peut ne pas être précisément posée, car non seulement ils s'interpénètrent tous, mais encore le fait qu'ils circulent, peut permettre de les unir sous le vocable « rumeur ».

C'est bien sûr l'écrit qui confère aux rumeurs électroniques leur spécificité :

– l'écrit est une force en ce qu'il donne à la rumeur l'aspect d'une information sérieuse, l'aspect d'une note administrative, d'un procès-verbal, et ainsi la rend plus crédible ;

– les rumeurs électroniques jouent sur le nombre de destinataires touchés. Elles ont la capacité de toucher beaucoup d'individus en un temps très court ;

– en faisant souvent apparaître dans l'en-tête du message l'ensemble des destinataires traversés successivement (ensemble qui peut être très important, ce qui alourdit l'e-mail) la rumeur gagne en véracité. Par le fait que la rumeur a déjà touché du nombre, elle bascule dans le domaine de l'irréfutable, devenant plus difficile à contester et à démonter ;

– la présence d'un envoyeur connu du destinataire, et en qui il a toute confiance, transforme ce qui est une rumeur en une information digne de foi, et là encore incontestable. La rumeur n'est plus alors flottante et non sourcée : elle est désanonymisée et peut être rattachée à un ou des individus précis ;

– malgré l'importance de leur circulation, les rumeurs électroniques restent relativement stables dans l'espace et dans le temps. Non sujettes aux déformations, les rumeurs circulent sans changements. C'est la même rumeur que reçoit chacun des destinataires. On peut à la limite penser que la rumeur n'est pas seulement diffusée, mais qu'elle est en fait reproduite ;

– la rumeur électronique contient une incitation ferme à sa transmission. Cette obligation proposée de diffusion de l'e-mail, si elle suivie, contribue à l'essor des rumeurs sur la toile.

Les rumeurs électroniques possèdent donc une morphologie particulière qu'elles ne partagent pas avec les rumeurs orales classiques. Cependant, pour ce qui est du contenu, elles se ressemblent beaucoup. Création spontanée branchée sur le monde social et la vie quotidienne, toutes les rumeurs finissent par rencontrer les marques et les entreprises, surtout les plus puissantes d'entre elles.

Rumeurs et marques

Outre les rumeurs boursières qui constituent un genre à part entière, on retrouve les marques convoquées dans les rumeurs sous trois aspects : comme figure d'autorité, comme figure fantasmée et comme figure à abattre.

La marque comme figure d'autorité Les alertes au virus circulant sur la messagerie constituent un des bataillons les plus importants des rumeurs électroniques. Pour accroître leur véracité, ces alertes font croire que l'information émane ou a été confirmée par une entreprise connue.

Les exemples ne manquent pas. Au début de l'année 2001, l'arrivée des prétendus virus « California IBM » et « Girl Thing », qui reviennent en fait à intervalles réguliers, était soi-disant annoncée par MICROSOFT, qui indiquait en outre qu'ils étaient extrêmement puissants et dévastateurs. À la même période, c'est encore MICROSOFT qui informe de la présence du virus « Waza.mp3 » (référence à une publicité pour la bière américaine BUDWEISER ; BUDWEISER qui était aussi le nom d'un fameux faux virus...). Ailleurs, dans les alertes concernant la piraterie de téléphones portables, c'est ALCATEL qui dénonce la fraude pouvant toucher tous les opérateurs. En mai 2000, « Buddly.sip » (un virus vétéran, lui aussi) n'avait pas moins de quatre parrains, MICROSOFT encore, AOL, WANADOO et LINUX, qui confirmaient sa nocivité.

Ici, l'entreprise apparaît comme une figure d'autorité connotée positivement : non seulement elle est dans une démarche d'information du plus grand nombre, alors que ce n'est pas son rôle spécifique, mais encore elle est dans l'expertise, indiquant la puissance et les effets du virus. Dans les exemples qui précèdent, la marque citée est toujours celle qui est susceptible de chapeauter les autres et de tenir sur elles le discours le plus général. Ainsi, le fabricant du système d'exploitation l'emporte sur le fabricant de l'ordinateur (IBM se retrouvant seulement dans le nom du virus). De même, c'est le fabricant de téléphone, ALCATEL, qui l'emporte sur les opérateurs, simplement cités dans l'alerte. Le dernier exemple pose plus de problèmes dans la mesure où on y trouve deux fournisseurs d'accès mais aussi LINUX, qui n'est pas réellement une entreprise et ne saurait avoir une quelconque capacité d'information propre, en dehors du cercle restreint de ses *aficionados*. Mais le nom peut en imposer aux utilisateurs d'ordinateurs, surtout aux débutants.

C'est cependant la limite de ce genre de rumeurs, où la multiplication du recours à des marques garantes de la bonne information, finit par diluer leur autorité supposée, surtout quand certaines d'entre elles ont peu de chances d'être réellement la source de l'information. La position et l'action de ces entreprises est en fait fantasmée. MICROSOFT ne signale pas les virus, vrais ou faux, se bornant simplement à admettre parfois des failles dans son logiciel de messagerie, faille exploitable par des individus malveillants. Et, ironie du sort, ce sont bien souvent les fabricants d'anti-virus qui consacrent du temps à traquer les... faux virus.

La marque comme figure fantasmée

À la communication imaginaire prêtée à certaines marques vient aussi s'adjoindre l'action imaginaire que l'on retrouve dans les rumeurs dites de gratuité. Fin 1999 a circulé aux États-Unis puis en France, l'une des plus intéressantes, reproduite par le sociologue Jean-Bruno Renard[1] :

---

1. V. Campion-Vincent, J.-B. Renard, *Légendes urbaines. Rumeurs d'aujourd'hui*, Paris, Payot, 1992 rééd., 1998.

Sujet : Lisez ceci rapidement et répondez !

Je vous transmets ce message parce que la personne qui me l'a adressé est un homme d'affaires très qualifié et un excellent ami, incapable de me faire une blague.

Microsoft et AOL sont aujourd'hui l'entreprise d'Internet la plus importante et l'Internet Explorer reste le programme le plus largement utilisé. Microsoft et AOL ont mis en œuvre un test par courrier électronique. Si vous envoyez cet e-mail à des amis, Microsoft suivra sa trace [on verra plus loin l'importance de cette trace] (...) pendant une période de deux semaines. Pour chaque personne à laquelle vous enverrez cet e-mail, Microsoft vous paiera 245 dollars, pour chaque deuxième personne à qui vous l'enverrez et qui le transmettra à son tour, Microsoft vous paiera 243 dollars, et pour chaque troisième personne qui recevra ce message, vous serez payé 241 dollars. Dans deux semaines, Microsoft vous contactera pour vous demander votre adresse et vous enverra ensuite un chèque.

J'ai moi-même pensé que c'était une plaisanterie, mais deux semaines après avoir reçu cet e-mail et l'avoir retransmis, Microsoft m'a contacté par e-mail et, quelques jours plus tard, je recevais un chèque de 24 800 dollars (...). Si quelqu'un a les moyens de faire cela, c'est bien Bill Gates. Ce sont pour lui des frais d'étude de marché.

La même histoire se retrouve quasiment à l'identique avec d'autres marques. En mars 2000, EMI et TIME WARNER promettent de l'argent à ceux qui font circuler un e-mail précis. Plus tard c'est ERICSSON qui est réputé donner un téléphone gratuit afin de lutter contre son principal concurrent NOKIA qui ferait la même chose. J.-B. Renard parle à leur propos de « *rumeurs roses, agréables* », car en effet, contrairement à la plupart des rumeurs dont le contenu est plutôt négatif, celles-ci sont optimistes quant à l'action qu'elles prêtent aux entreprises. Leur fondement est sans doute à chercher du côté de la confusion provoquée par la guerre des prix entre opérateurs téléphoniques, ou entre fournisseurs d'accès Internet, certains n'hésitant pas à proposer un téléphone pour un franc symbolique ou un accès gratuit et illimité. Le modèle économique devenant subitement flou pour tout ce qui touche aux NTIC, la gratuité du produit, sans contrepartie réelle du consommateur, devient plausible et s'incarne dans ce type de rumeurs.

C'est dans ce même contexte qu'une rumeur uniquement orale a longuement circulé, prétendant que l'opérateur téléphonique SFR tentait de racheter une forfait trop coûteux pour lui, mais très rentable pour ses clients, qu'il avait imprudemment proposé. La rumeur s'est visiblement nourrie, là aussi, de la jungle des prix entre opérateurs et d'une confusion avec une autre affaire où un fournisseur d'accès Internet, WorldOnline, avait dû suspendre la possibilité de souscrire à un nouveau forfait car la demande avait été trop forte.

Dans tous les cas, on assiste à une inversion de la relation habituelle aux entreprises. Ici, ce sont elles qui donnent de l'argent à l'acheteur, elles ne sont pas des monstres froids uniquement tournés vers le profit, mais des firmes proches des gens, capables, pour marquer des points en terme d'image et pour lutter contre la concurrence, d'être dans le don désintéressé. Comme si, une fois de temps en temps, l'ordre habituel des choses était retourné et que c'était l'entreprise qui payait le consommateur.

Certains spécialistes estiment que le propre de la rumeur est de faire se rejoindre ce qui est disjoint, et l'on en a, avec les rumeurs de gratuité, un excellent exemple. C'est d'ailleurs la limite de ce type de rumeurs : vision imaginée des entreprises, elles révèlent rapidement – quand rien ne se produit malgré la répercussion du mail – leur aspect fantasmatique.

La marque comme figure à abattre

Assimilées à une autorité ou fantasmées, dans tous les cas les entreprises ne sont pas prises pour ce qu'elles sont, et cela se confirme avec l'examen des rumeurs, dont certaines assez connues qui ont pris une marque pour cible.

Les rumeurs de cet ordre sont légion. À commencer avec MICROSOFT encore, régulièrement soupçonné de placer des mouchards dans les documents créés par ses applications ou dans ses logiciels, capables de pister et ficher les utilisateurs d'ordinateurs et les internautes. Ces mêmes mouchards sur lesquels reposait la possibilité pour MICROSOFT de rétribuer ceux qui avaient convenablement fait circuler l'e-mail de gratuité... D'autres marques, notamment dans la branche alimentaire, ont été la cible de rumeurs : ANTÉSITE, SCHWEPPES, SAUPIQUET, MCDONALD'S, BURGER KING, les chewing-gum « explosifs » POP ROCKS, COCA-COLA et bien d'autres, que l'on accuse pêle-mêle d'être cancérigènes, de contenir des produits dangereux pour la santé, voire de contenir des objets n'ayant rien à voir avec leur vocation de boisson.

Les rumeurs touchant COCA-COLA et ses sous-marques durent depuis plus de cent ans et ont donné lieu à de nombreux procès. Typiquement, la rumeur fait état de la découverte d'objets ou d'animaux morts dans les canettes ou les bouteilles du soda. Repartant des travaux des folkloristes américains, la sociologue Françoise Reumaux[1] en rappelle l'étonnante liste : souris mortes, cancrelats, asticots, vers, cacahuètes pourries, mégots de cigarettes, kérosène, ciment de verre, épingles à cheveux et préservatif. Analysant le sens argotique de ces mots (souris, par exemple, renvoyant, en français comme en anglais, à une fille facile), elle constate qu'ils renvoient tous, peu ou prou, à la sexualité. Voilà la cause du succès de ces rumeurs. « *On peut donc en inférer*, écrit-elle, *que la rumeur des souris ne perdure aux États-Unis que parce qu'elle est une expression typique du puritanisme américain. Elle cristallise dans un objet, la bouteille de Coca-Cola, la boisson nationale, qu'elle dénature en introduisant à l'intérieur un corps étranger repoussant, une souris, c'est-à-dire un rongeur introduit sur le territoire américain. La souris est, en effet, étrangère tant à la conscience puritaine, qu'au territoire américain* ».

---

1. F. Reumaux, *La rumeur. Message et transmission*, Paris, Armand Colin, 1998.

On ne peut enfin évoquer COCA-COLA sans rappeler que la France a subi récemment une rumeur du même ordre. On a ainsi prétendu que des enfants auraient été intoxiqués, momentanément, par des canettes de cette boisson qui auraient contenu, à l'intérieur ou à l'extérieur, un produit nocif, qui aurait empoisonné les enfants. La responsabilité du soda n'a jusqu'à présent pas été établie et c'est en fait la même litanie de rumeurs qui se poursuit. La rumeur s'actualise et se réactualise en permanence, transformant le passé en présent, mieux, c'est la rumeur elle-même qui crée l'actualité. Toujours contre la même marque...

La marque peut être attaquée via sa réputation, mais elle peut aussi l'être aussi via son logo. Une rumeur bien connue raconte que les initiales du Ku Klux Klan apparaissent sur les paquets de cigarettes MARLBORO. Mais c'est sans doute l'affaire PROCTER & GAMBLE, qui défraya durablement la chronique dans les années 80, qui est à cet égard exemplaire. Longuement analysés par les spécialistes français, Véronique Campion-Vincent et Jean-Bruno Renard, la rumeur est partie de certains mouvements religieux fondamentalistes qui croyaient voir dans le logo de la firme des signes sataniques ou des signes d'appartenance du groupe à la secte Moon. Ce logo, un croissant de lune à visage humain, très stylisé, avec une sorte de barbe à boucles, avec treize étoiles, était (sur)interprété comme représentant Satan, avec les boucles comme cornes de bélier et les treize étoiles donnant le chiffre diabolique 666 si on les reliait d'une certaine façon. La rumeur se répandit de manière massive et fit beaucoup de mal à cette compagnie. Malgré des démentis successifs, elle fut obligée de retirer son logo en 1985 et de le redessiner partiellement en 1991.

On le voit, en tant que création spontanée, les rumeurs utilisent et investissent les marques, parfois pendant de très longues périodes de temps. Elles enferment les entreprises dans des rôles et des images qui ne sont pas les leurs, au point, au pire, de les déstabiliser ou, au mieux, de les montrer sous un jour défavorable. Leur contrôle est difficile et la plupart du temps, que l'entreprise soit créatrice ou victime de la rumeur, c'est la libre circulation, la circulation sans entrave des rumeurs qui prévaut. La tentation serait alors grande de retourner cette puissance des rumeurs au profit d'une marque. De fabriquer une rumeur qui tienne la route et passe. Mais ce parcours est semé d'embûches.

Mode d'emploi des rumeurs et de leur démenti

Fondamentalement, les rumeurs « marchent » parce qu'elles font sens pour les individus, parce qu'elles expriment, dans une langue symbolique, de façon détournée et via un récit, des émotions, des peurs ou des fantasmes qui ne pourraient s'incarner autrement. Peut-on alors créer une rumeur *in vitro* qui soit pertinente ? Et de l'autre côté, comment les entreprises peuvent-elles réagir quand elles sont elles-mêmes victimes de rumeurs ?

Limites des rumeurs fabriquées

La rumeur fabriquée se situe aux confins du marketing viral, de l'information et de la publicité. Si l'on peut artificiellement construire tous ces derniers éléments, il est plus difficile de construire une rumeur de toutes pièces. À la rigueur la notion n'a même pas de sens. La limite du marketing viral, entre autres, est donc qu'il se veut rumeur mais qu'il n'est que message. À défaut alors d'utiliser la rumeur comme message, il pourra seulement utiliser la rumeur comme médium. Mais mal faite, la rumeur ne sera ni un message repris, ni ne pourra profiter d'un quelconque pouvoir de circulation. À trop viser le mouvement on risque donc de rencontrer l'inertie et l'immobilité. Que ce soit à des fins publicitaires ou à des fins scientifiques, toutes les tentatives pour créer des rumeurs *ex nihilo* ont été soit des échecs, soit trop biaisées pour que leurs résultats puissent être pris en compte. Les raisons en sont multiples :

– bien souvent les rumeurs fabriquées se contentent de délivrer une information (celle-là même qui est leur raison d'être), là où les véritables rumeurs prennent soin de délivrer leurs informations sous la forme d'un récit. C'est en effet, et avant tout, la forme narrative qui confère aux rumeurs leur capacité à intéresser les individus et à être diffusées. C'est ce qui assure leur perpétuation dans le temps, même si elle est moindre que pour des genres plus lourds, comme la légende, le mythe ou le conte ;

– un simple récit cependant ne suffit pas. Au-delà de l'information qu'il délivre, ce récit, bien qu'élaboré dans une langue anodine, doit contenir un « message » implicite et caché, un sous-texte. Et c'est lui en réalité qui porte la rumeur et qui en constitue l'épine dorsale ;

– ce sous-texte est difficile à fabriquer car il n'obéit pas à des lois précises. D'une part, ce peut être un sous-texte contenant une morale, une proscription ou une prescription d'action, une « vérité » sur une question, une peur, une émotion, etc. D'autre part, sa structure doit être suffisamment fascinante, dérangeante, tout en parlant à chacun, pour qu'on puisse vouloir le communiquer massivement à des tiers. La grande force des rumeurs est d'être dans l'inquiétante étrangeté, de contenir une information, explicite ou non qui, tout en étant possible ou aux frontières de la raison, frappe les esprits, fait advenir quelque chose qu'on souhaitait, abolit les distances, dépasse les clivages habituels, s'apparente à un scoop, dévoile ce qui est caché, met des individus dans des situations originales ou spectaculaires, bref, rend un peu moins quotidien le quotidien ;

– certaines expériences ont montré que, contre toute attente, entre deux rumeurs, la moins plausible pouvait avoir plus de succès que l'autre. Le contenu de la rumeur compte moins que l'espace qu'elle investit ;

– la rumeur ressortit donc au symbolique, auquel elle emprunte la condensation de sens dans un récit réduit, la reconnaissance immédiate de ce sens par ceux qui entendent la rumeur et, d'une certaine façon, la connivence qu'ils peuvent avoir avec cette rumeur ; c'est-à-dire cette familiarité indéfinissable qu'ils peuvent avoir avec une rumeur inconnue jusqu'alors et qui entre naturellement dans leur stock d'informations et d'histoires à narrer. Toute rumeur qui serait trop énorme, trop irrationnelle, trop décalée, loin des préoccupations générales d'une société ne passerait pas.

Actuellement, les rumeurs sont devenus inséparables du système médiatique et informationnel tout entier. Elles ont quitté le seul espace de l'oralité et du téléphone arabe pour occuper de nouveaux espaces : ceux de la messagerie électronique mais aussi ceux de l'information « officielle », celle-ci se faisant soit l'écho de rumeurs malgré elle, soit relayant des rumeurs en tant que telles (par exemple, la rumeur de la Somme).

Or, il s'agit d'un espace devenu massif où l'information n'est plus une fin en soi, pas plus que l'analyse, mais où seule compte la délivrance, la plus exhaustive possible, des informations. Prises dans ce flot global des informations, les rumeurs contemporaines, fabriquées ou non, peinent à exister dans la durée, soit parce qu'elles sont immédiatement démenties, et par des moyens importants (là encore la rumeur de la Somme est exemplaire, mais on pourra penser aux rumeurs de mort ou de maladie de telle ou telle vedette qui s'éteignent très vite ; à cet égard les temps pendant lesquels ce type de rumeurs a pu se développer pour Isabelle Adjani ou Étienne Daho apparaissent comme très longs), soit parce que, comme toute information, elles sont chassées par des nouvelles plus fraîches.

– pour faire durer la rumeur, elle doit être difficilement falsifiable, en portant par exemple sur des événements peu aisés à vérifier, déjà passés ou à venir dans le très long terme ;

– tout en délivrant une information, la rumeur doit réussir à émerger du flot d'informations traditionnelles, ou emprunter des canaux alternatifs, pour tenir dans le temps ;

– de manière générale, toute rumeur qui serait identifiée comme rumeur, publicité, désinformation, etc., cesserait de passer, ou passerait avec ces mentions, ce qui l'affaiblit considérablement ;

– même si on la trouve souvent dans les rumeurs électroniques, l'incitation à la retransmission (qui prend parfois des formes impératives ou naïves : « *il faut envoyer ce mail à tout votre carnet d'adresses* », « *merci de faire circuler l'info le plus possible* », etc.) peut paraître suspecte ou redondante et freiner, paradoxalement, la diffusion par son insistance douteuse même.

La dernière limite, et de taille, que rencontrent les rumeurs fabriquées porte sur leurs cibles :

– une rumeur trop générale serait lue par beaucoup mais ne toucherait personne ;

– une rumeur qu'on recevrait identiquement à intervalles réguliers verrait son intérêt se diluer au fur et à mesure de sa répétition ;

– à l'inverse, une rumeur trop ciblée risquerait de ne pas sortir d'un groupe restreint ;

– les rumeurs trop ciblées, visant un groupe précis, parce qu'on y consomme de telle ou telle manière, parce qu'on y suit telle ou telle activité ou actualité, font fi de ce que les sociologues appellent la multipositionnalité. Chaque individu n'est pas unidimensionnel et occupe plusieurs espaces à la fois, sans que cela soit contradictoire pour lui. La rumeur qui ne s'adresserait qu'à une de ses facettes pourrait être aussitôt contrée soit par une autre rumeur envoyée au même, mais pour un autre espace qu'il occupe, soit par les informations qu'il peut connaître dans ces autres espaces et qui peuvent être en opposition avec le contenu de la rumeur. De même, on ne peut connaître précisément l'attachement de cet individu à ses facettes respectives. À moins de créer autant de rumeurs qu'il y a d'espaces occupables par un individu précis, on voit mal comment la rumeur pourrait atteindre sa cible à coup sûr...

La rumeur pilotée reste donc une arme lourde à manier et dont l'efficacité est aléatoire. Là où le marketing viral, qui a ses moyens propres peut aboutir, les rumeurs demeurent une circulation souterraine, aux mains des individus ordinaires, que l'on n'instrumentalise pas sauf à risquer de voir la rumeur fabriquée tomber aux oubliettes, ou à obtenir des effets contre-productifs : la rumeur spontanée se saisissant de la rumeur construite et de l'entreprise qui la porte, pour la retourner contre elle-même et la battre sur un terrain qu'elle a voulu occuper. C'est d'autant plus dangereux que le démenti de la rumeur est d'une grande faiblesse.

Limites du démenti

Le démenti souffre de la comparaison avec la rumeur qu'il est censé contrer. Car, par essence, le démenti n'est pas intéressant et, en tout cas, bien moins intéressant que la rumeur. Pour Jean-Noël Kapferer[1], « *le démenti est souvent un truisme.* » Rédigé dans une langue administrative et rationnelle, il n'a pas les atours de la rumeur. « *Il désamorce l'imaginaire pour plonger dans la banalité du réel* », écrit encore Kapferer. En bref, il est déceptif là où la rumeur était stimulante. Conséquence : le démenti circule nettement moins que la rumeur. Et il a d'autres faiblesses :

– le démenti rencontre des résistances : une croyance forte et indéboulonnable en la rumeur ; le démenti ne contient pas de preuves de ce qu'il avance, il affirme et ne démontre pas ; le démenti ne servirait-il pas à étouffer une affaire gênante ?

– contrairement à la rumeur, le démenti ne se répète pas dans le temps. Il est donné une fois pour toutes, et n'est plus repris ensuite ;

– le démenti touche plus ceux qui ne croient déjà pas la rumeur que ceux qui y croient. On parle de « fuite des cibles » ;

– le démenti peut avoir un effet contre-productif en ce qu'il fait connaître la rumeur à tous ceux qui l'ignoraient. Mal compris, on peut croire qu'il confirme la rumeur ;

– des expériences ont montré que des individus pouvaient croire une rumeur dont ils n'ont eu connaissance que par son démenti...

---

1. J.-N. Kapferer, *Rumeurs. Le plus vieux média du monde*, Paris, Éditions du Seuil, 1987, rééd. 1995.

Quelles seraient alors les conditions d'efficacité d'une riposte ?

- la riposte doit commencer rapidement, avant que la rumeur n'ait atteint son plein stade de développement ;

- elle doit émaner d'autorités incontestables (officielles, personnalités, etc.) ;

- elle ne doit pas se contenter de démentir mais doit aussi essayer de délivrer une contre-information d'intérêt. Dire qu'il y a une fausse rumeur est faible, mais dire que cette rumeur est le signe de quelque chose de plus grand (signe de la xénophobie, signe d'une manipulation, etc.) est beaucoup plus efficace ;

- elle peut passer par l'achat d'espaces publicitaires à vocation informative ou pédagogique. Ainsi, la marque SFR avait joué de la rumeur de rachat de ses forfaits en diffusant une film publicitaire où l'on voyait une information passer de bouche-à-oreille jusqu'à arriver, complètement déformée et incompréhensible, à une présentatrice de télévision. De même McDONALD'S a coupé court aux inquiétudes concernant la qualité et la provenance de sa viande en lançant une grande campagne expliquant que la viande était achetée à des éleveurs français et était de bonne qualité ;

- il faut répéter le démenti, comme la rumeur se répète, et aussi bénéficier d'une très large couverture médiatique. Sous cet aspect, la réussite de l'action d'Isabelle Adjani pour faire taire les rumeurs sur son état de santé est exemplaire.

Il ne faut cependant pas pécher par excès d'optimisme. L'efficacité du démenti reste aléatoire et discutable. D'une manière générale, la rumeur laisse des traces, même chez ceux qui n'y croient plus ou n'y ont jamais cru. Elle existe comme une information sourde, associée de manière permanente à un lieu, un individu, un groupe ou une marque.

Contrairement à ce que dit l'adage, il peut y avoir de la fumée sans feu, mais cette fumée échoue à se dissiper. Il y a donc une mémoire de la rumeur car celle-ci n'est pas qu'une information non vérifiée, elle appartient à l'ordre de la croyance, elle est intégrée par ceux qui en ont connaissance à leurs schèmes de pensée, à leurs représentations sociales, à tout ce qui guide leurs actions, et là, elle n'est pas susceptible d'être remise en cause.

Comme pour la calomnie, « *rumorez, rumorez, il en restera toujours quelque chose* ». C'est sur cela que comptent les tenants d'une instrumentalisation communicationnelle de la rumeur ; mais c'est évidemment plus douloureux quand le tourbillon de la rumeur s'abat sur ceux qui ne l'ont pas désiré.

LES SIX CLÉS DU BUZZ MARKETING

Dans le cadre du respect de ces limites il devient alors possible de définir quelques clés de réussite du buzz marketing.

Les six clés du buzz marketing

- Le produit répond à un besoin réel du consommateur ;

- La formulation du bénéfice produit est optimisée afin que le consommateur puisse le diffuser facilement sans distorsion ;

- L'univers d'influence associé au produit est étudié et connu afin de s'appuyer sur ses us et coutumes ;

- La stratégie de communication est globale, associant les moyens classiques à ceux du buzz marketing ;

- Les leaders d'opinion sont ciblés et définis précisément, ils font l'objet d'une véritable communication one to one ;

- La transmission du bouche-à-oreille est utile ou ludique pour le consommateur, donc valorisante.

Conclusion

Révélé par le succès retentissant d'un film, par le sursaut d'une marque au bord de l'agonie, par la vitesse fulgurante d'acquisition de notoriété par quelques entreprises, le buzz marketing tend à s'imposer comme une des nouvelles stratégies de marketing. Cependant, au-delà des phénomènes de mode, il convient de ne pas voir dans le buzz marketing une sorte de martingale qui, pour un faible coût, offrirait un résultat maximal. En effet, cette stratégie de marketing doit être utilisée avec discernement en prenant en considération les spécificités propres au nouveau consommateur. Or, force est de constater que, très souvent, on est tenté de simplement transposer le classique bouche-à-oreille de tout marketing mix qui se respecte. Dans ce cas, les effets peuvent se révéler désastreux car le buzz a ses règles que l'on se doit de respecter. La notion de buzz marketing met l'accent sur le principe de propagation : les bonnes idées s'attrapent et se propagent par le contact entre consommateurs. L'élément stratégique, nous l'avons vu, est d'attirer l'attention du consommateur et d'en faire en même temps un agent de communication, autrement dit, permettre à un récepteur de devenir émetteur. Pour cela, il faut que l'intérêt du consommateur s'identifie à l'intérêt du service ou de la marque. C'est cette implication des consommateurs qui permet de réaliser une campagne exponentielle, rapide. Le message passe d'autant mieux qu'il repose sur la sociabilité. Ce n'est plus un message publicitaire extérieur qui atteint le consommateur mais une prescription venant d'une personne à laquelle il fait confiance ou tout au moins qui partage les mêmes intérêts que lui.

L'une des caractéristiques du nouveau consommateur est sa propension à s'inscrire dans des communautés virtuelles ou non, autrement dit des communautés en fonction de centres d'intérêt et/ou d'affinités multiples, avec leur identité et leurs règles propres.

L'une des autres erreurs que l'on trouve dans certaines campagnes de buzz marketing est justement liée à l'approche donnée du processus de communication trop ancré dans la dimension hiérarchique d'une diffusion de masse. Il faut aussi mettre l'accent sur la communication horizontale. Les consommateurs, et notamment les internautes, partagent des codes, des déontologies définissant ce qui se fait et ne se fait pas. L'une des valeurs centrales de la communication est le dialogue fondé sur la réciprocité. Il faut donc préférer des stratégies de communication radicalement tournées vers le qualitatif. De même, pour pouvoir toucher plus efficacement des prescripteurs, il faut accepter de les laisser retravailler le message au risque de perdre le contrôle d'une partie du contenu à transmettre. En offrant des messages ouverts à l'appropriation, on ne peut que faire se développer le buzz. C'est en cela que l'on peut dire qu'à la logique « *medium is message* » s'est substituée celle de « *people is the message* ».

Le buzz marketing est donc une stratégie porteuse de potentialités si on la conçoit dans l'esprit du nouveau consommateur, c'est-à-dire ouverte à son interactivité et à sa créativité.

LE BUZZ MARKETING ET LE NOUVEL ENVIRONNEMENT SOCIAL

Insécurité, incertitude, solitude, déstabilisation et précarité, autant de mots qui symbolisent l'état anxiogène dans lequel est plongé le citoyen, le consommateur. C'est dans ce contexte que les communications interpersonnelles entre consommateurs prennent de plus en plus d'importance. Mais c'est aussi dans ce contexte de désordre qu'il va redéfinir ses relations avec sa consommation, ses relations avec les marques. Les appels aux boycotts de TOTAL-FINA suite au naufrage du pétrolier *Erika* en décembre 1999 ou de DANONE, MARK & SPENCER, MOULINEX au moment de l'annonce de licenciements, montrent que la consommation est devenue un espace de mobilisation politique et sociale. Les médias se font largement l'écho de l'apparition d'une nouvelle forme de lutte, encouragés par les « repentis » de la communication et du marketing qui, à l'image de Frédéric Beigbeder ou de Dominique Quessada, font des marques leur unique cible. Le succès (au moins médiatique) récent de l'ouvrage de Naomi Klein *No logo* ne fait que confirmer ce phénomène qui trouve son exégèse dans la messe annuelle organisée par les mouvements anti-marques : la journée sans achats.

Le domaine de la publicité constitue lui aussi un terrain d'investissement politique, les réseaux de résistance à « l'agression publicitaire » se développent soutenus parfois par des élus[1]. Plus sérieux sont certainement les mouvements appelant à la réflexion autour des questions liées à une consommation éthique, responsable, soucieuse de son environnement et de ses conditions sociales de production, à l'image d'*Artisans du monde* qui a lancé une campagne intitulée « *De l'éthique sur l'étiquette, contre l'exploitation des enfants, l'esclavage, la répression anti-syndicale... Pour une consommation éthique* ». Le consommateur, fort de ces nouvelles

---

1. Conseillère des Verts du XIVe arrondissement, Danièle Auffrey a soutenu une opération de saccage de panneaux publicitaires.

préoccupations, va déclencher son propre buzz. La question devient donc un enjeu de taille pour les entreprises qui doivent faire face à un constat de dilution de la frontière entre consommateur et citoyen. Les entreprises vont donc de plus en plus être confrontées aux crises, mais à des crises qu'elles ne connaissent pas bien. À des crises qui ne s'inscrivent pas dans leurs schémas économiques classiques et dont les préoccupations qui les font naître sont parfois aux antipodes des leurs. Elles doivent étudier le nouvel environnement pour mieux appréhender ces crises. Fortes de cette connaissance, de cette étude des environnements du consommateur, elles pourront répondre à ses attentes, à ses revendications. En effet, le consommateur revendique aujourd'hui, comme citoyen à part entière, l'accès à de nouvelles informations, aux informations sur les conditions de production et de fabrication. Le consommateur-citoyen mêle ses attentes et exige plus de considérations citoyennes de la part des entreprises et c'est par son buzz qu'il établit l'état de citoyenneté d'une entreprise ou d'une marque. Le buzz marketing peut alors devenir pour les entreprises, dans leurs relations avec le consommateur, une stratégie de plus en plus importante. Une stratégie qui, si elle ne permet pas à elle seule de résoudre telle ou telle crise, sera indispensable pour faire passer le message aux consommateurs.

VERS UNE NOUVELLE ENTREPRISE

Plongées au cœur des attentes, non plus du consommateur mais du citoyen, les entreprises se doivent de prendre en compte ces nouvelles données. Au-delà des stratégies marketing à adopter, elles doivent développer des stratégies générales visant à leur donner le maximum de contenu et de sens. Elles ne peuvent faire l'impasse sur la construction d'un contrat d'engagement à l'égard du consommateur car il est plus que jamais nécessaire de lui donner le sentiment d'une prise de considération et d'une écoute de ses attentes. L'entreprise apparaît aujourd'hui comme un des points de repère et d'appui incontournable pour construire un monde intelligible et prédictible. Assurer et protéger viennent s'inscrire parmi les nouveaux maîtres mots de sa stratégie de communication. Parce qu'elle est au cœur de nouvelles demandes, la marque doit s'imposer de plus en plus comme une caution si elle ne veut pas en faire les frais et c'est notamment grâce au buzz marketing qu'elle pourra assurer son statut d'entreprise-caution, d'entreprise-référence.

Bibliographie

J. ARNDT, « Role of product-related conversations in the diffusion of a new product », *Journal of Marketing Research*, Volume 4, 1967.

Jacques-Olivier BARTHES, « Elkkabach, "thanatographe" audio-visuel », *Libération*, 25 juin 2001 ; « Les vertus cachées de l'affichage politique », *L'Hémicycle*, n° 51, 12 janvier 2001 ; « Retour sur images : affiches politique et publicité au XIXe siècle », *Cahiers du Radicalisme*, n° 4, novembre 1999.

Fred J. BORSCH, « The marketing philosophy as way of business life », Americain Management Association, Marketing serie, 1957.

Ronald S. BURT, « Models of Networks Structure », *Annual Review of Sociology*, 1980, Volume 6, Palo Alto Ca.

Les Cahiers de l'Observateur, « Reprise ou fin de crise ? », Les nouveaux horizons de la consommation, Cétélem, 2001.

Numéro spécial des *Cahiers de Littérature orale* (INALCO), p@role2000.clo », n° 47, 2000.

Craig CALHOUN, « Social theory and the Politics of Identity », in C. Calhoun *Social Theory and the Politics of Identity*, Oxford, Blackwell, 1994, pp. 9-36.

Véronique CAMPION-VINCENT, Jean-Bruno RENARD, *Légendes urbaines. Rumeurs d'aujourd'hui*, Payot, Paris, 1992 rééd. 1998.

François DE CLOSETS, Bruno LUSSATO, *L'Imposture informatique*, Fayard, 2000.

Anthony P. COHEN, *The symbolic construction of Community*, Londres & New York, Routledge, 1985.

Numéro spécial de *Communications* (EHESS), « Rumeurs et légendes contemporaines », n° 52, 1990.

Ernest DICHTER, « How Word-of-Mouth Advertising Works », *Harvard Business Review*, Volume 44, 1966.

Pierre-Louis DUBOIS et Alain JOLIBERT, *Le marketing. Fondements et pratique*, Economica, Paris, 1998.

Norbert ELIAS, *Logiques de l'exclusion*, Paris, Fayard, 1997.

Bret Easton ELLIS, *Glamorama*, Laffont, 2000.

Frank FEATHER, *The future Consumer*, Warwick Publishing, 1997.

Michel FOUCAULT, *L'archéologie du savoir*, Gallimard, 1969.

Pascal FROISSARD, « La rumeur ou la survivance de l'intemporel dans une société d'information », *Recherches en communication* (Louvain-le-Neuve, Belgique), n° 3, juin 1995.

Anthony GIDDENS, *Les conséquences de la modernité*, L'Harmattan, 1994.

John HAGEL III, Arthur G. ARMSTRONG, *Bénéfices sur le net*, Éditions d'Organisation, Paris, 2000.

Peter HAAS, « Introduction : epistemic communities and international policy coordination », *International Organization*, Volume 46, n° 1, Winter, 1992.

Albert O. HIRSCHMAN, *Défection et prise de parole. Théorie et applications*, Fayard, Paris, 1995.

Steven JONES, « Studying the Net : intracies and issues » in Jones (S.) (Ed.), "Doing Internet Research", *Critical issues and methods for examining the Net*, Sage Publications, 1999.

Steven JONES, « The Internet and its Social Landscape » in Jones (Steven G.) (Ed) *Virtual Culture, Identity and Communication in Cybersociety*, Sage Publications, 1997.

Steve JURVETSON et Tim DRAPER, « Viral Marketing », The Netscape M-File 1997, « An empirical assessment of selected consequences of involvement », in Actes du 12e Séminaire International de la Recherche en Marketing.

Jean-Noël KAPFERER, *Rumeurs. Le plus vieux média du monde*, Éditions du Seuil, Paris, 1987 rééd.1995.

Elihu KATZ, Paul-Félix LAZARSFELD, *Personal influence*, New York, Free Press, 1955.

Regis MC KENA, « Real Time : Preparing for the Age of the Never Satisfied Costumer », Harvard Business School, mars 1999.

Naomi KLEIN, *No Logo : La tyrannie des marques*, Actes Sud, 2001.

Harry KNOWLES, *Ain't it Cool ? : Hollywood's Redheaded Stepchild Speaks Out*, Warner Books, mars, 2001.

Philip KOTLER, « Rethink the marketing concept », *American Marketing Association*, 1984.

« The Soul of the New Consumer : Authenticity – What We Buy and Why in the New Economy » de LEWIS et Darren BRIDGER, Nicholas Brealey Publishing, février 2000.

Théodore LEVITT, *L'imagination au service du marketing*, Paris, Economica, 1985.

Héla BEN MILED et Pierre Le LOUARN, « Validation et comparaison de deux échelles de mesure du leadership d'opinion », in Actes du Xe Congrès de l'AFM, Paris, 1994.

Édith NUSS *Le Cybermarketing mode d'emploi*, Éditions d'Organisation, Paris, 2000.

Mancur OLSON, *Logique de l'action collective*, PUF, 1978.

Jacques PAÏTRA, *La société de l'autonomie*, Éditions d'Organisation, 2000.

Jenny PREECE, *Online Communities : Designing Usability, Supporting Sociability*, John Wiley & Sons, 2000.

Dominique QUESSADA, *La société de consommation de soi*, Éditions Verticales, 1999.

Robert REICH, *Futur Parfait*, Village Mondial, 2001.

Françoise REUMAUX, *La rumeur. Message et transmission*, Armand Colin, Paris, 1998.

Howard RHEINGOLD, *The Virtual Community : Homesteading on Electronic Frontier*, Minerva Edition, 1993.

M.L. RICHINS & T. ROOT SCHAFFER, « The Role of Involvement and Opinion Leadership in Consumer Word of Mouth », in Advances in Consumer Research, Volume 15, 1988.

M.L. RICHINS, « Word-of-Mouth communicaion as negative information », in Advances in Consumer Research, Volume 11.

Emanuel ROSEN, *The Anatomy of Buzz*, Double Day, New York, 2000.

M.L. ROTHSCHILD, « Perspectives on involvement : current problems and future directions », in : T.C. Kinnear, ed., *Advanced in Consummer Research*, Association for Consumer research, 1984, Volume 11, p. 217.

Georges SILVERMANN, « The secret of Word-of-Mouth Marketing », AMACOM, New York, 2001.

David SKYRME, *Capitalizing on knowledge. From e-business to K-business*, Butterworth-Heinemann, 2001.

Karim B. STAMBOULI « Crise et Châtiments », in *La communication en action* ; « Informer, communiquer même métier ? », *Les Cahiers du Radicalisme*, n° 4, novembre 1999 ; « Marketing Viral : stratégie gagnante », *Les Échos*, 22 janvier 2001 ; « Erika : La Totale », *L'Hémicycle*, mars 2001 ; « DSK une marque en crise », *L'Hémicycle*, 4 novembre 1999.

Emmanuel TAÏEB, « Persistence de la rumeur. Sociologie des rumeurs électroniques », *Réseaux*, n° 106, 2001.

Jean-Claude THOENIG (Sous la direction de), Jean-Noël KAPFERER (Sous la direction de), *La Marque*, McGraw-Hill, 1989.

J. TIDWELL et K. WICKRE, « In the Key of C : Content and Community Co-mingle », Econtentmag.com, septembre, 2001.

Philip Jr. VOSS, « Status Shifts to Peer Influence », Advertising Age, mai 1984.

Glenn C. WALTERS, « Is there a better way than consumer orientation ? » Proceedings of Southern Marketing Association, 1975.

INDEX